소문,

나를 파괴하는 정체불명의 괴물

소문,

나를 파괴하는 정체불명의 괴물

비방과 험담,

오해와 의혹으로부터

나를 지키는 소문의 심리학

미하엘 셸레 지음 | 김수은 옮김

열대림

옮긴이 김수은

연세대학교 독문학과를 졸업하고 동대학원에서 석사 학위, 박사 과정을 수료했다.
『세계의 절대권력, 바티칸 제국』, 『건축사의 대사건들』, 『위대한 양심』, 『킬러, 형사,
탐정클럽』, 『큰 전쟁을 멈춘 작은 평화, 크리스마스 휴전』 등을 우리말로 옮겼다.

소문, 나를 파괴하는 정체불명의 괴물

초판 1쇄 발행 2007년 10월 10일
초판 2쇄 발행 2008년 4월 15일

지은이 미하엘 셸레
옮긴이 김수은
펴낸이 정차임
편   집 황병욱
디자인 강이경
펴낸곳 도서출판 열대림
출판등록 2003년 6월 4일 제313-2003-202호
주소 서울시 마포구 동교동 156-2 마젤란 503호
전화 332-1212
팩스 332-2111
이메일 yoldaerim@korea.com

ISBN 978-89-90989-28-4 03180

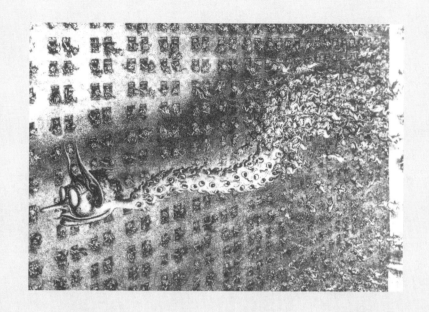

A. 파울 베버의 「소문」이라는 석판화이다. 셀 수 없이 많은 머리와 얼굴로 구성된 린트부름(Lindwurm, 전설상의 괴물)이 대도시의 시가를 통과해 날아간다. 수많은 창문 구멍으로부터 점점 더 많은 형체가 괴물에게 밀려들어 그 긴 몸뚱이의 일부를 이루면서 한 마리의 거대한 키메라로 녹아든다. 이 그림에서 표현된 소문은 부정적이고 악의적인 종류의 것으로 보인다. 괴물의 모습은 추악하기 그지없다. 안경, 혀를 날름거리는 거대한 입, 뾰족하고 긴 코 등.

우리에게 소문이 얼마나 경악스럽고 혐오스러운 것인지를 적나라하게 보여주는 일종의 알레고리이다.

거짓 소문으로 고통받아 온 모든 사람들에게, 그리고 주위를 떠돌아다니는 소문에 거리를 두지 않고 무비판적으로 참여하는 것이 얼마나 위험한 일인지를 알고자 하는 사람들을 위해…….

그러나 소문의 비옥한 자양분에, 즉 편견과 틀에 박힌 적개심에 대항하여 시민적 용기를 가지고 투쟁하는 모든 동료 시민에게 헌사하며…….

특히 내 비서 하바와 카롤린, 아내 린디, 네 아이 스테판, 제바스티안, 막시밀리안, 안젤리나에게 감사한다. 그들이 없었다면 나는 소문의 눈사태를 상대적으로 피해 없이 극복하지도, 파괴적인 순간들을 이겨낼 힘을 찾지도 못했을 것이다.

차례

우리 모두는 소문의
유포자인 동시에 희생양이다

소문에 대한 편견

"소문은 위조지폐와 같다. 올바른 사람이라면 당연히 그런 것을 만들지 말아야 할 터인데도 사람들은 거리낌 없이 계속 소문을 양산한다."

이 말은 나폴레옹이 한 것으로 알려져 있다. 하지만 이것 역시 소문에 불과하다. 적어도 실제로 나폴레옹이 여기 인용한 표현대로 말했는지는 증명할 수 없다. 하지만 나폴레옹이 말했건 다른 누가 말했건 이 문장은 큰 오류를 담고 있다. 두 가지 이유에서이다. 첫째로 화자의 의견(위조지폐)은 편견이다. 소문이 언제나 거짓일 수는 없다. 적어도 모든 소문이 그러하지는 않다.

이에 관한 최고의 예는 '디프 스로트(Deep Throat)' 사건이다. 『워싱턴 포스트』의 기자 밥 우드워드와 칼 번스타인은 소위 '워터게이트 사건'을 폭로하면서 가장 중요한 정보원을 '디프 스로트'라는 가명으로 불렀다. 이 사건으로 인해 결국 1974년 미국 대통령 리처드 닉슨은 치욕스럽게 자리에서 물러나야 했다. 31년이 지난 2005년까지만 해도 당시 FBI 부국장 마크 펠트가 닉슨의 부정에 관한 핵심 정보를 제공했다는 주장은 소문에 불과했다. 31년 동안이나 마크 펠트는 그런 주장에 항의를 표시해 왔다. 2005년이 되어서야 그는 그 주장이 정당함을 인정했다. 결국 소문은 사실로 증명된 것이다.

모방자들을 만들어내기에 충분한 또다른 예가 있다. 1980년대 초 동아프리카의 섬나라 세이셸에서는 세상을 떠들썩하게 만든 소문이 떠돌았다. 정부의 어느 고위층 관료가 엄청난 엽색가로 수많은 애인을 거느리고 있다는 소문이었다. 관료의 아내는 정숙할 뿐 아니라 과감하고 현명한 여성이었다. 그녀는 처음에는 남편을 의심하지 않고 모두가 꾸며낸 이야기라고 주장했다. 1977년 대통령이 처단했던 내란 주도 반대파가 악의적으로 만들어낸 루머라고 생각했다.

그래도 전혀 의혹이 없는 것은 아니었다. 소문이 계속해서 떠돌자 결국은 남편을 의심하지 않을 수 없었다. "쉬지 않고 떨어지는 물방울은 바위에 구멍을 뚫는다"는 격언이 들어맞는 상황이었다. 하지만 그 소문이 사실인지 아닌지 어떻게 확인할 수 있겠는가? 남편과의 험악한 사태를 피하면서 진실을 알 수 있는 방법은 없을까? 어쨌든 떠도는 이야기가 모두 허구이고 정말로 남편이 결백할 가능성도 충분히 있지 않은가? 부인이 오매불망 바라는 바이기도 하고.

고심 끝에 부인은 뛰어난 계략을 생각해 냈다. '오쟁이진' 배우자라면 한번쯤 모방해도 될 만한 방법이었다. 그녀는 받는 사람을 자기 자신으로 한 '익명의' 편지를 써서 정식으로 우표를 붙여 우체국에서 보냈다. 이틀 후 '익명의' 편지가 도착했다. 부인은 적당한 기회를 노려 남편이 있는 앞에서 편지를 개봉했다.

편지를 열어본 그녀가 얼마나 당황해 했던지, 법률 공부를 한 남편조차 조금도 의심할 수 없었다. 이건 아내에게 보낸 '진짜' 익명 편지가 분명하다! 더구나 그의 혼외 애정행각에 관해, 특히 그 중 한 여성에 관한 치욕적인 세부사항이 낱낱이 기록되어 있는 것이다! 부인은 다른 소문들은 덮어두고 가장 사실일 것 같은 사례만을 편지에 담았다. 편지에는 정조관념이 없다고 세간에 알려진 여성 한 명의 이름만 쓰여 있었다.

"여보, 말해봐요. 여기 쓰인 게 사실이에요?" 부인이 물었다. "어떻게 누군가가 이런 세세한 내용을 알고 전해줄 수 있단 말이에요?"

편지의 내용이 어찌해 볼 수 없을 만큼 진실에 가까웠기 때문에, 남편은 아내를 설득하고 변명할 기회도 없이 모든 것을 고백하고 말았다. 부인이 처음에는 전혀 믿지 않았던 소문들이 모두 사실이었던 것이다. 얼마 후 부부는 이혼했고, 남편은 이전부터 비밀리에 만남을 지속한 그 여성과 결혼했다. 아내의 뛰어난 책략이 소문의 진위를 만천하에 알렸고 동시에 결혼의 끝을 불러온 것이다. 이 경우 역시 나폴레옹의 위조지폐 비유가 잘못된 것임을 증명해 준다.

하지만 나폴레옹의 오류는 그것만이 아니다. 잘못된 경로로 유포된 소문과 그 소문에 대한 각종 억측이 여론의 심판대에 오르거나, 심지어 명예훼손으로 귀결된다고 해서 그것이 항상 인간 본성이 악하다는 증거는 아니다. 그렇게 단순하지는 않다. 위조지폐를 찍어내는 사람은 자신이 '악한 일'을 하고 있다는 사실을 알고 있다. 위조지폐는 유통을 전제로 만들어진 것이기 때문이다. 그러나 거짓 소문 대부분은 과실에서 발생하며 인간의 본질적인 불완전함의 산물이다.

우리 모두가 한번쯤은 범인이었다……

올바른 시민이라면 거짓 소문을 만드는 데 가담하지 않을까? 전혀 그렇지 않다. 오히려 모든 사람이 범인이다. 우리 모두가 한번은(적어도 부분적으로 거짓인) 소문을 만들어낸 적이 있다. 그리고 아무리 노력한다 해도 우리는 뉴스를 절대적으로 사실에 충실하게 유포할 수는 없다.

눈앞에서 직접 경험해야만 알 수 있는 상황을 100퍼센트 진짜 그대로 묘사한다는 것도 불가능하다. 단 하나의 정보, 단 하나의 디테일에만 국한되지 않는 뉴스인 경우에는 특히 그러하다. 뉴스가 더 복잡할수록, 더 많은 정보를 함유하고 있을수록, 눈앞에 떠올릴 장면이 더 많은 디테일을 가지고 있을수록, 우리는 잠재적으로 거짓 소문의 생성에 범인(혹은 공범)이 될 확률이 높다. 적어도 우리가 이 소문이나 소문에 대한 인상을 다른 사람들에게 말하고 다닌다면 말이다. 당연히 의도적인 일은 아니다. 물론이다. 단지 경솔하기 때문이다. 너무나도 인간적인 경솔함 때문이다.

……그리고 우리 모두는 희생양이 된다

당신은 혹시 소문의 희생양이 되어본 적이 있는가? 거짓 소문의 유혹에 넘어가서? 들은 것을 그대로 믿었기 때문에? 아니면 당신 자신이 소문의 '대상'이었기 때문에?

나는 이 질문에 아니라고 대답할 수 있는 사람은 아무도 없다고 생각한다. 물론 당신이 자신에 대한 소문을 전혀 들어보지 않은, 이 시대에는 드문 사람들 중 한 명이라면 아니라고 대답할 수도 있을 것이다. 당신의 주변 사람들은 당신에 대한 모든 소문을 알고 있지만, 정작 당신은 아무것도 들어보지 못했을 뿐이라고. 이 '알려지지 않은' 소문들이 결국은 가장 위험한 것인데, 그것들은 폭로되지 않을 뿐만 아니라 반박할 수도 없기 때문이다.

나치시대 작센하우젠 강제노동수용소에서 소문을 얼마나 위험시했는지는 1942년 11월 6일 기록된 수용소 규정이 잘 말해준다. "정치적 대화를 하거나 소문을 들여오고 유포시키는 것은 금지된다."

그렇다. 우리 모두가 소문을 만들어낸 사람인 동시에 소문의 희생양이다. 소문이 우리 자신에 대한 것이든 다른 사람들에 대한 것이든, 소문 전체가 날조된 것이든 부분적으로만 거짓이든, 소문 자체는 매일 뜨는 태양처럼 결코 피할 수 없다. 지구 위에서 매일 태양이 뜨는 것을 의식적으로 관찰하는 일이 드문 것과 마찬가지로, 소문의 생성을 알아차리고 피하거나 막는 일 역시 드물고 어렵다.

모두가 소문의 온실 안에 앉아 있다

내가 이 책의 서두에 이런 주장을 피력하는 데는 더 깊은 이유가 있다. 소문이라는 테마에 관한 한 우리 모두는 온실 속에 앉아 있기 때문이다. 적어도 경솔함이나 아주 자연적이고 인간적인 부족함 때문에 발생한 소문에 관한 한 그러하다. 그 때문에 우리는 일부 사람들이 소문을 만들어 '숨겨진' 정보를 경솔하게 파헤쳤다고 손가락질하거나 무조건 비난해서는 안된다.

이에 관한 정치적인 사례가 하나 있다. 2005년 5월 14일과 15일 일간신문 『쥐트도이체차이퉁』의 기자 안네 빌은 당시 연방총리 슈뢰더를 인터뷰했다. 여기 대화 일부를 발췌하겠다. 주관적인 해석이 사실로 팔려나가기가 얼마나 쉬운지를 여실히 볼 수 있다.

빌 : 『차이트』지와의 인터뷰에서 당신은 문장 하나를 삭제하지 않으셨죠? 중국에 대한 유럽연합의 무기 금수 법안을 경우에 따라서는 연방의회의 반대표결을 무시하고라도 추진할 수 있다는 문장이었습니다. 그것은 중국 정부를 겨냥한 것입니까?

슈뢰더 : 아니오. 그런 말은 한 적이 없습니다.

빌 : 네?

슈뢰더 : 당신이 인터뷰를 읽었다면…….

빌 : 읽었습니다.

슈뢰더 : 연방의회의 표결을 무시하겠다는 말은 없었습니다!

빌 : 필요한 경우에는요!

슈뢰더 : 아니오! 당신이 그 인터뷰를 읽었다면, 의회의 의견을 내가 매우 진지하게 받아들이지만 외교란 연방정부의 일임을 기억해야 한다는 말이 거기 있었을 것입니다. 나는 그렇게 말했습니다. 거기서 ─ 이것은 정말이지 매우 중요한 문제입니다. 그건 '뉘앙스'의 영역에도 해당하는 것입니다 ─ 이 사람이 단순히 그것을 무시하겠다는 말이 나오다니요. 인터뷰에는 그런 말이 전혀 없습니다. 이제 그 말이 다음에는 어떻게 전달될지 매우 궁금해지는군요. 당신은 지금 실제로 하지도 않은 말을 내가 한 말이라고 주장하고 있습니다. 그 말에 동의하지도 않으면서 말입니다. 이제 내가 전혀 말하지도 않은 것을 평가해야 한다고요. 언론은 이런 식으로 정치를 대하곤 하지요. 적어도 그렇게 해보려고 하지요. 기자 양반, 그런 시도는 너무 빤히 들여다보입니다!

이 책의 마지막에는 '소문 테스트'라는 장이 있다. 여러분은 이 장에서 뉴스를 쉽게 위조해서 유포하는 일이 일상적으로 얼마나 큰 위험을 불러일으키는지 명백하게 알 수 있을 것이다. 안네 빌은 절대로 특별한 경우가 아니다. 오히려 그 반대이다.

인간은 오류의 동물이다

우리는, 법률가란 심리적 현상을 연구하거나 분석할 임무가 없다고 생각한다. 그러나 그것은 사실이 아니다. 법률가들은 민사 혹은 형사 재판에서 매번 증인의 기억 능력이 어느 정도 믿을 만한가의 문제에 봉착하기 때문이다. 이 두 요인은, 사실이 객관적으로 올바르게 지각되고 전달되었는지의 문제와 관련이 있다.

형사변호사, 특히 '언론과 의사표현의 자유' 분야의 전문 변호사로 일해온 나는, 30년 동안의 직업활동을 통해 '신뢰할 만한 지각과 기억'에서 인간이 얼마나 오류의 동물인지를 절실히 체험해 왔다. 더욱이 당사자로서 나는 무엇보다 인신공격적 소문이 공개적으로 유포되었을 때 얼마나 끔찍한 결과를 낳을 수 있는지 내 몸과 마음으로 똑똑히 경험했다. 직업에, 사회적 명성에, 또 가족 전체의 삶에 어떤 치명적 영향을 주는지를 말이다. 이것만으로도 내가 '소문'이라는 현상의 심리학적 측면에 집착하는 근거와 동기는 충분할 것이다.

소문을 듣거나 어떤 장면을 목격한 사람들 역시 사회심리학에서 표현하는 대로 종종 예측 가능한 성향을 보여준다. 그들의 시각 또는 감정은 — 그들이 받아들인 뉴스와 관련해서 — 중립적이기가 어렵다. 때로는 그들 자신이 당사자이기도 하다. 예컨대 자신이 다니는 회사에서 누군가가 해고당했다는 소식을 들었을 때, 또 회사 어음이 부도가 났다거나 경찰이 사장의 행방을 쫓고 있다는 말을 들었을 때, 아주 개인적인 두려움, 즉 미래에 대한 두려움이 들기 시작한다. 그들이 뉴스를 지각하고 해석하는 데 무엇인가가 영향을 주는 것이다.

마찬가지로 개인적인 지각의 방식도 특정한 성향을 보일 수 있다. 미국 신경학자 잭 니치케(Jack Nitschke)는 실험을 통해 인간의 미각은 각자가 가지고 있는 기대치와 무관하지 않다는 사실을 입증했다. 쓴맛을 내는 물질인 키니네가 소량 들어 있는 물을 마시는 실험이었다. 참가자들은 마시기 전에 매번 키니네가 어느 정도로 들어 있는지를 통고받았다. 모든 참가자들이 키니네를 많이 넣은 물일수록 더 쓰다고 반응했다. 그런 다음에 자기공명단층촬영(MRI)으로 당시 뇌 부위의 활동을 살펴보았다.

그러나 이 실험에서 당혹스러운 사실이 밝혀졌다. 실험자가 아주 쓴 물이 든 잔을 건넸지만 (사실과는 반대로) 덜 쓰다고 통고했을 때 뇌에서의 활동은 분명히 더 약한 반응을 보였다. 실험 대상자들은 객관적으로 같은 정도로 쓴 두 물잔에 대해 — 앞에서처럼 거짓 통고를 할 경우 — 하나가 덜 쓰다고 느끼기도 했다.

때로 어떤 지각은 공격성, 질투, 분노 등 감정에 의해서도 영향을 받는다. 예를 들어 자신이 미워하는 이웃, 건방진 친구, 혹은 예전 여자친구에 관한 일일 경우에 말이다. 이런 주변 사람들에게서 나온 뉴스는 다른 식으로 지각되고 유포되며 다른 결과를 낳는다. 대부분은 전혀 고의성이 없으며 감정적인 기억이 철저히 선택적으로 일하기 때문일 뿐이다.

범죄학자와 법학자들은 개개인이 자신의 지각능력을 얼마나 과대

평가할 수 있는지에 관한 방대한 증거자료를 가지고 있다. 특히 형사변호사를 비롯해서 한 번이라도 증인을 심문한 적이 있는 모든 법률가들 역시 증인들의 묘사에서 사실이나 객관적으로 중요한 상황보다는 관찰된 상황의 주관적인 지각이 훨씬 큰 역할을 한다는 점을 정확하게 알고 있다.

거짓 소문은 어떻게 생겨나는가

제네바의 법정심리학자 클라파레드(Claparéde)는 대학생들과 함께 다음의 놀라운 실험을 했다. 그는 막 강의를 시작한 교실로 복면을 쓴 남자 한 명을 침입하게 했다. 복면을 쓴 남자는 거친 몸동작을 취하며 알아들을 수 없는 단어와 문장을 내뱉었다. 그런 후 바로 법정심리학자는 그를 밖으로 내보냈다. 이 연극은 20초도 채 걸리지 않았다.

당황한 상태에서 학생들은 즉시 클라파레드로부터 이 사건에 관해 11개의 문항으로 구성된 질문지를 받았다. 첫 문항은 복면 남자를 묘사하라는 것이었다. 그가 입은 옷과 가지고 있던 물건 그리고 전체적인 외모 등을 묻는 것이었다. 학생들은 (평균적으로) 너댓 개의 질문에만 정답을 기입했다.

결과적으로 이 실험은 정보 및 인상의 지각과 전달이 개인마다 상이하며 매우 주관적임을 증명해 준다. 잊어버린 세부사항은 대개 추측에 의해 그럴듯해 보이는 것으로 재구성되고 묘사된다. 예를 들어 복면 남자의 옷 색깔에 관해서는 단연 특정 색깔에 대한 개인적인 느낌, 연상, 선호 혹은 거부가 중요한 역할을 했다. 이 실험에서 가장 놀라운 점은 바로 학생들이 세부사항에 대한 거짓된 묘사를 매우 자신

있게 제시했다는 것이다. 즉 인간은 분명히 자신이 보고자 하는 것, 즉 자신의 기대치와 일치하는 것을 보는 (그리고 묘사하는) 경향이 있다. 이를 꼬집듯이 적절하게 말해주는 속담이 있다. "아름다움(혹은 추함)은 보는 사람의 눈 속에 있다."

물론 내가 가진 호기심의 핵심은 '거짓 소문은 어떻게 생겨나는 가'이다. 무엇보다 거짓 소문, 더구나 부정적인 소문이 왜 의사소통의 순환과정에 편입되고, 현실을 구성하는 모든 삶의 영역에 영향을 미치는지 말이다. 이 현상을 둘러싼 모든 커뮤니케이션학적, 사회학적, 심리학적 단면을 밝혀내는 것은 논외로 한다.

이 책의 목적은 독자의 의식을 첨예화하는 것이다. 우리 모두가 얼마나 자주, 그리고 얼마나 빨리 어쩔 수 없는 곤경에 빠질 수 있는지, 소문의 생성과 유포에 이러저러한 방식으로 어떻게 참여하게 되는지를 인식하기 바란다.

이 책은 자기기만의 위험이 얼마나 큰지를 보여주고자 한다. 그 위험은 희생양이 될 위험이기도 하다. 필수적인 비판적 거리가 결여되어 있거나 사안을 똑바로 바라보지 못하게 편견이 안개를 드리우는 경우, 그런 공허한 주장을 듣는 사람으로서 희생양이 되는 것이다. 또 공론(空論)과 소문이 유포되면서 명예를 훼손당할 가능성이 있을 때, 특히 그런 소문이 매체를 통해 공공연한 것이 될 때 어쩌면 당사자로서 소문의 희생양이 될 수도 있다.

1장

소문의
다양한 얼굴

선택적 지각, 편견, 정보의 공백, 오해, 다의성, 의도적 풍자,
언어적 오류 등이 어떻게 그리고 왜 거짓 소문의 자양분이 되는가?

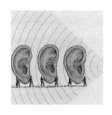

소문의 탄생

소문은 왜, 그리고 어떻게 생겨나는가? 이를 이해하려면, 그리고 소문의 유포를 막는 효과적인 전략을 알고자 한다면, 우리는 우선 '소문'이라는 개념을 정의해야 한다. 개념 정의는 또한 다양한 원인과 갖가지 현상에 대한 설명도 가능하게 해줄 것이다. 이런 분석은 결국 우리가 소문을 듣는 사람이건 당사자이건 상관없이 소문을 어떻게 대해야 하는지 판단할 수 있는 근거를 제공해 준다.

전세계의 학자 군단이 세대를 뛰어넘어 이 개념을 정의하려고 노력해 왔다. 언어학자, 인류학자, 사회학자, 사회심리학자, 커뮤니케이션학자, 법학자 등등. 그러나 그들 모두 분명하고 통일된 결론에는 도달하지 못했다. 소문이 나타나는 형태가 너무 다양하기 때문이다. 소문에는 험담이 포함되어 있는 것일까? 이 두 현상 사이에 일치하는 특질이 존재하는가? 그럴 수도 있지만 대개 그렇지 않다. 명예훼손과는 어떤가? 일치할 수도, 일치하지 않을 수도 있다. 집단따돌림은? 음모는? 선전은?

보편적으로 통용되는 통일된 정의를 내리기 어려운 이유는, 소문들이 여러 가지 '옷을 입고' 등장하는 것을 좋아하기 때문이다. 또 소문의 출처가 때로는 알려진 곳이고 때로는 알려지지 않은 곳이기 때문이며, 때로는 의식적이고 고의적으로 발생하지만 때로는 오해나 경솔함으로 인해 생겨나기도 하기 때문이다.

소문들은 때로는 손으로 입을 가린 채 한 사람에서 다른 사람으로 퍼뜨려지고(예컨대 주식거래소에서처럼) 때로는 더 큰 집단에서(예컨대 볼링 회원들이 모두 모인 자리에서) 유포되기도 한다. 그리고 특히 심각한 결과를 남기는 예로 미디어나 인터넷을 통해 공공에 퍼지는 경우도 있다. 특별히 사랑받는 것은 개인에 관련된 소문이다. 그런 소문은 험담이라는 현상을 동반하는 경우가 더 많으며 심심치 않게 대화의 소재가 된다(유명인사들의 연애사건이나 혼외자식 같은 것).

반면 사물에 관한 소문은 주로 제품에 해당한다. 이는 주로 소문을 만든 장본인이 자기 상품의 판매를 더욱 촉진시키기 위해 흔히 의식적으로 뿌린다. 베를린 장벽 '붕괴사건' (이에 관해서는 2장에서 다룰 것이다)은 아무런 의도 없이 발생한, 사건 관련 소문의 전형적인 예이다.

물론 특정한 의도로 세상에 나온 사건 관련 소문들도 종종 있다. 예를 들어 1990년 이라크에서 300명의 쿠웨이트 아이들을 인큐베이터에서 훔쳤다는 보도가 있었다. 이 보도는 나중까지도 중요한 문제가 되었다. 그 결과는 아마도 모든 사람들의 기억에 남아 있을 것이다. 즉 이 '뉴스' 는 제1차 이라크전쟁을 합법화시켰던 것이다. 적어도 여론에서는 말이다.

소문이 자라나기에 안성맞춤인 자양분은 전형적인 편견(예를 들어 반유대주의), 소망들, 두려움, 특히 상실에 대한 두려움(일터), 질투, 그 밖의 공격적인 감정들이다. 소문들은 사실상 서로 다른 세력 범위를 가지고 있어 같은 수명을 가지는 일은 드물다. 소문의 진실성은 듣는 사람의 시각에 따라 높기도 하고 낮기도 하다. 이것은 또한 정보 제공자의 신뢰성에 따라서도 달라진다.

아니 땐 굴뚝에 연기 난다?

객관적이고 통일된 소문의 정의를 찾기 위해 그 속성을 모두 벗겨보면, 글에 의한 것이든 말에 의한 것이든 모든 소문은 우선 일종의 전달임을 알 수 있다. 소문은 의견표명이 아니다. 소문의 핵심에는 사실에 대한 주장이 자리잡고 있다. 이런 주장이 어떤 의견표명의 옷을 입고 나타나거나 물음표를 달고 등장하는 것이다. 하지만 무엇보다도 소문은 불확실한 진실성에도 불구하고 믿음이라는 옷을 입고 유포되는 일종의 주장이다.

예를 들면 신문 헤드라인 "밀러 볼파트, 주식 사기인가?" 같은 경우는 의문부호를 단 사실 주장이다. 의문부호는 주장을 일종의 공론(空論)으로 만든다. 주장 안에 들어 있는 바로 이 공론적 요소, 즉 전달 내용의 진실성에 관한 불확실성 혹은 불분명성이 소위 소문의 개념적, 구성적 특징이다. 다음의 일례가 보다 확실하게 알려줄 것이다.

2002년 1월 23일 소위 이미지 메이킹 조언을 하는 자비네 슈빈트

폰 에겔슈타인이라는 여성은 ddp통신과의 인터뷰에서 당시 연방총리 게르하르트 슈뢰더가 관자놀이의 흰 머리를 염색하지 않았더라면 훨씬 더 신뢰감을 주었을 것이라고 말했다. 이 인터뷰는 삽시간에 퍼졌다. 총리는 머리카락을 물들이지 않았다고 항변했다.

그러자 이미지 컨설턴트는 약간 당황하며 이렇게 대응했다. "상식적으로 60대에 접어든 남성에게 그렇게 검은 머리카락이 많을 수 없습니다." 그녀는 총리가 염색했을 것이라고 추측했던 것이다. '추측'은 돌고 또 돈다. 언젠가 기민당 의원 카를 요제프 라우만은 연방의회에서 이렇게 말했다. "머리카락을 염색한 연방총리가 분식회계까지 하는군요." 영국 신문 『가디언』지는 심지어 아직까지도 이런 글을 쓴다. "정치가가 머리 염색에서까지 거짓말을 한다면 이제 그가 하지 못할 거짓말이 무엇이겠는가?"

인터넷에서도 토론이 불붙었다. 온라인 설문조사가 있었다. "연방총리 게르하르트 슈뢰더가 ddp통신사를 고소했다. ddp통신사는 총리가 머리카락을 염색했다고 주장했다. 만약 염색한 것이 사실이라면 당신은 영향을 받겠습니까?" 이 질문에 45퍼센트가 이렇게 답했다.

"네, 신뢰성을 생명으로 하는 사람이라면 머리카락을 염색할 수 없습니다."

뻔하고 무의미한 일이었음에도 불구하고 슈뢰더는 다른 선택의 여지가 없었다. 그는 소송을 걸었고 함부르크 지방법원은 ddp통신사가 유포한 주장에 가처분조치를 내리며 더 이상의 유포를 금지했다. 원고 슈뢰더의 이발사는 선서를 대신하는 보증을 통해 슈뢰더의 머리카락이 전혀 염색되지 않았음을 증언했다. 야당 의원들이 산발적으로 요구한, 머리카락의 과학적 분석은 없었고 법정이 불가피하다고 판단하지도 않았다. 그러나 이러한 사법적 조치에도 불구하고, 아마도 과학적 분석이 없었기 때문이기도 하겠지만, 소문은 끈질기게 계속되었고 점점 더 많은 공론을 낳으며 논란의 대상이 되었다.

여론 대부분에게 염색한 머리에 관한 정보는 진위가 의심스러운 한낱 '주장'이었다. 그러나 슈뢰더의 공식적인 정정도, 전속 이발사의 보증도, 통신사가 연속적으로 고지한 주장도 모두 거짓이 아닐까 하는 의구심을 완전히 떨쳐내지는 못했다. 이 (공론적인) 주장은, 부분적으로는 악의에 찬 주석을 달고 대규모 비방으로 이어지며 계속 유포되었다.

일부 사람들은 그런 (공론적인) 주장을 믿었고, 일부는 충분히 그럴 만하다고 생각했으며, 또 일부는 어쨌든 가능하다고 생각했다. 바로 그 때문에 그런 주장이 커뮤니케이션의 흐름에 편입되었고, 바로 그 때문에 사방팔방의 매체가 그런 주장을 퍼뜨린 것이다. 가처분조치는 공개적인 공론과 토론을 종식시켰지만, 소문은 여전히 오랫동안 사라지지 않았다. 그 이유는, 너무 안일하고 때로는 무비판적인 시민들에게는 "아니 땐 굴뚝에 연기 나랴"라는 속담으로 충분했기 때문이다. 반면 악의를 가진 사람들은 이런 속담을 제멋대로 이용한다. "비방은 대담해야 한다. 그러다 보면 뭔가 걸리게 마련이다"라는 모토에 충실히 말이다.

바로 이것이 소문을 결국 위력적인 것으로, 위험한 것으로 만든다. 무엇인가는 항상 걸리게 마련인 것이다. 그렇다면 사법적 심판으로 소문에 맞서 싸우는 것이 중요했을까? 나는 그렇다고 생각한다. 거짓 소문이 일단 매체에 들어가게 되면, 계속되는 공적인 유포와 논의는 법원이 처벌(과태료)을 지시할 때까지 계속 맹위를 떨친다. 대개 법적 결정은 소문의 기반을 흔들고 소문의 진실성을 의심하게 만들지만 어쨌든 슈뢰더는 분명 피해자가 될 수밖에 없었다. 슈뢰더 측은 사실무근을 입증했지만, 때마침 선거기간이었기 때문에 사건이 여론에 더욱 부각되는 결과가 나온 것인지도 모른다. 물론 사법적 결정이 내려진다고 해서 소문이 없어지는 것은 아니다. 하지만 그를 질투하는 사람들과 정적들이 문제삼았던 총리의 '섹스어필'이라는 매력만은 분명히 사라졌다.

매체에 맞서는 효과적인 방어책, 즉 소문이 계속 전파되거나 불행한 결과로 이어지지 않게 하는 방법이 항상 있는 것은 아니다. 이에 대한 슬픈 사례가 있다.

2005년 초, 44세의 분데스리가 심판 위르겐 얀젠은 2만 5,000유로를 받고 FC 카이저라우터른 대 프라이부르거 SC 경기(2004년 11월 27일, 결과 0:3)를 조작했다는 혐의를 받았다. 매수 혐의로 기소된 스캔들 심판 로베르트 호이처는 얀젠 씨가 이 돈을 크로아티아 선수들로부터 받았다는 말을 들었다고 했다. 그것도 디나모 드레스덴의 세컨드 심판인 빌란트 칠러를 거쳐서 말이다.

이 혐의는 연방 곳곳의 신문 헤드라인을 장식했다. 일부 독자들은 심판의 유죄를 믿었고 일부는 의구심을 가졌지만, 어쨌든 뉴스는 일파만파로 퍼졌다.

얀젠 심판은 파사우의 언론중재위원회에 참석한 저널리스트들 앞에서 비디오를 틀어놓고 자신의 결백을 증명해 줄 장면들을 설명했다. 이 소위 '얀젠 쇼'는 70분 내내 TV로 생중계되었다. "제 아이들이 따돌림을 받고 있습니다." 얀젠은 매체가 자기 인격을 모독했다고 불만을 제기했다. 언론중재위원회 회의 마지막에 얀젠은 이렇게 선언했다. "분데스리가는 깨끗합니다." 몇몇 기자는 웃었다. 며칠 뒤 엔터테이너 하랄트 슈미트는 TV에서 호각을 부는 흉내를 냈다. 그는 멍청한 속물 심판의 캐리커처로 분장해 얀젠 심판을 조롱했다. 아둔하게 서식지에 머물다가 잡힌 사슴처럼 멍청한 모습으로 말이다.

얀젠은 그 사이에 전국적으로 유명해졌고, 거의 매일 그의 이름이 뉴스에 오르락내리락했다. 뉴스에 따르면 그를 포함한 26명을 대상으로 수사가 개시되었고 얀젠에 대한 가택수사가 이어졌다. 전 프로 축구선수 마리오 바슬러가 얀젠을 '겁쟁이'라고 불렀다는 이야기가 화제를 일으켰다. 또 국가대표 미하엘 발락은, 2002년 챔피언십 결승전에서 의심스러운 페널티킥을 선언했다는 이유로 이미 3년 전에 얀젠의 '사기'를 말한 적이 있었다는 뉴스도 나왔다.

도덕적 단죄가 어떤 결과를 낳았는지는 특히 FC 샬케 구단 전 매니저 루디 아사우어가 한 TV 스포츠 프로그램에서 얀젠에 대해 말한 것에서 드러난다. "얀젠과 같은 심판이 지금 그런 상황에 처했다는 사실은 그다지 놀랄 일이 아닙니다. 전부터 그럴 만한 타입의 사람이었다고 말하고 싶네요. 더 상세하고 정확하게 알 필요도 없습니다. 몇 년 전부터 몇 가지 조짐이 보였거든요." 11년 동안 142번의 분데스리가 경기에서 호각을 분 얀젠의 이미지는 영구히 훼손되었다.

그러나 그 사이에 얀젠의 혐의는 벗겨졌다. 빌란트 칠러가 돈을 받기는 했지만 개인적으로 착복한 것이었다. 루디 아사우어에 대한 사람들의 반응은 냉소적이었다. '그럴 만한 타입의 사람'이었다는 것이다. 특히 명예훼손에 있어서는. 2005년 여름 루디 아사우어는 다시금 인상적으로 명예훼손 능력을 보여주었다. 이적을 앞둔 샬케의 공격수 아일톤에 관해 말했을 때였다. "그는 무조건 떠나고 싶어했다.

돈 문제 때문이다. 재정적인 문제가 다시 그의 발목을 잡은 것이다."
그럴듯한 설명이다. 하지만 아일톤이 실제로 경제적 어려움을 겪고
있었단 말인가? 만약 그랬더라도 예전 고용주가 그것을 떠들고 다녀
도 된단 말인가? 어쨌든 이런 식의 언급은 소문을 퍼뜨리기 위해서라
면 더할 나위 없이 훌륭한 것이다.

어쩌면 얀젠 심판은, 감정이 실린 항변의 효과를 노리기보다 소문
을 유포한 사람들 모두를 대상으로 법적 절차를 밟으라는 조언을 받
았을지도 모른다. 그러나 그런 조언을 따르면 더 값비싼 소송의 위험
을 치러야 할 수도 있다.

이후로 얀젠은 몇몇 축구선수와 심판들에게 낙인찍힌 것이나 다름
없었다. 일부는 검사가 수사 개시를 결정하기도 전에 그랬다. 독자에
게 친절을 베푸는 듯 호기심을 이용하는 매체의 행태는 수백만 축구
팬들의 분노와 함께 광범위하게 전개되었다. 수사 절차가 종료되기도
전에 이미 여론의 판결이 내려진 셈이었다. 그럼으로써 판매부수가
눈에 띄게 신장한 것은 말할 나위가 없다.

어쨌든 확실한 것은, 얀젠의 예에서 볼 수 있듯, 적지 않은 사람들
이 혐의를(그리고 결국 소문을) 털어버릴 수 없었다는 사실이다. 확실
한 해명이 이루어진다 해도 마찬가지다. 공공에 알려짐으로써(그리고
루디 아사우어 같은 사람들의 비방을 받음으로써) 야기된 인상은 너무 깊
게 뇌리에 남는다.

요컨대 소문은 주장일 뿐이다("얀젠은 경기를 매수했다" 또는 "슈뢰더
는 머리카락을 염색했다" 등). 그런 점에서 소문은 객관적으로 올바른
뉴스 혹은 거짓 정보와 구별되지 않지만, 전달되는 내용에 진실성이
결여되어 있으며 객관적인 정당성 역시 불분명하다. 덧붙여 소문은

유포되는 과정에서 수많은 변화와 채색을 거듭한다.

의도적인 거짓 정보

그렇다면 의도적인 거짓 주장, 즉 다른 사람을 폄하하고 모욕하려는 목적을 가진 주장들은 소문이라고 할 수 있을까? 단정적 의미에서 거짓말 자체가 소문의 범주에 속하지는 않는다 할지라도, 소문이라는 현상을 평가하는 데는 중요한 의미를 갖는다. 적어도 듣는 사람으로 하여금 불확실한 주장을 믿고 계속 퍼뜨리도록 하기 위한 도구로 투입되는 곳에서는 그러하다. 정치에서는 이에 관한 증거가 수없이 많다.

이러한 '소문과 현실'의 슬픈 한 장은 미국 대통령 조지 W. 부시가 썼다. 이라크전쟁과 관련된 정부 최고위직 인사들의 주장이 순진하게 공개된 것이다.

조지 W. 부시가 뉴욕 테러 이전부터 이라크를 공격할 계획을 가지고 있었다는 사실은 오래전부터 비밀도 아니다. 9·11 사태 이후 6주가 지나고 그는 국방장관 도널드 럼스펠드에게 구체적인 계획을 세우라고 지시했다. 사담 후세인을 축출하는 것은 절체절명의 과제였다. 워싱턴과 런던 정부는 모든 것을 이 목적하에 귀속시켰다. 진실까지도 말이다. 그들은 독재자 후세인이 실제보다 훨씬 더 위험한 인간으로 보이게 만들었다. 이 모든 것은 잘 알려져 있는 사실이다. 그럼에도 불구하고 '전쟁의 이유'를 제공하기 위해 무모한 거짓 보도가 전 세계에 뿌려졌다. 수많은 매체들은 거짓 주장을 의심 없이 넘겨받아 계속 전파했다.

- 미국 국방장관 럼스펠드는 9 · 11 테러의 범인이 프라하에서 이라크 외교관을 만났다고 주장했다.
- 영국 수상 토니 블레어는 사담 후세인이 치명적인 로켓무기를 준비하는 데 45분 이상이 걸리지 않을 것이라고 천명했다.
- 부시 대통령은 이라크가 니제르에서 500톤의 우라늄을 사려 한다는 유언비어를 유포했다.

2005년 중반 『뉴욕 북리뷰』는 부시 대통령의 최고위 자문관들 중 한 명의 언급을 실었다. 그 역시 이런 식의 소문정책을 세우고 공공연하게 정당화하려 했던 사람이다. "이제 우리는 대국이다. 우리가 행동하는 이상 우리만의 현실이 창출될 것이다."

미국 행정부의 계산은 이렇게 서 있었다. 미국 시민 다수는 여론에 유포된 거짓 정보 때문에, 사담 후세인과 관련해서 그들의 기억 속에 있는 다른 뉴스들 때문에, 정신적인 전제조건(예를 들어 다른 신앙을 가진 사람들에 대한 원칙적인 편견들) 때문에 실제로 그들 나라가 이라크에 의해 '절박한' 위협을 받고 있다고 믿으리라는 계산이었다. 잘못된 정보로 유포된 소문은 여론의 눈을 통해 정부의 행동, 즉 이라크 침공을 정당화해 주었다.

또 하나의 예가 있다. 구동독 시절 슈타지(구동독 비밀경찰 – 옮긴이)는, 국가안보상 내각의 주문을 받아 스파이 노릇을 한다는 소문을 퍼뜨려 밉살스러운 반대세력을 내몰았다. 당시 누가 처음으로 소문을 퍼뜨렸는지는 당연히 알 수 없었다. 이런 소문은 특히 예전 당간부,

예를 들어 볼프강 템플린과 베라 볼렌베르거 등을 박해하는 결과로 이어졌다. 실제로 예전에 슈타지를 위해 일했던 템플린은 공공연하게 체제와 극도로 비판적인 대립관계에 들어선 이후로 소위 슈타지 '분해 장교들'의 소문 유포를 통해 그런 식의 오명을 얻었다. 반면 템플린이 속한 반대세력에서는 템플린이 슈타지를 위해 일한다는 데 조금도 의심을 하지 않았다.

또다른 예가 있다. '자유 쿠웨이트를 위한 시민모임(CFK, Citizens for a free Kuwait)'과 손을 잡은 광고 에이전시 '힐&놀튼'사는 매우 악명높은 거짓 정보를 배포했다. 1990년 9월 5일 『데일리 텔레그라프』지는 이라크 병사들이 어느 쿠웨이트 병원에서 신생아들을 인큐베이터에서 꺼냈고 아기들은 곧 사망했다고 보도했다(다른 지면에서는 인큐베이터의 문이 잠겨 있었다고 했다).

통신사 로이터와 dpa는 증거도 찾아보지 않고 이 기사를 그대로 받아썼다. 15세의 쿠웨이트 소녀가 미국 의회 인권위원회 앞에서 보도를 확인해 주었다. 이제 국제사면위원회까지 이 기사에 참여했고, 기사의 신빙성에 대한 의심은 모두 사라졌다. 그러자 당시 미국 대통령 조지 부시와 국방장관 딕 체니는 이것을 이라크 침공을 정당화하는 감정적 논거자료로 제시했다.

이 사건의 진위는 1991년 4월에야 밝혀졌다. 미국 저널리스트(존 R. 맥아더)가 이것이 꾸며낸 이야기임을 입증했다.

사람들이 소문을 믿게 된 결정적 이유는, 국제사면위원회를 통해 보도가 확인되었다는 사실이다. 신뢰도가 높은 비영리 기관의 준(準)공식적인 확인이 없었다면 당시 소문이 기사로 돌연변이하는 일은 없었을지도 모른다.

인터넷, 소문의 아우토반

다음 사건은 인터넷에 뿌려진 거짓 정보가 얼마나 위험한 결과를 초래할 수 있는지를 잘 보여준다. 이 무모한 범죄사건의 주인공들은 결국 호주, 멕시코, 러시아, 그리고 북독일의 작은 캠핑장에서 발견되었다. 그들이 사용한 소문 유포의 도구는 인터넷의 고속 데이터였기 때문에, 국제적인 차원에서 엄청난 피해가 발생했다.

이 사건은 소문이 생겨나고 퍼질 때 (효율적) 통제 능력이 얼마나 결여될 수 있는지를 입증해 준다. 또 신속하게 성장하는 인터넷의 의미도, 당사자가 얼마나 무기력하게 대처할 수밖에 없는지도 여실히 보여준다. 소문의 주인공은 '충분히 사건을 즐긴' 인터넷 이용자들과 지방경찰 직원들의 도움이 없었더라면 범인들을 체포할 수 없었을 것이다.

현재 세계적으로 2억 개의 블로그가 있으며 매일 수천 개가 추가되고 있다. 컴퓨터를 이용하는 일은 오래전부터 대중의 삶의 방식이 되었다. 왜 그럴까? 아마도 언제 어디서나 누구든지 정신적인 쓰레기 또는 창조적인 배설물을 공공에 하역할 수 있기 때문일 것이다. 위험요소는 있다. 쓰레기를 뒤집어쓴 당사자는 그것을 제거하는 일이 너무도 어렵다는 사실이다.

그리스 신화에서 시시포스가 아무리 힘을 써봐도 무거운 대리석을 산 위로 굴릴 수 없었던 것처럼, 그 일은 법적인 절차를 통해 많은 돈을 쓰게 하지만 큰 성과를 거두기 어렵다. 신화 속 시시포스도 산 위에 도착하면 바로 돌이 미끄러져서 다시 산 아래로 굴러내려 가고 만다. 오늘날 명예를 훼손하는 글이나 거짓 소문에 맞닥뜨린 당사자도 시시포스와 마찬가지의 운명을 떠안는다. 그는 법적인 도움으로 인터넷 서비스 제공자(ISP)의 프로그램에서 문제의 내용을 제거할 수 있지만, 똑같은 내용이 내일 다른 ISP의 채팅룸이나 웹블로그에 등장한다는 사실에 절망한다.

그렇다면 이것은 구체적으로 무슨 의미일까? 모든 사람은 이런 식으로 개인적으로나 공동체와 함께 공적인 인물이 될 수 있으며 따라서 제3자가 언제든 그에 관한 정보를 전달할 수 있다는 점을 주의해야 한다는 것이다. 무수한 블로그들은 한 기업 혹은 한 개인의 명성을 위협하거나 완전히 파괴할 만한 잠재적 능력을 가지고 있다.

2005년 6월, 뒤셀도르프 지방법원은 국민의 이름으로 슐레스비히 출신 어느 캠핑장 운영자에게 다음과 같은 글을 남기는 것을 금지했다.

조심하십시오. 1948년 10월 10일 출생한 찰리 M.은 사기꾼이며 프로채무자입니다. 그 사람은 투자가인 양 자신을 부풀리고 토지를 구입하지만 돈을 지불할 수 없기 때문에 매매계약을 이행하지 않습니다. 매매계약서가 처리될 때까지 그는 세를 놓거나 그 밖의 재산상 이익을 얻어냅니다. 1988년부터 그는 수많은 사업 파트너에게서, 드러난 것만 해도 190만 유로에 달하는 돈을 사기치고 있습니다.

운영자는 이와 같은 글과 함께 찰리 M.(가명)의 사진을 인터넷에 올렸다.

물론 법원은 이 사진 역시 공개하는 것을 금지했다. 그렇다면 일은 어떻게 진행될까? 처음에 이 글을 쓴 사람을 찾아내는 데는 얼마나 시간이 걸릴까? 그리고 소문과 관련된 모든 일은 어떻게 처리될까?

법원이 − 그 사이에 확정된 − 판결을 고지했을 때, 이미 찰리 M.은 불편한 '가정방문'을 감수하고 있었다. 그것도 'ITM'(모스크바 수금회사)이라는 수금회사에서 온 3명의 대리인에 의해서 말이다. 검은 양복을 입은 이 남자들이 그를 방문하기 전에 그는 ITM사로부터 편지를 받았다. 찰리 M.이 ITM사 고객에게 소위 17만 유로를 빚지고 있다는 내용의 편지였다. 아울러 말하자면 ITM사의 선전용 슬로건은 이러했다. "당신의 채무자는 러시아어를 할 필요가 없습니다. 그래도 우리의 말을 잘 이해할 것입니다."

사람들이 찰리 M.으로부터 얼마간 돈을 청구할 수 있다고 믿었던 그 시기에 익명의 전화가 그에게 걸려왔다. 익명의 사람은 이렇게 권유했다. "당신은 돈을 지불해야 합니다. 그러지 않으면 장래 사업 활동을 '포기'해야 할지도 모릅니다." 그는 덧붙였다. "인터넷으로 눈을 한번 돌려보는 게 좋을 텐데요."

결국 얼마 후에 지방범죄수사국 직원까지 찰리 M.에게 전화를 걸어왔다. "오늘 이상한 전화를 받지 않으셨습니까?" 찰리는 그렇다고 대답했지만 수사국 직원까지 알게 된 상황에 매우 당황했다. 친절한 공무원은 찰리에게 빨리 인터넷에 들어가 그의 이름으로 검색을 해보라고 충고했다. 직원의 친절한 지시 덕분에 찰리 M.은 무수한 웹블로그와 인터넷사이트에 자신에 대한 소름끼치는 이야기들이 나돌고 있음을 알게 되었다. 의심의 여지없이, 인터넷에 공개된 주장과 비방의 글들은 사업가로서의 경력에 종지부를 찍기에 충분했다.

얼마 지나지 않아 이탈리아의 한 사업 파트너가 공동 프로젝트 계약을 해약했다. 그 사이에 찰리 M.은 처음 글을 쓴 사람을 찾아내기 위해 백방으로 노력했다. 이때 진짜 인터넷광인 그의 조카가 마침내 뒤엉킨 수수께끼의 미로에서 해결책을 찾아냈다. 즉 중요한 정보 제공자들이 호주, 멕시코, 그리고 러시아에 살고 있다는 점이었다. 검찰과 범죄수사국의 도움이 없었더라면 찰리 M.은 범행 주동자도 그의 수족과 꼭두각시도 그렇게 빨리 찾아낼 수 없었을 것이다.

그들이 협박을 시도한 이유는 무엇이었을까? 찰리 M.은 어느 중개 계약에서 6자리 단위의 수수료를 지불할 책임이 있었는데 이행할 수 없었다. 그럴 만한 이유가 있었다. 수수료 요구가 계약이 성사될 때에만 유효했고, 특히 대금이 지불된 시점에서야 지불이 가능했기 때문이다. 두 가지 전제조건이 그때까지 이행되지 않았던 것이다. 그럼에도 불구하고 중개회사는 돈을 받기를 원했고, 이후 곧 회사를 떠났던 해당 직원은 '소위 지불요청을 관철시킬 가장 효과적인 방법'을 고안해 낸 것이다.

이것은 소문과 무슨 관계가 있을까?

처음으로 내용을 올린 사람은 당연히 '링크'를 가능하게 해두었다. 구글에 찰리 M.이라는 이름을 입력한 사람은 어디에서건 계속해서 그 끔찍한 이야기를 읽을 수 있었다. 이야기는 이미 바이러스처럼 퍼져서 갖가지 채팅룸 속에서 무수한 토론과 공론과 비난과 의혹을 낳았고 곧바로 소문으로 이어졌던 것이다. 특히 오명을 얻게 된 이유는 이런 채팅룸에서 열심히 활동했던 몇몇 독자의 편지들이 찰리 M.의 명성에 해를 끼치는 역할을 충실히 수행했기 때문이다. 원래 글을 썼던 사람이, 이미 시작된 소문의 냄비를 더 데우겠다는 명백한 의도를 가지고, 의식적으로 그런 독자들에게 접근했던 것이다.

찰리 M.은 해당 인터넷사이트와 그 링크들을 철저히 없애는 데 성공했지만, 그럼에도 불구하고 소문이 계속 무성하게 자라나는 것을 막을 수는 없었다.

인터넷 소문에 의해 위협받을 가능성이 있는 기업에게는, 정기적으로 인터넷의 중요한 '소식'들을 간벌하라고 추천하고 싶다. 몇몇 포럼들에서 기업들은 기업 운영과 제품에 관한 고객들의 교훈적인 목소리를 접할 수 있다. 불평이나 경고 등도 포함되어 있지만 소문들 역시 생생하게 논의되곤 한다. 인터넷 모니터링은 소문을 비교적 초기에 알 수 있게 해주며, 가능하고 필요하다면 소문과 싸울 수 있게 해주기도 한다.

니더작센주(州)는 데이터 아우토반의 장점을 효율적으로 이용할 수 있다고 믿었다. 하지만 관청의 기이하고도 남을 행동은 결국 범죄 해결률을 높이기보다는 내부고발을 촉진하는 데 더 큰 도움을 주었다. 왜 그랬을까?

니더작센 주민들은 소위 경제적 불법행위와 부패사건에 관한 정보를 이메일을 통해 익명으로 경찰에 고발하라는 수사관청의 요청을 받았다. 상당수의 주민들이 투고했다. 그것을 근거로 개시된 185건의 수사 절차는, 많은 경우 가택수색과 불쾌한 계좌추적으로 이어졌지만, 단 1건에서만 실제로 판결을 받았을 뿐이다. 수사의 90퍼센트 이상은 범행 혐의 부족으로 중단되어야 했다.

감히 이렇게 주장해 보겠다. 익명으로 보내진 공론은 적지 않은 부분이 '공격적 소문' 범주에 해당하는 보복성 행동이었다고. 익명으로 그리고 당연히 제재의 위험 없이 완전히 꾸며낸 비방을 세상에 내보낼 수 있는 더없이 좋은 기회였던 것이다.

판타지가 만든 소문들

불확실한 사실임에도 불구하고 믿어지고 유포되는 주장에는 실제 사건 혹은 실제 목격의 근거가 전혀 없다. 그런 주장과 보도는 어떤 실제의 근거도 갖고 있지 않다. 즉 그것들은 판타지의 산물이거나 신화의 반복이다.

외설적인 남성 판타지의 소산일까? 궁정에서 빈번히 일어나는 모략의 결과물일까? 사실 모든 역사학자, 모든 전기작가, 그리고 모든 백과사전은 러시아의 여제 에카테리나 대제(1762~1796)의 에로틱한 이야기를 실제인 양 환기시킨다. 확실한 출처는 거의 없는, 불멸의 소문이 실재하고 있다. 심지어 그녀가 수말과도 통정했다는 식의 소문까지 존재한다. 해부학적으로 보았을 때에도 납득하기 어려운 주장이다. 에카테리나 대제의 특별히 에로틱한 감각적 욕망을 보여주는 증거는 단 하나뿐이다. 그것은 포르노그래피 성격을 가진 몇 개의 가구들인데, 사실 이런 가구들은 18세기 유럽의 거의 모든 왕국이 수집했다. 그렇다면 왜 수말과 통정했다는 '판타지적인' 소문이 나왔을까?

이 문제는 페터 보디취가 논문에서 제기한 바 있다. "에카테리나는 자신을 경멸한 사람들을 극도로 자극했다. 볼테르는 그녀가 그리스 여신에게나 어울릴 법한 성녀의 이름을 사용했다고 비난했다. 프랑스의 어느 첩자는 그녀가 야생동물과 같은 눈을 가졌다고 말했다. 불결한 이야기들이 시리즈로 생산되었다. 합병정책을 펼쳤던 에카테리나 2세는 특히 영국과 프랑스 캐리커처 작가들이 가장 좋아하는 인물이었다. 젖가슴을 드러내고 다리를 벌린 창녀로 묘사된 여제와 그녀의 치마 아래 다른 국가의 왕들이 모여 있는 모습, 수말과 함께 있는 에카테리나, 근위병의 피를 빨아먹는 뱀파이어로 분장한 에카테리나."

실제 토대가 없는 또다른 '판타지적인' 소문은 다음과 같은 것이다. 유명한 서커스단장 베른하르트 파울은 예명으로 론칼리라는 이름을 가지고 있다. 상상력이 풍부하고 창조적이며 관습에서 벗어나기까지 한 이 서커스인에 대해 관객들은 때로는 경탄했지만 때로는 애매모호한 추측을 일삼기도 했다. 일부 사람들은 결국 유랑서커스단의 삶이란, 규범과는 전혀 어울리지 않는 것이라고 생각했다. 그러니 어떤 비밀이 주변을 맴돌고 있는지 아무도 모르지 않겠느냐는 것이다. 소문이 발전하기에 아주 이상적인 자양분이었다.

특별히 탐구적인 종파 비판가들이 인기 많은 이 광대의 비밀을 벗겨내려고 시도하면서 그의 이름 론칼리를 뒤에서부터 거꾸로 읽을 생각까지 해낸 것은 놀라운 일도 아니다. 그들은 철자 하나씩 뒤에서부터 읽지 않고 임의적인 단위로 나누어 보았다. 그 결과는 베른하르트 파울, 즉 알리아스 론칼리는 사이언톨로지(초자연적 치료와 영혼, 윤회 등을 믿는 미국의 신흥 종교 – 옮긴이) 창시자 론 허버드의 추종자로 추정되었다! 왜냐고? 이제 보고 읽어보라.

RON CALL I
I CALL RON

베른하르트 파울이 서커스단장이 아니라 은행 직원이었다면 이런 소문이 날 일은 없었을 것이다. 이후로 그는 사이언톨로지 신자라는 의혹을 받으며 사람들의 수군거림을 견뎌내며 살아야 했다. 아니 앞으로도 계속 그렇게 살아야 한다.

비슷한 논리로 세계적 기업 프록터&갬블(P&G)이 통일교를 후원한다는 혐의가 성립했다. 사건은 이러했다. 1981년 미국에서 가장 큰 소비재회사(총매출 120억 미국 달러)인 프록터&갬블이 매년 수익의 10퍼센트를 통일교에 바친다는 소문이 돌았다. 이후 회사는 걱정에 싸인 수많은 소비자들의 전화를 받았다. 1982년 6월에만 이런 전화가 1만 5,000건 이상이었다. 어떻게 된 일일까?

소문에 따르면, 회사의 로고가 악마의 숫자, 즉 666을 숨기고 있다는 것이었다. 로고의 무수한 별들을 서로 연결해 보면 666이라는 숫자를 인식할 수 있다는 것이다. 소문을 처음 만들어낸 사람은 결국 경쟁 기업의 두 판매상으로 밝혀졌다.

프록터&갬블사가 이 소문에 어떻게 대처했는지, 그룹 차원에서 제기된 공식적 정정 캠페인으로 어떤 위험에 빠졌는지는 7장에서 다시 설명하기로 하겠다.

코카콜라에 코카인이 들어 있다?

건강에 해로운 결과를 낳음에도 불구하고 결코 없어지지 않는 신화들이 있다. 예를 들어 홍역 예방주사가 병 자체보다 더 해로울 수 있다는 집요한 소문이 그것이다. 당연히 거짓이다! 소문을 퍼뜨린 사람은 살아 있는 12명의 아이를 대상으로 연구를 했는데, 이것은 과학적인 근거가 매우 부족한 것이었다. 실제로 ― 이것은 소문이라는 테마와 연관지어 예방과 경고의 이유에서도 꼭 언급해야만 한다 ― 예방

주사는 병에 비교할 수 없이 안전하다. 예전에는 평균적으로 10만 건의 예방접종에서 단 한 건이 뇌막염을 유발했지만, 지금은 이 미미한 위험마저도 사라졌다.

감염면역학자 베른트 벨로라즈키 박사는 이렇게 강조한다. "몇 년 전부터 독일에서 새로운 예방약이 사용되고 있다. 이후로 독일에서는 예방접종으로 인한 어떠한 질병 사례도 알려지지 않고 있다." 그럼에도 불구하고 부주의한 의사들은 오늘날에도 환자들에게 흔히 병을 이겨내는 것이 낫다고 권고하고 있다. 그 결과 독일에서는 매년 500에서 2,000명이 예방접종을 무시한 이유로 홍역에 걸려 뇌막염을 앓고 있다. 그 중 30퍼센트는 치명적인 결과에 이르렀고 20퍼센트는 후유증을 겪는다.

완전히 근거가 없고 '건강에 해로운' 소문이 세월을 거치면서 집단적인 믿음으로 발전한 경우이다.

코카콜라 신화

유명한 인물, 제품 혹은 사건에 관한 유언비어들은, 부분적으로는 진실이 포함되어 있다 하더라도 대부분 지어낸 디테일로 치장되어 있다.

예를 들어 국가사회주의자들이 유포한 소문이 있다. 독일 국민의 건강을 위협하기 위해 코카콜라에 코카인을 넣었다는 것이다. 이런 소문은 어디서 생겨난 것일까?

이 갈색 탄산수의 이름은 그 안에 들어 있는 두 가지 조미료 콜라누스와 코카나무에서 온 것이다. 코카나무는 코카인의 원료이다. 1886년 탄산음료의 공식이 개발되었을 때, 제조자는 처음에는 당연히 염려할 일이 없었다. 그는 심지어 코카콜라를 약품으로 시장에 내놓기도 했다. 소위 '신경성 통증,' 즉 두통이나 우울증에 효과가 있다는 이유였다. 그러다가 19세기 말 코카인의 부정적 측면이 공공에 알려졌고 언론은 탄산음료 공장에 조치를 요구했다. 공장은 즉각 생산을 전환했고, 이후로 음료는 문제가 된 원료를 제거한 코카잎에서의 추출물만을 함유하게 되었다. 코카콜라사는 이런 변화를 절대 소문내지 않았다.

전세계적으로 타의 추종을 불허하는 성공 덕분에 많은 사람들에게 여전히 미스터리인 이 탄산음료는 이후 또다른 소문을 겪어야 했다. 예를 들어 코카콜라는 부식작용이 있어 치아, 손톱, 숟가락, 동전 등을 녹인다, 전지를 충전하고 스테이크를 부드럽게 만들 수 있다, 성욕을 촉진시키고 피임 작용을 한다는 등의 소문이었다.

신화는 오늘날까지도 여전히 계속된다. 2006년 1월 29일 어느 인터뷰에서 독일 사장 데릭 반 렌스부르크는 탄산음료의 레시피가 어디에 보관되어 있느냐는 질문에 이렇게 대답했다. "애틀랜타 선 트러스트 은행 금고실의 두꺼운 쇠창살 안에 있습니다." 덧붙여 그는 이렇게 밝혔다. "레시피의 전부를 알고 있는 사람은 아무도 없습니다."

앞으로 상황은 좀 달라질지도 모르겠다. 인도에서 대규모 살충제 오염 사례 보도가 있은 후에 코카콜라와 펩시콜라의 자회사들은 적어도 인도에서는 음료의 원료를 공개해야 한다. 그곳의 헌법재판소가 요구했기 때문이다.(『쥐트도이체차이퉁』 2006년 8월 5, 6, 7일자)

먼로 신화

소문에 따르면 마릴린 먼로는 자살한 것이 아니라고 한다. 몇 달 내

내 계속 유포된 주장에 의하면 먼로의 집에서 도청기가 발견되었다고 한다. 그녀와 존 F. 케네디 사이의 섹스 스캔들을 폭로하기 위해 누군가가 설치한 것이라고 한다. 이것이 결국 은막스타의 살해 동기가 되었다는 주장이다. 그래서 먼로를 살해함으로써 섹스 스캔들이 정치 스캔들로 비화되는 것을 막으려 했다는 것이다.

클린턴과 르윈스키 신화

또다른 예가 있다. 미국 특별수사관 케네스 스타는 르윈스키 사건으로 미국 대통령 빌 클린턴을 수사한 후에 언론 보도에서 이렇게 말했다. "1997년 11월 13일 모니카 르윈스키는 알토이드 페퍼민트를 묻히고 오럴섹스를 하면 더 짜릿한 기분이 들 거라고 미국 대통령의 귀에 속삭였다."

그러지 않아도 신앙심을 내세우는 미국에서 이 외설적 이야기는 들불과 같이 순식간에 번졌다. 검찰 문서는 모니카 르윈스키의 말을 소문으로 부풀렸고, 소문은 해당 언론사에 58퍼센트의 판매부수 증가를 선사했다.

정보의 공백, 또다른 오류의 원천

상투적 판단, 선입견, 클리셰(판에 박힌 듯한 진부한 표현 – 옮긴이)는 소문의 생성에 특별히 적합한 자양분이다. 예를 들어 『아벤트차이퉁(AZ)』의 독자들이 "사기혐의로 검찰 수사"라는 제목을 보았다면, 그들은 즉각 혐의를 둘 만한 무엇인가가 있으리라고 상상할 것이다. 얼마 후 같은 맥락에서 용의자에게 가택수사가 행해졌다는 보도를 접한다면, 대부분의 독자는 국가가 그렇게 강제조치를 내렸을 때에는 사기혐의가 상당히 신빙성이 있는 이야기라고 생각할 것이다.

처음에는 아직 의문부호를 단 주장으로 나돌았지만 일단 그 두 가지 전형적 보도를 거치고 나면 확고한 믿음이 되고 만다. 이 경우에는 인과관계의 오류가 나중 소문(예컨대 도주 중이다, 자격증을 잃었다)을 가능하게 한다.

그러나 개인적인 감정과 사고는 또다른 잠재적인 오류의 원천 때문에도 생겨날 수 있다. 문제는 정보의 공백, 즉 어떤 평가나 결정도 허락하지 않는 불완전한 뉴스 혹은 보도이다. 이것은 방향을 설정하려는 인간의 욕구, 다시 말해 부족한 관찰이나 정보를 이해하고 해석하며 범주화하려는 욕구와 부합한다. 정보 욕구가 더 클수록, 정보 제공이 더 적을수록, 정보의 공백을 공론(空論)으로 채우는 경향이 더 커진다. 이런 공론이 어떤 종류의 것인지는 다시금 아주 개인적인 성향(느낌, 경험, 공포, 기대 등)에 달려 있다. 한 예를 들어보자.

1986년 2월 21일 어느 통신사는 북한에서 출발한 군용 비행기가 남한 영공에 침입했으며 남한에서 최상위 등급 경보가 발령되었다고 보도했다. 그러자 갑자기 북한이 남한에 공격을 개시했다는 소문이 돌았다. 증권투자자들은 위기시에 항상 그렇듯 달러화를 엄청나게 사들였다. 나머지 통화들이 폭삭 주저앉는 동안 달러는 하늘 높은 줄 모르고 치솟았다.

나중에야 밝혀진 것이지만, 비행기 안에 탑승한 사람은 도주 중인 중국군 소속 군인들이었다.

정보의 공백 ― 왜 비행기가 북한에서 날아온 것이라고 보도했을까? ─ 은 공론에 의해 추측된 것이다. 또 "영공에 침입했다"는 단어 선택은 공격적인 의도가 있을 것이라는 상상을 불러일으켰다.

물론 비행기를 목격하고 자신의 개인적 지각을 유포한 사람은, 오직 비행기 한 대만을 말한 것이지 공격에 관해서는 언급하지 않았다. 하지만 어쨌든 이상한 상황(북한과 남한 사이에는 항공 교류가 없다)을 신고받고 그 신고가 옮겨지는 많은 단계에서 여러 변화가 생겼을 것이다. 참여한 정보 전달자들 ─ 처음에는 예외 없이 남한 사람들이었고 다음에는 미국 군사령부의 책임자들이었을 것이다 ─ 은 항시 잠복하고 있는 습격 위험을 근거로 사건을 침소봉대한 것이고, 이어서 이것은 단기적인 달러의 '황금기'를 창출했다.

납치인가, 조작극인가?

2006년 1월 23일 『포커스』지는 "충격적인 달러뭉치"라는 제목으로 이라크 인질이었던 고고학자 주잔네 오스트호프가 석방될 당시 "고무줄로 묶은 수천 달러 돈뭉치를 옷 속에 가지고 있었다"는 기사를 실었다. 잡지에 따르면 연방수사국 형사들은 "달러화의 일련번호를 조사해서 정부가 마련한 석방금 번호와 일치함을 확인했다." 아마도 『포커스』는 이 충격적인 정보를 수많은 연방정보부 직원들 중 한 명에게서 얻었을 것이다. 물론 뉴스는 폭탄과 같은 위력을 행사했다.

『포커스』는 거침없이 공론을 계속했다. "주잔네 오스트호프는 납치범들로부터 돈을 받았을까? 『포커스』에 대한 그녀의 입장표명을 독일 국민은 금요일 저녁까지 접하지 못했다. 수상한 돈뭉치에 대해 대사관 직원들은 즉각 베를린 대외본부 위기극복위원회에 알렸다. 외무장관 프랑크 발터 슈타인마이어는 이 사건에 관해 '절대적인 비밀유지'를 지시했다."

적지 않은 크기의 정보의 공백이 생겼다. 오스트호프는 왜 "수상한 돈뭉치를", 그것도 석방금에서 나온 "수천 달러"를 "옷 속에" 가지고 있었을까?

『포커스』의 기사에 이어 이제 『슈테른』지가 인터넷사이트에 다소 명확한 어조로 사태에 빛을 던져주었다. 『슈테른』의 주장은 이러했다.

"오스트호프는 돈과 돈의 출처를 절대 비밀로 하려고 하지 않았다. 문제가 된 돈은 범인들이 주잔네 오스트호프를 납치할 때 '차압한' 저 3,000달러의 금액과 일치한다."

대외본부로부터는 ─『포커스』 보도가 있은 지 하루 만에 벌써 ─ 오스트호프가 납치범들과 공모해서 "계략을 꾸민" 것이 아니냐는 의혹이 일어났다고 한다. 뿐만 아니라 대외본부 한 직원은 『포커스』 보도 하루 후에 『쥐트도이체차이퉁』에서 "물증은 없지만 그렇게 추측하고 있다"고 밝혔다.

하지만 그때 소 잃고 외양간 고치는 사건이 일어났다. 뮌헨 『아벤트차이퉁(AZ)』에게는 심지어 아주 큰 소를 잃은 격이었다. 즉 『AZ』 편집국이 정보의 공백을 편향적인 유도질문으로 메울 것을 결정한 것이다. 예를 들어 일면에 "납치사건은 오스트호프가 지어낸 것인가?" 혹은 "납치사건은 조작된 것인가?" 등의 헤드라인으로 기사를 실었다.

주잔네 오스트호프,
석방금의 출처는 어디인가?

뮌헨 출신 고고학자 납치사건을 둘러싼
새로운 수수께끼 : 조작극인가?

답변은 똑같았다. "검찰이 수사 중이다." 그리고 계속되는 유도질
문이 보충되었다. "그렇다면 그녀는 10년형을 받아야 하는가?" 형량
의 이유는 이렇게 들었다. "고고학자는 석방금 일부를 자기 호주머니
에 숨겼다고 한다. (……) 어제부터 심각한 의혹이 떠돌기 시작했다.
납치 자체가 연극이었나?"

『AZ』은 독자에게 답변을 강요한다. "납치범이 용감한 희생자와 석
방금을 나누려는 공모를 한 것이 이번이 처음은 아니다." 바로 다음
에 전문가의 견해가 이어진다. "범죄행위 조작은 주잔네 오스트호프
에게 해당할 수 있는 기소의 사실 구성 요건들 중 하나이다." 그뿐만
이 아니다. "독일 형법전서 263조에 따른 사기다. 그러나 사기의 사실
구성 요건은 소위 자격 요건을 포함하고 있으며, 금액이 클 경우에는
더 중대한 사건으로 간주되어 더 높은 형량을 받을 수 있다."

이어서 『AZ』의 '논증'은 몇 가지 결론으로 전개된다. "절대적인 비
밀 유지가 지시되었다는 점으로 미루어보아 수사 전술상 이유가 있을
지도 모른다."

인질이 무죄일지도 모른다는 마지막 추측은 다른 전문가의 말로 완
전히 무시된다. "오스트호프 부인의 신빙성을 에센(Essen) 테러리즘
및 안보정책연구소 소장 롤프 토포벤은 오래전부터 의심하고 있다.

'인터뷰 중 그녀는 납치범에게 눈에 띄게 많은 공감과 동정을 표시했습니다.'" 그러면서 처음부터 앞뒤가 맞지 않는 사항이 너무 많았다고 덧붙인다.

『포커스』와 『AZ』의 이 기사들이 주잔네 오스트호프를 이미 처형했다는 점은 확실하다. 정보의 공백을 메움으로써 소문을 생성하는 결과를 낳은 것이다. 고고학자는 이제 소문에서 더 이상 벗어날 수가 없다. 감히 주장하건대 이 무모한 비난과 관련해서 그녀의 무죄가 공식적으로 확정된다 할지라도 말이다.

이 소문의 자양분은 재빨리 분석되었다. 몇몇 매체들이 이미 그전부터 열띤 논의를 벌이던 참이었다.

- 오스트호프 부인이 아랍 TV 방송 '알 자지라'에 출연했다는 점
- 석방된 지 3주가 지나서야 12살짜리 딸을 '품에 안았다'는 점
- 석방된 후 바로 독일로 돌아오지 않았다는 점
- 독일 ZDF 방송국 인터뷰에서 차도르를 입었다는 점

그녀에 대한 노골적인 불쾌감은 오직, 주잔네 오스트호프가 여자이자 어머니로서의 일반적인 이미지에 어울리지 않았고 ― 겉보기에 ― 어울리고 싶어하지도 않았다는 사실 때문이었다. 많은 사람들이 의혹을 품었던 것은 '납치의 희생양'이었던 그녀의 운전사 역시 이라크에서 석방된 직후 잠적했다는 점이었다.

모든 요소들이 소문의 냄비를 끓이는 데, 그리고 기존의 정보의 공백(석방금 지불에서 모든 것이 제대로 처리되었는가?)을 공론으로 채우는 데 이용되었다. 오스트호프 부인이 ZDF와의 인터뷰에서 보여준 부조

리한 태도 중 많은 부분이 트라우마를 겪은 후 발생하는 스트레스 증후군이라고 생각한 저널리스트는 극소수였다.

한 TV 프로그램에서 이 고고학자는 2006년 5월 4일 독일 미디어의 반향과 『포커스』, 『AZ』이 유포한 공론의 결과를 묘사했다. 그녀는 — 매체 보도에 영향을 받은 여론 때문에 — "이런 상황에 더 이상 독일에서 살 수 없다"고 말했다.

오스트호프 부인이 소문과 소문의 유포를 막을 수도 있지 않았을까? 당연히 사법적인 부작위판결을 받아 소문의 기반을 무너뜨리고, 그런 주장들이 사실무근이라고 큰 소리로 외칠 수도 있지 않았을까? 그러나 그녀에게는 소송에 들어가는 재정 부담이 너무 컸다. 어쩌면 사람들이 자신에 대해 어떻게 생각하는지는 아무 상관이 없었을지도 모른다. 어쨌든 이 프로그램이 그녀에게 제공한 기회가 사람들에게 어떻게 수용되었는지는 상관없이, 이 소문은 오래도록 오스트호프 부인에게 오점으로 남아 있다.

지식 부족으로 인한 오해

또다른 고전적 오류의 원천은 상호간 의사소통에서의 오해이다. 이것은 개념의 다의성이나 전문지식의 결여 혹은 단순한 번역의 실수에 의해서도 발생한다.

바로 이 오류의 원천이 S사건에서 내가 개인적으로 벌였던 워털루 전쟁이었다. 개념적인 오해가 얼마나 빨리 재앙과 같은 결과를 낳으며 소문으로 이어질 수 있는지를 분명히 보여주는 사례이다(이 긴 소문의 전쟁에 대해서는 6장에서 자세히 다룰 것이다).

유동자산을 필요로 하는 주식회사는 항상 선택의 여지를 가진다. 은행대출, 증자, 전환사채, 혹은 그냥 증권거래소로 가는 것 등. 설립 당시 내가 이사로 있던 포뮬라 주식회사는 증자를 선택했고 이런 재정조치를 통해 150만 유로를 모을 참이었다. 그런 경우 대개의 방식은 우선 기존 투자자들을 증자에 참여하도록 유도하는 것이다. 미리 합의된 기한(우리 경우에는 한 달이었다)이 지난 후에야 외부의 새로운 투자자들이 주식 인수자로 서명할 수 있다.

비상장 주식회사의 경우에는 항상 잠재적인 투자가들에게 눈을 돌리고, 그들 역시 전략적으로 관심을 가질 수 있다. 대개는 평판이 좋고 재정이 튼튼하며 성공한 사업가들이다. 그래서 나는 2002년 12월 16일 기한이 지난 후에 다름아닌 부동산업자 S에게 눈길을 돌렸다. 그가 재정이 튼튼할 뿐 아니라 좋은 인맥을 가지고 있다고 생각했기 때문이다. 나는 이렇게 서한을 작성했다. "이미 보고한 것처럼 우리는 자본금 증액 차원에서 추가로 4만 3,000주를 발행하기로 결정했습니다. 당신이 주식 구입에 관심이 있다면, 저는 제 옛 투자자들 또는 감사들에게 당신이 주식 인수자로 서명하는 것을 허용해 달라고 제안하려 합니다."

그렇듯 정상적인 상황이었다. 증자를 실행하는 일은 상대적으로 복잡하고 지루한 과정이다. 모든 새로운 주식들이 등록되고 대금이 지불된 후에야 성공적으로 종료되기 때문이다.

2003년 1월 S는 증자 과정이 성공적으로 종료되기를 기다리는 대신 내 아내의 주식 1퍼센트를 구입하기로 결정했다. 지금 와서 생각해 보니, 그는 가능한 한 빨리 저명한 투자자 그룹에 끼기를, 또는 가능한 한 싼 값으로 주식을 소유하기를 원했던 것 같다. 그러나 증자는 결정된 대로 실행되지 않았다. 앞서 설명했듯, 우리 회사의 유동자산에 문제가 생겼고, 투자자들이 직접 이 문제를 해결하고자 했기 때문이다.

주식을 구입한 지 1년 후에 S는 나를 형사고발했다. 고발문 한 단락을 보면 문제가 무엇인지 분명히 알 수 있다. "서명하는 것을 허용한다"는 규정이 잘못 해석됨으로써 오해가 발생했고, 이것이 그의 실망과 실수의 주된 동기였으며, 결국은 형사고발의 이유였던 것이다. 그는 내 아내의 주식을 구입할 때 회사의 모든 저명한 투자자들에게 자문을 구해 그 자신도 투자자로 인정하겠다는 동의를 구했다고 믿었다는 것이다. 잘못된 주장이었다. 이것은 적어도 위에서 인용한 용어로부터 그가 추론한 것에 불과하다.

실제로 증자에서 새로운 투자자가 '허용' 될 수 있다는 점은 맞지만, 기존 투자자가 자신의 주식을 매각했을 경우에는 당연히 해당되지 않는 일이다. 그러므로 내 아내는 자신 소유의 많은 주식들 중 얼마 안되는 일부를 팔면서 누군가에게 질문할 필요가 전혀 없었던 것이다. S가 증자에 참여했던 것이 아니라 ─ 정규적인 문서상 계약에 의해 ─ 개인 소유의 구주(舊株)를 구입했기 때문이다.

어쨌든 저명한 동료 투자자들이 '투자자 클럽'에 들어오도록 허락했으리라는 기대가 이루어지지 않아 그는 적잖이 실망했다. 지금 생각해 보면, 그는 증자 절차에 관한 지식이 부족한 까닭에 분노가 폭발했고, 이것이 공격적인 행동으로 이어진 것이다. 그의 행동은 한마디로 '손상된 허영심'이라고 부를 만하다. 적어도 다른 식으로는 다음에 인용하는 그의 형사고발문 내용을 평가할 수 없다.

"셸레 박사는 나를 위해 전력을 다할 것이고 따라서 '다른 투자자들이 나를 15번째 투자자로 허용할 것'이라고 내게 제안했습니다." 계속해서 이렇게 쓰여 있다. "셸레 박사와 다른 투자자들이 나와 내 동생을 '투자자로 허용'할 것에 관해 대화를 나눈 일은 전혀 없었습니다. 내게 설명한 투자자들의 규약 같은 것도 전혀 존재하지 않았습니다. (……) 또 셸레 박사는 누구에게도 주식 구입 '허용'에 관해 질문한 적이 없었으며 따라서 이것이 악의적인 기만임을 알고 있었습니다."

고발문을 보면 그가 여러 개념들과 증권거래법상 연관관계에 대한 지식이 불충분했음을 잘 알 수 있다. 또 그가 사용한 단어들을 보면 우리 회사 14명의 저명한 투자자들에 의한 '기사서임식'이 어떤 의미를 가지는지가 분명하다. 이것은 다시금 소문의 생성과 유포에서 중요한 의미를 갖는 심리학적 현상으로 우리를 인도한다. 공격이라는 문제, 공격의 원인과 소위 공격적 소문이 갖는 밸브기능 말이다.

소문연구가 크나프는 적대적인 감정을 만족시키고자 하는 욕구 속에 소문 생성의 중요한 원인이 있다고 지적한다. 다음의 한 인터넷 설문조사(www.chef-spiegel.de)는 이런 밸브기능이 몇 퍼센트의 가치를 가지고 있는지를 인상적으로 증명하고 있다.

소문에 참여하는 주된 원인은 무엇이라고 생각하는가?
- 자신의 편견을 확고히 하려는 무의식적 욕구 19.4%
- 억압된 공격성을 터뜨리기 위해 12.5%
- 지식을 뽐내기 위해 15.7%
- 말하는 즐거움(Smalltalk) 9.7%

- 기존 정보의 공백을 채우기 위해 15.0%
- 센세이션이 주는 즐거움 15.7%
- 다른 사람들에게 의식적으로 피해를 주고 싶어서 11.0%
- 모르겠다 0.9%

공격적 소문은 공격적인 감정을 양분으로 삼는다. 손상된 자만심, 손상된 허영심, 손상된 명예심, 질투, 시기 등등. 위기라고 생각될 때 희생양을 찾아 악의적 소문으로 그 희생양을 모욕함으로써 카타르시스를 느낀다. 완전히 개인적인 위기(실업, 배우자의 부정, 지불불능 위기)가 문제이건 혹은 국민경제 문제 때문이건(대량실직, 국가의 부채) 상관없다. 사람들은 희생양이 책임을 질 수 있다면 기분이 더 나아지는 것을 느낀다. 적어도 부담이 덜어진 느낌은 가질 수 있다.

S씨 사건에서 내 공식적 입장은 이렇다. 그가 형사고발문에서 제시했던 다른 모든 논거들을 무시하더라도, 그가 회사의 모든 유명한 투자자들의 동의를 받을 수 있다고 가정한 점이 잘못된 출발이었다. 이 가정은 분명히 그를 극도로 거만하게 만들고 그의 욕망(이 사회에서 인정을 받으려는 욕망)을 만족시켰을 만했다. 지그문트 프로이트의 이론에 공감하는 사람이라면, 우리의 모든 행동은 성적인 충동 외에도 무엇보다 핵심적인 또 하나의 동기를 가지고 있다는 사실을 알고 있을 것이다. 그 동기는 자기 자신이 사회에 통용되어야 한다는 요구이다.

프로이트뿐만 아니라 다른 심리학자들 역시 통용욕구가 인간의 지배적인 충동이라고 생각한다. 존 듀이 교수는 이렇게 말했다. "인간 본성에서 가장 강력한 충동은 중요한 존재가 되려는 소망이다."

그러므로 사람들은 통용욕구가 손상되거나 기대만큼 충족되지 않을 때 공격적 소문을 통해 그 좌절을 벗어버리려는 경향을 보인다.

요컨대 오해, 그리고 오해로부터 나온 실망은 모든 제방을 무너뜨린다. S는 이렇게 실망을 느낀 상태에서 갑자기 주식 매입에 해당하는 또다른 사안을 잘못 이해하고 잘못 기억했으며, 또 이것을 잘못 전달한 셈이다. 의혹을 풀어줄 사실은 무시되거나 완전히 부인된다. 오해 때문에 일어난 자아의 피해는 감정 폭발과 보상을 필요로 하기 때문이다.

S사건은 분명히 소문연구자들의 이론을 뒷받침하는 좋은 사례이다. 공격적 소문은 잠재적으로 어떤 식으로든 좌절을 겪고 갖가지 이유에서 공포와 두려움 속에서 살아가는 집단의 대중을 타깃으로 삼는다. 희생양을 만들어야만 마음을 안정시킬 수 있는 정서상태를 가진 사람들을 말이다.

그러기 때문에 예컨대 부부가 이혼하거나 깊은 우정이 깨지거나 노사관계가 파국으로 치닫는 경우 공격적 소문이 세상에 터져나오기에 아주 훌륭한 상황이 된다.

그때의 목적은 — 때로는 의식적이고 때로는 반사적이지만 — 의심의 여지없이 확실하다. 전 배우자, 이전 친구 혹은 직장 동료를 쫓아내는 것. 그럼으로써 공격적 소문은 이 모든 경우에 폭도현상과 아주 흡사한 형태를 보인다.

이에 관해서는 그럴듯한 가정이 있다. 우리의 통용욕구가 실제로 그렇게 확실한 것이라서 우리가 이웃이나 직장 동료, 골프나 테니스 상대보다 더 나은 존재가 되고자 계속 노력한다면, 그래서 우리의 성과와 지위를 그들의 지위 및 성과와 비교한다면, 그리고 결국 그 비교의 결과가 마음에 들 때 특히 만족을 느낀다는 것이 맞다면, 그렇다면 반대의 결과가 나올 때 우리가 분명히 좌절을 느낀다는 것도 맞을 것이다. 그렇다면 다른 사람의 성공을 재능이나 성실성이 아니라 행운이나 우연, 혹은 계략이나 도덕성 결핍의 탓으로 돌리는 이유는 무엇일까? 그렇게 하면 좌절감이 큰 폭으로 줄어들기 때문이다. 그 때문에 또한 공격적 소문에 믿음을 보내며 심지어는 발빠르게 소문을 퍼뜨리고 다니는 것이다. 그럼으로써 자신의 감정적 상태가 개선되기 때문이다.

프랑스 철학자 라 로슈푸코가 추천하는 것이 있다. "적을 만들고자 한다면 우선 친구들을 이겨서 무너뜨리시오. 하지만 친구를 얻고자 한다면 그들에게 져서 쓰러지시오." 왜냐고? 친구들이 우리보다 우월하다면, 그것이 그들에게 자신감을 심어주기 때문이다. 그러나 그들이 우리에게 패배한다면, 그들은 자신감을 잃고 질투의 감정을 더욱 불태울 것이다.

제목의 다의성, 의도적 풍자, 그리고 희생양

시카고 노스웨스턴 대학 교수 카퍼러(Kapferer) 박사가 주장한 '소문의 드라마투르기'라는 것이 있다. 어떤 다의적인 이야기가 있을 때 그것이 끊임없이 변화해서 최초의 모습과는 완전히 다른 형태로 바뀌는 것을 말한다.

제1차 세계대전 중에 독일 신문 『쾰니쉐차이퉁』은 벨기에 앤트워프가 독일군에 항복했다는 기사를 처음으로 보도했다. 기사의 제목은 이러했다. "앤트워프가 무너졌다는 소식을 접했을 때, 종이 울렸다!"

신문이 독일에서 나왔기 때문에, 당연히 사람들은 승리를 축하하기 위해 독일에서 종이 울렸다는 의미로 생각했다. 그러나 프랑스 사람들은 다르게 이해했다. 그들은 앤트워프의 종이 울렸다고 받아들였다. 프랑스 신문 『르 마탱』은 다음과 같은 기사를 실었다.

"쾰른 신문이 보도한 대로 앤트워프 성직자들은 함락을 받아들이는 종을 울려야 했다." 프랑스 신문의 보도 직후에 런던 『타임스』의 보도가 이어졌다. 『타임스』는 "『르 마탱』이 쾰른에서 보고받은 것처럼, 앤트워프 함락 때 종을 울리기를 거부했던 벨기에 신부들이 면직되었다"라고 실었다.

네 번째 버전은 이탈리아 『코리에레 델라 세라』에 등장했다. "『타임스』가 쾰른에서 (파리를 거쳐) 당도한 기사를 원용한 바에 따르면, 앤트워프가 항복할 때 종을 울리기를 거부했던 불행한 신부들이 강제노동형을 받았다."

『르 마탱』은 이 기사를 다시 이어받았다. "쾰른과 런던을 거쳐 소식을 접한 『코리에레 델라 세라』의 보도에 따르면, 불행한 신부들은 종을 울리는 것을 영웅적으로 거부한 대가로 앤트워프를 정복한 야만인들에 의해 처형을 받았음이 확실하다. 그들은 살아 있는 추처럼 신부들의 머리를 종 아래에 매달았다."(!)

2004년 8월 31일 『슈피겔』지가 "악마의 진행자"라고 불렀던 슈테판 라브는 자신의 프로그램에서 이렇게 말했다. "너무 나이가 들어 보이는 초등학교 일학년 여학생이 눈에 들어옵니다." 바로 그때 입학 축하 과자봉지를 손에 든 성인 여성이 화면 안에 들어왔다.

사실은 시청자가 알지 못한 것이 있었다. 그 여인은, 지금 막 신발끈을 묶기 위해 어머니에게 과자봉지를 맡긴 1학년 여학생의 어머니였다.

라브는 말했다. "이상하지 않습니까? 마약 상인이라면 이렇게 위장을 못하지는 않을 텐데요." 절반쯤은 농담인 이 말이 소문의 미로를 만들었다. 곧 이 어머니는 길에서 마주친 낯선 사람들로부터 '물건'을 살 수 있느냐는 질문을 받게 되었다. 그녀가 종업원으로 일하던 레스토랑에서도 손님들은 마찬가지로 마약에 대해 말을 걸곤 했다. 주인이 보기에도 도가 지나쳤다. 결국 그녀는 식당에서 해고되었다.

'목격자' 슈테판 라브는 실제 사실을 알고 있었다. 그는 가엾은 부인을 대상으로 하여 의도적으로 사실을 왜곡했다. 그런 추측성 '포효'에는 분명히 해롭기 짝이 없는 명예훼손이 대가로 치러질 수 있다. TV 사회자에게 지방법원의 제재가 따랐다. 그는 15만 유로의 벌금형에 처해졌다. 그는 항소했고 양측은 피해보상금으로 2만 유로에 합의했다.

라브의 경우는 같은 보도가 지각의 차원에서 얼마나 상이하게 체험되는지를 잘 보여준다. 적지 않은 시청자가 원래 라브가 목표로 했던 식으로 보도를 이해했다. 즉 풍자로 말이다. 그러나 다른 사람들, 아마도 마약이 얼마나 나쁜 것인지를 늘 걱정하며 사는 사람들은 (풍자적으로 의도된) 추측을 곧이곧대로 믿었던 것이다.

언어적 오해가 만든 소문

영국 작가 아서 폰슨비(Arthur Ponsonby)는 자신의 저서 『전쟁 중의 거짓말(Falsehood in War Time)』에서 제1차 세계대전 당시 번역의 실수가 어떻게 소문을 만들어냈는지를 조명한다. 어느 영어권 저널리스트가 독일어 단어 'Kadaver'(짐승의 시체, 썩은 고기 – 옮긴이)를 'body'(사람의 시체 – 옮긴이)라고 번역했다. 그 결과 1917년 벨기에에서 설립된 짐승 시체처리 가공시설은 신문기사에서(프랑스, 영국, 러시아가 전쟁에서 독일의 잔혹성에 대해 언급한 기사였다) 독일인들이 벌거벗은 병사의 시체들을 모두 모아 동물 사료와 마가린으로 가공하는 쓰레기 처리시설이 되고 말았다.

90년대 초 사이언톨로지와 관련된 소문들은 호감을 주지 않는 동료 시민을 폄하하기 위해 가장 좋은, 입증된 무기였다. 누군가가 사이언톨로지와 함께 무슨 일을 했다는 식의 억측보다 더 적합한 무기는 없었다. 왜 그러한가?

이 책의 뒷부분에서 나는 이 문제를 더 상세히 다룰 것이다. 분명 전부는 아닐지 몰라도 저 격앙된 80~90년대에 사이언톨로지와 관련해 유포된 많은 것들은 오해와, 오해에서 생겨난 소문 때문이었다. 이런 오해 중 하나, 정확히 말하면 번역의 실수 하나를 여기서 말해보고자 한다. 악마의 제식에 상당 부분 기여했으며 불분명한 소문을 들끓게 하는 데 중요한 작용을 했던 한 가지 실수였다.

약간은 소견이 좁고 영어가 별로 익숙하지 않은 사이언톨로지 비판자들이 법정 문서에서 매번 (의미에 준하여) 다음의 주장을 유통시키곤 했다. 사이언톨로지 창시자 론 허버드의 지침에 따르는 사이언톨로지 신자는 살인을 저질렀을 때에도 처벌을 피할 수 있다는 것이다. 이에 대한 증거로 그들은 영어로 된 사이언톨로지 인쇄물에 등장하는 어휘 "to get away with murder"를 제시했다.

언어를 공부하는 평균적인 학생이라면 일상적으로 이 어휘가 위에서 성급하게 해석한 것과는 완전히 다른 의미라는 사실을 알고 있다. 이 표현이 흔히 쓰이는 경우는 특히 예를 들어 한 남성 숭배자가 여성에게 칭찬하고자 할 때이다. "You are so beautiful, you can get away with murder(당신은 정말 아름다워요. 무슨 일을 해도 벌 받지 않을 정도로)." 흔히 할아버지 할머니는 사랑하는 손자손녀에게 이렇게 말한다. "She is so cute, she can get away with murder(애는 너무 귀여워서 무슨 짓을 해도 봐줄 수 있겠어)."

실제 일상어에서 쓰이는 의미를 생각해 보면 사이언톨로지가 신자들이 살인을 저질렀을 때에도 처벌하지 않는다는 것은 모험적인 해석이 아닐 수 없다. 그러므로 여기서는 명백히 오해가 있는 것이며, 이 오해가 소문으로 발전해서 어쩌면 편견을 더 확고히 하며 여러 가지 음모론에 사용되었던 것이다.

거짓말, 소문의 선구자

앞서 예로 든 슈뢰더 총리(26쪽)와 얀젠 심판(28쪽)의 경우에서 문제가 된 것은 공론(空論)적인 주장과 가정이었다. 처음에 매체에 유포될 때에는 물론 있는 그대로, 즉 추측기사로 보도되었다. 그럼에도 불구하고, 즉 (필시) 거짓임에도 불구하고 수많은 주장들이 믿음이라는 옷을 입고 유포된다. 해당 뉴스가 권위욕과 결부될 때에는 특히 더 그렇다.

그렇다면 의도적으로 유포된 거짓 정보는 소문이라고 규정해도 무방할까? 예를 들어 미국 주민들이 사담 후세인에 의해 눈앞까지 다가

온 위협이라 확신했지만 나중에 거짓으로 판명된, 저 부시 행정부의 공식적인 뉴스는 소문이라고 할 수 있을까?

사람들의 입에 거짓말보다 약간은 더 쉽게 오르내리는, 저 객관적으로 그릇된 정보들은 단정적 의미에서 그 자체로는 소문의 범주에 속하지 않는다. 그것들은 절대적인 권위를 얻기 위해 강조되기 때문에(공식적 발설) 오히려 의도적 위장 정보 또는 거짓 정보라고 규정할 수 있다. 하지만 거짓말, 의도적 위장 정보, 그리고 거짓 정보는 모두 소문의 선구자이며, 정치를 넘어서서 모든 영역에 의도적으로 자리매김한다.

이제 사람들은 공식적 발설 역시 소문이라는 칭호를 받을 만하다는 사실을 깨달을 수도 있을 것이다. 올바른 인식이다. 적어도 독자나 시청자가 그런 발설을 비판적으로 마주 대하며, 발설을 한 사람과 그 내용의 신뢰성을 의심한다면 말이다. 왜냐하면 뉴스라는 꼬리표를 달지 소문이라는 꼬리표를 달지는 개인적인 지각과 확신에 달려 있기 때문이다. 따라서 정보와 소문을 분리하는 경계선은 ― 개인적 확신의 결과로서 ― 철저히 주관적인 것이다. 그렇게 상이하게 '자극받은'(그리고 상이하게 정보를 받은) 인간들은 똑같은 주장을 완전히 다르게 인식하고 평가하게 된다. 어떤 사람은 소문으로 생각할 것이고, 어떤 사람은 뉴스로, 또 어떤 사람은 거짓 정보로 생각할 것이다.

소문이라는 현상을 평가하기 위해서는 이런 구분(무엇이 누구에 의해서 참으로 또는 의심스럽게 여겨지는지, 그런 다음 뉴스, 소문, 혹은 거짓 정보의 꼬리표를 달게 되는지)이 실제로 큰 도움이 되지는 않는다. 그런 구분은 막다른 골목을 향할 뿐이다.

오히려 무엇보다 중요한 질문은, 뉴스의 수신인들이 평균적으로 신중한 태도를 가지고 있고 '소문의 질'을 인식할 수 있는데도 왜 그런 주장들이 믿어지고 유포되는지이다(그것도 그것들의 진실성과 무관하게). 수신인이 보았을 때 그것이 공론(空論)이라는 점이 명백한데도, 즉 적어도 불확실한 뉴스이며 따라서 의문부호를 달아야 할 주장임이 명백한데도 말이다.

소문이라는 현상을 더 정확히 평가하려면 이런 점을 염두에 두어야 한다. 즉 불확실한 주장과 그 유포(그리고 부분적으로는 내용이 눈에 띄게 바뀌는 것까지)를 믿는 것은 현실을 오도할 소지가 충분히 있다는 점이다. 가장 큰 연구 대상은 자신이 확신하고 있다고 믿기 때문에 의심을 던져버리거나 아예 의심 자체를 품지 않는 사람들이다. 불확실하고 불명확한 주장이 왜 매번 사람들에게 믿음을 줄 수 있단 말인가. 유보적이고 신중한 판단과 평가가 필요한데도 말이다.

불확실한 진실성 때문에 절대 힘을 발휘할 수 없을 것 같은 소문들이 왜 매일매일 사회생활, 업무를 비롯한 모든 공동의 삶에 영향을 미치는 것일까? 어떻게 하면 재앙과 같은 거짓 소문의 피해를 최소한으로 줄일 수 있을까?

소문이 현실을 만든다

증권거래소에서든 TV 뉴스에서든 거기 등장하는 소문들은 일종의 분위기를 생산한다. 분위기는 우리에게 고유한 판단과 입장을 가지도록 유혹하며, 의견들을 뒤흔들거나 더 견고하게 만든다. 이런 방식으로 소문은 현실에 큰 영향을 미친다. 또한 종종 소문은 그것이 이미 거짓 정보라고 폭로되었을 때조차도 영향력을 행사한다. 얀젠 심판의 경우가 극명한 예이다.

2005년 5월 25일 『쥐트도이체차이퉁(SZ)』은 흥미로운 국제적 실험에 대한 기사를 실었다. 여러 국적의 심리학자들이 670명의 미국, 오스트리아, 독일 출신 사람들에게 이라크전쟁에 관한 뉴스의 진실성을 물어보았다. 뉴스 일부는 사실이었고, 일부는 지어낸 것이며, 일부는 그 사이에 공식 정정된 거짓 보도였다. 예컨대 2003년 3월 영국 병사들이 이라크인에 의해 처형되었다는 뉴스가 마지막 경우였다.

대부분의 미국인들은 공식 정정을 기억하고 있었음에도 불구하고 거짓 보도를 사실로 여기고 있었다. 포츠담 대학의 심리학자 클라우스 오버하우어(Klaus Oberhauer)는 이렇게 말했다. "사람들이 어떤 요소는 약화시키고 어떤 요소는 받아들이는지는 개인적인 믿음에 달려 있다." 예를 들어 반전주의자들은 이라크인의 잔혹행위가 사실무근으로 밝혀진 것을 훨씬 더 쉽게 수용했다. 심리학자들의 결론은 이렇다. "뇌가 어떤 정보를 거짓으로 인식하기가 어려운 경우는 그 정보를 진실이라고 믿고 있을 때이다."

법률가들은 이런 사실에 충격은 받지 않지만 민감한 반응을 보인다. 불확실한 주장들(소문들)을 믿고 생각 없이 계속 퍼뜨리는 것은 큰 피해를 불러온다고 생각하기 때문이다. 모든 법률가들은 교육과정에서 그런 식의 행동이 형법적 대상이 될 수 있으며 민법적으로도 재판을 받을 수 있다는 사실을 배운다. 물론 명예를 훼손하는 주장인 경우, 즉 소문이 누군가의 명예에 해를 끼칠 경우에 적용되는 일이다.

이때 소문을 말하는 사람이 부주의해서 그렇든 아니면 들어서 아는 일("나는 슈뢰더가 머리카락을 염색했다는 말을 들었다")만을 유포한 것이든 마찬가지다. 화자에게 더 나쁜 법적 결과를 초래하는 것은 거짓 소문을 의식적으로, 즉 그것이 부당하다는 사실을 알면서도 의도적으로 퍼뜨리는 일(비방)이다.

아무 생각 없이 무책임하게 퍼뜨려질 뿐 아니라 이미 거짓임이 드러났음에도 불구하고 계속 유포되었을 때, 우리는 소문이라는 현상을 더 정확하게 고찰할 필요가 있다.

모순되는 정보의 충돌

공론적 뉴스가 중요한 것으로 간주되고 믿어지는지 그렇지 않은지는 결정적으로 개인의 인식에 달려 있다. 다시 말해 심리학자들의 표현에 따르면, 받아들이는 사람 각각의 성향에 달려 있다. 물 반 잔은 어떤 사람에게는 절반이 남아 있는 것이며, 어떤 사람에게는 절반이 비어 있는 것이다.

어떤 사진이나 뉴스를 지각할 때 벌써 사진이나 뉴스의 각 부분들은 개개인에게 저마다 다르게 채색되거나 혹은 억압되고, 또 그에 합당한 모습으로 기억 속에 저장된다. 이런 인식을 1957년 미국 사회심리학자 레온 페스팅거(Leon Festinger)는 학술논문 『인지적 불협화음 이론』에서 기술한 바 있다.

이 이론에서 페스팅거는, 새로운 경험과 정보는 개인적 입장 혹은 개인이 이전에 내렸던 결정과 하나가 된다고 주장한다. 특히 경험과 정보가 왜 지각의 차원에서부터 벌써 각기 다르게 나타날 수 있는지를 규명한다.

페스팅거의 견해에 따르면, 인간은 먹고 잠자는 것 다음으로 강력한, 억제할 수 없는 '충동'에 따라 행동한다. 그것은 자신의 믿음을 자신의 행동이나 견해와 조화를 이루게 하려는 충동이다. 인간이 견뎌낼 수 없는 것은 서로 모순되는 정보들의 충돌이다. 그것은 칠판에 백묵이 긁히는 소리나 손톱으로 접시를 긁는 소리처럼 불쾌감을 유발한다.

페스팅거는 한 종파의 이야기를 통해 이를 예시적으로 보여주었다. 1940년대에 그 종파 신도들은 세계가 12월 21일 멸망할 것이라는 예언을 믿었다. 그러나 12월 22일 아침이 밝아오고 태양이 여전히 빛나자, 신도들은 경악스러운 현실에 적지 않게 당황했다. 이 현실을 받아들인다면 그들은 어쩔 수 없는 패러다임의 변화를 인정해야만 할 것이다. 예언은 명백히 거짓이었다.

그러나 그들은 현실을 논의하는 대신 묵시록의 중단에 대해 의식적으로 침묵했다. 그들은 신도들의 숭배에 신이 감동한 나머지 세계의 멸망을 결국 다른 식으로 바꿨다고 주장함으로써 예언 실패를 합리화했다. 문제는 해결되었다. 예언은 그냥 지나쳐가 버렸지만 신도들은 이전과 마찬가지로 그들이 믿었던 이야기를 계속 믿을 수 있었다.

이것은 인지적 불협화음을 해소하기 위한 노력이다. 예를 들어 미국인들은 원래의 주장들이 부당한 것이라고 증명되자마자 매번 새로운 논거를 들어 이라크전쟁의 정당성을 확보하려 했다. 대량살상무기가 없다고? 좋다. 하지만 분명히 언젠가는 있었을 것이다. 미군이 적시에 침공하지 않았더라면. 이런 식이다.

(신념과 현상의 불일치에 의한) 불협화음은 불쾌한 내적 긴장감을 유발한다. 결과적으로 — 적어도 이 이론에서는 이렇게 말한다 — 인간

은 자신의 입장과 모순되는 새로운 정보는 평가절하하거나 심지어 완전히 무시하려는 경향이 있다. 반면 조화로운 정보들, 즉 자신의 평가나 입장과 일치하는 정보는 의식적으로 평가절상된다. 여기 예를 들어보자.

- 흡연자 대부분의 입장은, "나는 담배피우는 것을 즐긴다"이다.
- 그런데 신문기사에 "흡연은 암을 유발한다"와 같은 (불쾌한) 정보가 있다.

이 기사를 접한 흡연자들은 비흡연자에 비해 기사에 현저히 적은 관심을 보이거나 완전히 무시하곤 한다. 똑같은 이유로 예를 들어 흡연자들은 담뱃갑에 있는 경고 문구를 거의 인식하지 못한다.

오감을 통해 받아들여진 인상은 무의식적으로 필터를 거친다. 따라서 인간은 불협화음(나는 담배를 즐겨 피운다 또는 흡연은 건강에 해롭다)을 통해 발생하는 긴장을 줄이려는 경향이 있다. 여기에는 기본적으로 두 가지 가능성이 있다.

첫째, 인간은 자기 행동을 변화시킬 수 있다. 예를 들어, 나는 언제든 흡연을 중단할 수 있다. 그럼으로써 두 요소(새로운 불쾌한 정보와 원래의 입장)는 다시 조화를 이룬다.

둘째, 인간은 또한 불협화음을 줄이기 위해 일치하는 요소의 수를 높일 수 있다. 즉 새로운 '인지적' 요소들을 덧붙이거나 고안해 낸다. 예를 들어 흡연이 다이어트에 좋다거나 스트레스를 없애준다는 논거를 들어 위안을 얻는다.

레온 페스팅거는 두 번째 선택, 즉 한번 가진 결정을 확고히 하는 또다른 근거를 찾아냄으로써 인지적 불협화음을 극복하는 것이 분명히 더 큰 의미가 있다는 확신에 도달한다. 선택되지 않은 대안(흡연이 건강에 해롭기 때문에 담배를 끊는 것)은 부가적인 논거를 들어 나쁜 것으로, 선택된 대안(나는 담배를 즐겨 피운다)은 좋은 것으로 합리화한다는 것이다.

정보를 수용하고 가공하는 데 선택과 왜곡이 일어나는 것, 그럼으로써 자기 합리화를 통해 원래의 입장을 공고히 하는 것은 인지적 불협화음을 해소하는 핵심 전략이다. 이것은 잠재의식 속에서 벌어지는 과정으로, 이미 말했듯이 정보의 변형, 그리고 결국 소문의 생성을 불러오는 중요한 과정이다.

즉각적 반응은 필수 '악'인가?

그렇다면 우리가 이미 지각의 단계에서 우리 주변에 벌어지는 일을 객관적으로 인지하고 저장하지 못하는 것은 누구 혹은 무엇 때문일까?

위에서 기술한 이론 덕택에 우리는 지각 단계에서 발생하는 오류를 인식하고 분석했다. 그렇다면 투명한 지각에 도달하기 위해 우리는 저 오류의 원천을 어떻게 극복하고 차단할 수 있을까? 거짓 소문의 발생에 책임이 있는 저 오류의 원천을 어떻게 극복할 수 있을까? 결국은 우리가 어떤 주장을 믿을지 말지를 결정하는 저 주관적 지각은 어떻게 해야 할까?

지금이라도 우리는 진지하게 뇌과학과 신경생물학에서 얻은 인식을 다루어야 한다. 이 분야 학자들은 여러 가지 문제를 해명했다.

과학자 게르하르트 로트와 볼프 싱어는 이렇게 말했다. "소위 자유로운 결정들조차도 결국 두뇌의 프로세스에 달려 있으며 많은 부분이 미리 정해져 있다. 어떤 논거들이 의식 속에 들어오는지 아닌지는 무의식적 프로세스, 선(先)경험, 예전에 겪은 억압, 순간적인 동기화에 달려 있기 때문이다."

싱어와 로트는 사람이 일생 동안 유지하는 행동양식의 기준은 특히 인생 최초의 3년 안에 형성된다는 가정에서 출발한다. 성인의 경우 무의식적으로 진행되는 사고의 프로세스에 의식적인 동기가 충돌하면 즉시 좋지 않은 감정의 형태로 표출된다고 말한다. 싱어에 따르면 "그 때문에 우리 행동의 동기들은 항상 의식적인 통제에 종속되지는 않는다."

인지적 불협화음이 발생하고 의사결정 과정에서 무의식이 조종한다는 점을 염두에 둔다면, 개인의 차원에는 무기력만이 남지 않느냐고 생각할지도 모르겠다. 위에서 기술한 이론들은, 우리가 언제나 결정을 책임감 있게 내리며 우리의 모든 결정과 발화와 행동방식이 이성적 사고의 결과물이라는 데 회의적이기 때문이다. 실제로 철학자들, 심리학자들, 신경생물학자들은 그 점에서 의견 일치를 보여준다. 즉각적 반응들은 일반적으로 자유로운 의사결정에 기초하지 않는다는 것이다.

즉각적 반응들은 개인이 살아온 역사, 선입견, 상투적 판단, 그리고 직접적인 주변 환경이 만드는 의견에 의해 결정적으로 '조종'된다. 즉각적이고 빠르게 방향을 설정해야 한다는 요청은 우리 지각을 이끌며 또한 우리가 받은 인상들의 배치를 결정한다. 그렇다면 편견, 선입견, 선호, 그리고 우리의 결정과 반응에 미치는 (무의식적) 영향은 피할 수 없단 말인가?

역설적으로 들리겠지만 빠른 인상 배치와 평가를 내릴 능력, 한 사건이나 인물에 관한 즉각적이며 직관적인 판단 능력은 매우 중요하다. 왜냐하면 이런 능력은 필수적이고 즉각적인 방향 설정을 가능하게 하기 때문이다. 심리학자들은 이 반강제적이며 편견과 상투적 판단에 기초한 결정 행태를 '인지적 절약'이라는 개념으로 규정한다. 편견과 상투적 판단들은 개인적 방향 설정 시스템의 구성 성분이며 빠르고 단순화한 (절약적) 결정을 가능하게 한다. 물론 가끔은 객관성 상실이라는 대가를 치르기도 한다. 즉 어떤 뉴스를 지각하고 재생산할 때 객관적 올바름이 결여될 수도 있는 것이다.

그러나 그렇지 않다면 우리는 삶의 다양한 도전을 극복할 수 없을 것이다. 이것은 사고와 감정뿐만이 아니라 기계적인 움직임에도 적용되는 문제이다. 사람들은 예컨대 구두끈을 묶는 단순한 행위조차도 오랜 연습 없이 사고의 작업을 통해, 즉 논리의 법칙에 따라서 할 수 있다고 생각한다. 하지만 그렇지 않다. 즉흥연주를 하는 피아니스트는 오직 오랫동안의 연습을 통해서만 아주 짧은 시간 동안에 두드리는 건반의 음을 예측할 수 있기 때문에 (악보 없이도) 연주의 감동을 줄 수 있다.

인간의 뇌가 기능함에 있어서도 인상들의 즉각적인 평가는 중요하다. '타고난' − 아니면 습득한? − 내적 질서, 즉 개인적 가치체계는 지각의 순간(예를 들어 정보를 지각하는 순간) 가치 평가나 인상 배치가 가능하도록 해준다. 그런 내적 질서는 우리가 구두끈을 묶을 때 가능한 한 오랫동안 풀리지 않도록 지휘하는 저 '습득된' 메커니즘처럼 즉각적인 반응을 가능하게 해준다.

그렇다면 이것이 소문과는 무슨 상관이 있을까? 아주 큰 상관이 있다.

어떤 정보가 — 사진이든 글이든 말이든 — 우리에게 들어올 때, 이 정보는 텅 빈 공간에 들어오는 것이 아니다. 오히려 정보는 이미 존재하는 가치체계에 포획되고 이 가치체계는 눈 깜짝할 사이에 정보를 정렬시킨다. 정보가 의미 없다면 우리의 가치 및 반응 메커니즘은 에너지를 아끼려고 한다.

반대로 뉴스가 중요한 것이라면, 예를 들어 우리의 두려움이나 기대를 유발한다면, 아드레날린 분비가 촉진되면서 숨가쁘게 그 뉴스를 평가하고 저장한다. 그러나 개인적인 가치 및 반응 메커니즘은 뉴스가 객관적으로 올바르게 저장되고 전파되는지 아닌지에만 중요한 역할을 하는 것이 아니다. 그 순간 결정되는 것은 그 뉴스를 믿을 수 있고 믿어야 하는지 아닌지이다. 즉각적인 반응은 어쨌든 항상 우리 잠재의식과 우리 가치 시스템에 의해 조종되는 것이다.

요점을 말해보자면, 인간은 자기 내부에 환경을 안정시키기 위한 심리학적 메커니즘을 가지고 있다. 우리가 개개 인간, 집단 혹은 한 나라에 대한 첫번째 인상을 얻었다면, 그 인상들은 나중에 일어난 사실을 평가하는 데 구조적이고 선택적인 작용을 행사한다. '뉴스'가 그 인상들과 일치한다면 그것들을 고려하는 반면, 모순적으로 보이는 사실은 우연적인 것으로 간주한다. 이 선택적 지각을 통해 우리는 본질적으로 전혀 안정적이지 않은 환경을 안정시킬 수 있다.

방향을 설정하고 질서를 세우려는 우리의 요청은 뇌의 프로그래밍을 준비한다. 상투적 판단과 선입견은 (내적인) 방향 설정 과정에서 도출되는 자연스러운 결과이다. 사람들은 이것을 유감스럽게도 필연적인, 적어도 피할 수 없는 결과라고 부른다. (잠재의식적인) 기억은 우리로 하여금 새로운 과제를 마주 대할 때 빠르게 결정하고 대응하도록 도와준다. 예를 들어 구글이나 야후에서 '소문'이라는 주제로 정보를 얻어내라고 뇌에 명령을 내리면 우리는 1초도 걸리지 않고 답변을 얻는다. 시스템에 이미 어떤 질서 및 방향 설정 시스템이 입력되어 있기 때문이다. 인간의 즉각적인 결정 프로세스는 이 복잡한 과정과 많은 유사점을 보여준다. 어쨌든 오성, 이성, '자유의지'는 정보를 즉각적으로 소화하고 그에 대해 즉각적으로 반응하는 데 어떤 역할도 하지 못한다.

미국인 작가 말콤 글래드웰(Malcolm Gladwell)은 베스트셀러가 된 대중과학서 『블링크(Blink)』에서 무의식적인(통제되지 않은) 즉각적 결정에 대해 많은 예를 들어 설명한다. 이 책에 등장하는 한 실험에서는 특정 개념들을 분류할 때 즉각적이고 직관적인 결정이 작용한다고 설명한다. 실험 결과는 선입견과 상투적 판단이 즉각적인 연상과 결정에 어떤 영향을 미치는지를 가차없이 보여준다. 서구 세계에 사는 실험 대상인들 대부분의 뇌는 예를 들어 '흰색'을 '좋은 것', '검은색'을 '나쁜 것'과 연관지어 생각한다. 자신들의 피부색과 전혀 상관없이 말이다.

유사하게 '남성적인 ─ 경력', '여성적인 ─ 가족'이라는 연상관계도 분명하다. 일견 우리가 무의식적으로(즉각적인 답변들이었다) 자연스럽고 어울린다고 간주하는 조합들이다. 이것은 질문에 대해 의식적으로 완전히 다른 입장을 대변한 실험 대상인들에게도 적용된다. 실험은 또다른 감성적 '성향'과의 연상도 보여주었다. 젊은 얼굴은 분명히 늙은 얼굴보다 동정적인 평가를 받았다. 남성들은 즉각적으로 과학 카테고리에, 여성들은 예술 카테고리에 배치되었다. 이성애는 동성애보다 더 큰 공감을 얻었고, 아랍계 모슬렘은 다른 사람들보다 확실히 덜한 가치 평가를 받는다. 특히 ― '뚱보'의 나라에서는 놀라운 일이지만 ― 실험 대상인 다수가 뚱뚱한 사람보다 마른 사람에게 더 동정적이었다.

이미 말했듯이 각각의 연상들이 객관적으로 옳은지 아니면 바람직한 것인지, '심어진' 선입견들이 얼마나 정당성을 갖고 있는지 아니면 완전히 부당한 것인지와는 아무런 상관이 없다. 그것들은 그저 존재할 뿐이다. 그것도 모든 사람에게. 선입견 역시 마찬가지이다. 선입견은 그런 것이 없다고 믿는 사람들까지 포함해서 모든 사람들에게 존재한다.

미국의 경제학자 내이시 모컨(Naci Mocan)과 어덜 테킨(Erdal Tekin)의 광범위한 설문조사 결과가 이를 뒷받침해 준다. 그에 따르면 한 인간의 아름다움은 사회 속에서 그가 사랑받고 수용되는 것에, 그리고 최종적으로는 그의 직업적 성공에 큰 영향을 받는다고 한다. 매력적인 남성이나 아름다운 여성을 바라보면 분명히 긍정적인 느낌의 연상 작용이 일어난다. 어쩌면 추하다는 말을 듣는 사람들보다 매력적인 인간이 실제로 더 자주 성공을 거둔다는, 완전히 근거 없지는 않은 선입견 역시 이런 배경을 가지고 있을 것이다.

하지만 누구보다도 그런 선입견에 투쟁해야만 하는 사람들에게는 공허해 보이기는 하나 아직 희망이 존재한다. 호주의 뇌과학자인 시드니 대학의 앨런 스나이더(Allan Snyder) 교수는 최근 '선입견 해소'에 대한 실험을 했다. 2006년 4월 27일 3sat 방송국이 보도한 바에 따르면, 그는 기존 선입견을 차단하기 위해 뇌조직 구조와 그물망 결합을 변화시키고자 했다.

그렇다고 해서 물론 소문의 발생을 막을 수 있을지는 여전히 의심스럽다. 앞서 말한 뇌조직 변화가 더 나은 통찰과 더 객관적인 지각을 보장할 것이라고 기대하기는 어렵기 때문이다.

장기적으로 보았을 때에는 개인, 집단, 국적, 피부색, 종교 등(특히 강한 작용을 하는 영역만을 언급했을 뿐 더 많은 것들을 나열할 수 있다)을 다르게 평가하는 조치들을 통해 선입견과 상투적 판단들을 변화시키는 것이 오히려 더 큰 성과를 거둘 수 있을 것이다.

이런 조치의 한 예로 2006년 월드컵 기간 중 세계축구연맹(FIFA)의 캠페인을 들 수 있다. 거의 모든 경기 전에 각국 대표팀 주장은 인종주의에 반대하는 선서를 낭독했다. 4주가 넘는 기간 동안 계속된 이런 행동은 깊은 인상을 주었고, TV를 통해 경기를 지켜본 수백만 명의 머릿속에 지각되고 저장되었다. 대중적 인기를 누리는 축구 스타의 도움으로 인종주의를 없애버린 사람이라면 희망을 가질 수 있을 것이다. 포퓰리즘의 선동적 주장이 점점 더 배척되고 사람들의 머릿속에서 언젠가는 신경세포가 변화할 것이라고 말이다.

행동의 기준이나 선입견들이 유년기에 최종적으로 발현되고 정착한다고 믿는 사람은 최근 뇌과학자들의 연구 결과에 눈길을 돌려야 할지 모르겠다. 이 연구 결과에 따르면 인간은 늙어서까지 변화할 수 있으며 성격, 인격, 그리고 선입견이나 상투적 판단들 역시 절대적으로 수정 가능하다고 한다. 물론 계몽의 조치들이 성공해서 뇌 안에서 신경조직의 작용, 신경세포의 망상결합(網狀結合)과 재생 메커니즘을 변화시킬 수 있다는 전제하에서다.

우선 우리 뇌는 살과 피와 신경세포로 구성된 기관으로, 어떤 변화 가능성이 장착되어 있다. 심지어 — 이것은 상대적으로 새로운 연구 결과인데 — 나이가 많이 들어서까지도 그러하다. 신경세포가 시간이 지나면 회복할 수 없는 상태로 사멸한다는 이론은 이제 시대에 뒤떨어진 것이 되었다. 사멸 이론에 따르면 우리의 머리는 점점 효율성이 떨어지는, 상대적으로 경직된 회색 덩어리에 불과했다. 반대로 ('잠들어 있던') 신경조혈세포가 계속 분열함으로써 신경세포가 새롭게 형성되는 것은 정신적 피트니스와 더 나은 삶의 질을 위해 젊음의 샘이 사라지지 않는 것을 의미한다. 기억기능을 유지하는 능력에서도, 스스로를 변화시키는 능력에서도 마찬가지다.

나아가 우리의 행동과 결정들이 발생학적 기질이나 각각의 인생 편력을 근거로 이미 규정되어 있는지, 만약 그렇다면 어떤 범위 내에서 그러한지 살펴보아야 한다.

게르하르트 로트를 포함한 뇌과학자들 일부는 핵스핀 단층촬영의 도움으로 이 질문의 답변에 어느 정도 접근할 수 있다고 주장한다.

게르하르트 로트는 『차이트』지와의 대담에서 이렇게 말했다. "우리의 발생학적 설비가 우리 정신의 50퍼센트를 결정하고 유년기의 경험이 30퍼센트를 결정한다 할지라도 아직 20퍼센트가 남아 있습니다. 이것이 인생 역정을 변화시키는 것입니다."

과학 기자 베르너 자이퍼와 크리스티안 베버의 결론은 이렇다. 타고난 능력과 경험이 인생 내내 균형을 이루는지 아닌지와 상관없이, 변화 가능한 뇌를 가지고 있다는 것만으로도 인간은 충분의 각자의 개성을 펼칠 수 있다.

어쨌든 개성이 인생 최초의 몇 년 사이에 완전히 결정되지 않으며 신경세포들이 인생 내내 새롭게 형성되고 조직된다는 점은 분명하다. 또 성격 변화가 늙어서까지 가능하다는 것도 분명해 보인다. 개성의 전개를 위해서는 '신경발생'의 기능 발휘가 중요한데, 새로운 신경세포의 생성은 뇌의 새로운 작동(Symapsen)을 가능하게 하기 때문이다. 적어도 신경학자들이 만장일치로 내린 의견에 따르면, 개개의 뇌영역은 신경전달자와 전달물질의 도움으로 일종의 재생과 상호연결 작동 기제에 영향을 준다.

그렇다면 이런 방식으로 신경세포에 의해 자극과 인상이 가공되고, 이런 자극과 인상으로부터 뇌는 인생 내내 많건 적건 중요한 지각과 인식의 틀을 형성한다. 결국 '신경발생'의 기능 발휘가 무엇보다 중요할 것이다. 다시 말해 우리는 우리를 변화시키고 선입견을 철폐하며 의견과 선호를 바꿀 능력을 — 예를 들어 유행, 문화, 예술뿐만 아니라 정치와 종교 분야에서 — 얻는 것이다.

덧붙여 지적할 것은 신경발생을 위한 최고의 자양분은 능동적인 육체와 정신이라는 점이다. 여기에는 여가활동이 포함되어 있다. 책을 읽고 카드놀이를 하며 퍼즐을 즐기고 낱말풀이를 하는 것, 또는 깊이 있는 사회적 인간관계를 유지하거나 만족스러운 직업활동을 하는 것, 특히 충분한 스포츠 활동 등이 중요하다. 건강한 신경발생의 최고의 적은, 학자들도 말하듯이, 스트레스이다. 무엇보다 부정적이고 긴장을 유발하며 부담을 주는 환경의 영향들, 또 알코올중독이나 니코틴 의존성 약물중독 역시 신경발생의 과정을 축소시키거나 심지어 방해할 수 있다.

연방정치교육원(bpb)에서도 선입견의 근거를 밝히기를 촉구하며 다음과 같이 조언한다. "선입견들이 몇 배로 조잡해지고 일반화하며 단순화하고 있다. 선입견이 형성될 때는 감정적, 인지적 요소들이 불투명하게 혼합되기 때문에 선입견이 더욱 견고해지고, 경험이나 논증에 의해 쉽게 흔들리지 않는 경향이 있다. 일련의 교육조치가 꼭 필요하다. 교육을 통해 선입견 하나하나와 그 요소들을 없애야 할 뿐만 아니라 피교육자의 인격을 형성한다는 목표를 세우고 자아를 확립시켜야 한다. 그럼으로써 피교육자들은 선입견에 의거한 방향 설정을 더 이상 신뢰하지 않으며, 선입견이 왜 생겨났는가를 질문하고, 새로운 경험을 융통성 있게 받아들이는 자주적인 인간이 될 것이다. 나아가 중요한 것은 낯선 것 내지 새로운 것과 관계하며 관용적으로 행동하는 것이다."

2장

소문,
믿음의
문제인가

무엇이 불확실하고 증명되지 않은 주장을 믿게 하는가?
어떻게 해서 공포, 소망, 공격 등은 소문을 믿는 데 유리하게 작용하는가?

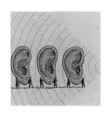

집단공황에 빠진 이슬람 신도들

2005년 8월 31일 바그다드. 수십만 명의 모슬렘들이 '이맘 무사 알 카딤 사원'을 향해 걸어가고 있었다. 갑자기 2킬로미터 떨어진 티그리스강 위 어느 다리에서 차례를 기다리던 순례자들 몇 명이, 참배 중인 사람들 가운데 자살특공대가 있다고 소리쳤다.

소문은 태풍과 같은 속도로 퍼졌다. 집단적 공황이 발생했다. 수천 명이 다리를 건너 도망치듯이 달려갔고, 수백 명은 인파에 밟히고 짓이겨져 죽음에 이르렀다. 일부는 다리에서 떨어지거나 뛰어내려 30미터 깊이의 티그리스강에 몸을 던졌다. 그들은 모두 다리와 충돌해서 죽거나 물속에서 익사했다.

사건의 경악스러운 대차대조표를 보면, 거의 1,000명이 집단공황의 희생양이 되었다. 이라크전쟁이 시작된 이래로 희생자 수가 가장 많은 사건이었다.

그곳에 자살특공대는 한 명도 없었다. 무차별 살인의 범인은 바로 쓰나미 같은 힘을 지닌 '소문'이었다.

즉각적인 위기감과 엄청난 공포가 집단적이고 무분별하며 히스테리적인 반응으로 이어진 것이다. 사실 이 공포는 2시간 전부터 점차로 커진 상태였다. 사원 주변을 박격포와 로켓이 공격했기 때문이다.

이 경악스러운 사고는 어쨌든 수많은 소문연구가들의 주장을 뒷받침해 주었다. 추측에 불과하며 아직 확인되지 않은 정보와 주장들은 다음과 같은 경우에 유포될 기회를 포착할 수 있다.

- 소망을 충족시킬 때(소망소문)
- 심리적 갈등을 극복하는 출구로서 작용할 때(공격소문)
- 잠재의식 속의 걱정에 상응할 때(공포소문)
- 따라서 정화하는 기능을 행할 수 있을 때

다른 말로 표현하자면 확인되지 않은 주장과 명백하게 추측에 의한 정보는 — 전달자의 신용도와는 무관하게 — 두 가지의 본질적인 조건을 충족시켜야 한다. 그럴 때에만 정보는 의사소통의 순환과정에 들어갈 기회를 얻는다.

첫째로 사람들은 어느 정도 그럴듯함을 전제하는 정보만을 믿을 수 있다, 아니 믿으려고 한다. 둘째로 (증거가 없는) 뉴스는 듣는 사람의 관심사를 건드리는 동시에 감정적인 긴장 상황을 극복하는 데 기여해야 한다.

소문이 소망 충족에 기여할 수 있을 때에만 유포될 기회를 얻는다는 말은 한눈에 보아도 명백한 사실처럼 보인다.

하지만 부정적인 소문, 예를 들어 공포소문이 왜, 어떻게 믿고 받아들여지며 의사소통 과정에 편입될 수 있는지는 수수께끼처럼 보인다. 불쾌하고 불안한 뉴스라면 부정하고 쫓아내버리는 — 더욱이 이 정보가 확인되지 않은 것이라면 — 것이 우리 본성에 더 부합하지 않는가? 하지만 그렇다면 왜 수백 명의 순례자들은 소문을 먼저 의심해 보는 대신에 티그리스강 다리에서 뛰어내려 죽음을 택했을까? '어떤 상황에서 소문이 믿어지거나 적어도 가능한 것으로 간주되고 따라서 유포되는가' 라는 질문에서 믿음을 주어야 한다는 요청이 왜 중요한 역할을 담당하는가?

확실성에 대한 욕망, 즉 자신이 직접 행동을 통제하고 방향을 설정하고자 하는 욕망은 무시할 수 없을 만큼 크다. 또 어떤 정보를 받을 때 그 정보가 믿을 만한 것이어야 한다는 요청 역시 아주 강하다. 경우에 따라서는 이성이 굴복하고 말 정도로 말이다. 우리 행동을 우리 스스로가 통제하고 자아실현을 하겠다는 욕구는 어떤 의미를 가지고 있을까? 우리는 일반적으로 이성이나 판단력보다 믿음을 주어야 한다는 요청에 우선권을 주는 것은 아닐까? 만약 그렇다면 우리는 어떻게 행동하는가?

생존충동과 믿음

사후의 삶은 존재하는가? 나는 무엇을 믿을 수 있고, 믿어도 되며, 믿어야만 하는가? 이러한 형이상학적 진리 추구보다 인간을 더 절실하게 매진하게 만드는 것은 없다. 답이 주어지지 않을 때 인간은 정신적 진공상태에 빠지며 개개인의 인생이 갖는 의미가 참을 수 없을 정도로 불확실하다는 생각에 이른다. 그 결과는 우울, 무기력, 그리고 극단적인 경우에는 자살까지도 가능하다. 삶의 무의미를 느끼면 개인은 자신의 삶을 통제할 능력을 상실하게 된다. 그것은 다시금 진화생물학적 합법칙성 내지 인간의 근원적이며 전능한 원칙인, 삶에 대한 열망마저 잃게 만들 수도 있다.

한편으로는 형이상학적 불확실성, 다른 한편으로는 생존충동이 이루는 이런 갈등을 우리에게 허락해 준 것은 ─ 인간이 다른 생물과 구별되는 점이기도 하다 ─ 바로 인간적인 의식이다. 인생에 의미를 부여하고 이해력, 통찰, 이성에서 벗어난 것까지 무조건 믿고 싶은 욕구를 만드는 것도 이러한 갈등 상황이다.

우리는 의미가 무엇이냐는 질문에 답을 하며, 그 답을 믿고 내면화하는 방법을 배운다. 또 우리에게 질서를 제공하고 방향 설정을 가능케 해주는 가치토대를 만든다. 그리고 개인마다 가지고 있는 가치체계 덕택에 우리는 일종의 극복 전략들을 개발할 수 있다. 이 전략들은 우리가 이런 질서를 통제하고, 통제에 의해 방향을 설정하며, 우리가 선택한 인생 계획을 실현할 수 있게 도움을 준다.

그러나 자아실현의 방법을 찾는 일은 자신의 가치체계를 확고히 다지고 믿는 것만으로는 불가능하다. 방향 설정을 가능하게 해주는 우리 정체성의 일부는 외적인 현실, 예를 들어 가족 구조나 직업세계, 즉 사회에서의 위치이기도 하기 때문이다.

공포소문과 믿음

이런 방향 설정 능력이 침해를 당하면, 즉 통제가 상실될 위기에 처하거나 이미 상실되었다면, 원래의 상태를 회복하거나 재수립하기 위한 극복 전략이 필요하다. 통제 상실이나 방향 설정 능력 결여는 참을 수 없는 고통스러운 긴장감을 유발하고, 이 긴장감은 해명과 분명한 상황을 요구하기 때문이다. 이런 요구는 아주 강하기 때문에 우리는 불확실한 상태를 계속 지속하느니 차라리 부정적인 뉴스를 사려고 할 정도이다. 그 때문에 우리가 개인적으로 맞닥뜨리는 흑색소문 역시 믿어지고 유포될 좋은 기회를 얻는다.

공황상태에 빠진 바그다드의 순례자들은 죽음의 위험에 스스로를 내몰기 위해서 도망치듯 다리를 건너간 것이 아니었다. 그들은 강물 속에서 익사하기 위해 티그리스강에 뛰어들지도 않았다. 그들은 오히려 죽음을 피하고자 했을 뿐이다. 공포소문은 잠재하고 있던 우려를 현실로 확인시켜 주었다. 신자들 일부가 2시간 전에 말했던 것처럼 수류탄 세례를 받게 될지 아니면 안전할지가 불확실했고, 이런 불확실성이 내적 긴장감을 유발했기 때문에 결국 그들은 치명적인 소문(자살 테러)을 믿을 수밖에 없었다. 소문을 믿음으로써 잠재적인 긴장감, 불확실성이 제거될 수 있기 때문이다.

그렇다. 가장 나쁜 것은 그들 바로 앞에 있다. 이제 불확실한 것은 더 이상 없다. 사람들은 티그리스강에 몸을 던짐으로써 통제능력을 다시 회복하고자 했다. 소문을 받아들임으로써 방향 설정 불능 상태가 종료된 것이다.

공포가 너무 클 때는, 어떤 주장을 해석하는 데 최악의 가능성이 가장 믿을 만한 것으로 여겨지는 일이 자주 발생한다. 여기서도 개개인의 주관적인 감정이 결정적인 역할을 한다. 공포에 휩싸인 사람은 편견이나 두려움이 상대적으로 덜한 사람보다 아직 확인되지 않은 경악스러운 소식을 믿고 유포하는 경향이 더 크다. 티그리스강 다리 위의 순례자들은 바로 전에 있었던 공격 때문에 모두가 공포에 휩싸여 있었다.

공포소문은 그것이 진짜이며 중요하다고 간주되기 때문에, 그리고 어쨌든 잠재적인 우려를 사실로 확인시켜 주기 때문에 자연히 의사소통 순환과정에 편입된다. 때로는 개연성, 확실성, 신뢰성의 일반적인 척도를 무시하기도 한다. (추측성) 주장이 개인적인 입장(여기서는 공포)과 더 강력하게 일치할수록 뉴스를 믿는 경향은 더 커진다. 소문을 믿고 유포하려는 경향은 그러므로 일종의 극복 전략이다. 걱정과 공포는 자신의 주변에서 벌어지는 상황이나 사건을 조종할 통제능력의 상실로 이어지며 적어도 상실 위기로 느껴진다. 예컨대 실직, 전쟁, 자연재해 또는 조류독감 같은 전염병에서처럼.

전문가들에 따르면 소문 유포는 다른 사람들과 함께 함으로써 공포를 누그러뜨리려는 행동이라고 볼 수 있다. 따라서 공포에 질린 인간은 누구보다도 소문(그들의 걱정을 사실로 확인해 주는 것처럼 보이는)을 계속 이야기하기를 좋아한다.

또 한 가지, 공포소문에 대한 믿음은 통제할 수 없는 사건들에 의미를 부여하도록 도움을 준다. 이런 의미는 다시금 공포를 완화하거나 적어도 각각의 공포에 대한 방향 설정 불능 상태를 완화해 준다. 예를 들어 지진은 비도덕적인 피조물에게 내리는 신의 심판이라는 식이다.

소문연구가 카퍼러는 이것을 탁월하게 요약했다. "우리가 우리 지식을 믿는 것은 그것이 참으로 입증되었거나 근거가 있기 때문이 아니다. 어느 정도까지는 정반대이다. 우리의 지식은 우리가 그것을 믿기 때문에 참인 것이다. 소문이 입증되었다는 것은 그것이 필연적이라 여겨지고 그 모든 확실성이 사회적인 토대를 가지고 있다는 것을 의미한다. 우리가 속한 집단이 참이라고 간주하는 것이 참이다. 사회적인 지식은 믿음에 근거하지 증명에 근거하지 않는다. 놀랄 일이 아니다. 종교가 소문의 가장 멋진 예 아닌가? 종교란 원초적인 위대한 증인이 고지한 말이 아닌가? (……) 신의 현존 입증이 믿음을 만드는 것이 아니라 믿음이 신의 현존을 입증한다. 그러므로 국민이 걸어야 할 길을 규정하는 가장 깊은 확신은 종종 말로부터 출발한다."

나는 여기에 한 가지를 덧붙이고 싶다. 소문이란, 말에 대한 믿음에서 출발한 것이라고.

레오 키르히 사건

공포소문은 완전히 다른 차원에서 공황상태의 반응을 불러오기도 한다. 예를 들어 금융권에서 그러하다. 공포소문이 금융 위기를 불러오는 경우가 드물지 않으며, 심지어는 금융권의 붕괴와 세계 증시의 극적 폭락으로 이어지기도 한다.

2002년 2월 3일 뉴욕. 미국 TV 방송국 '블룸버그 TV'와의 인터뷰에서 도이체방크 사장 롤프 브로이어는 더듬거리며 사건의 요지를 말했다. 'SAT1', 'Pro7', 'N24'를 다스리는 독일 TV제국 미디어황제 레오 키르히에 관한 이야기였다.

레오 키르히의 자금 위기에 대해 브로이어는 이렇게 말했다. "여러분이 듣고 읽은 모든 것이 사실입니다. 금융권은 외적, 내적 수단을 동원해 조치를 취할 의향이 없습니다."

TV제국은 이 말이 있은 지 2개월 후 파산했다. 누구도 키르히에게 더 이상 대출보증을 서지 않았기 때문이다. 이에 관해서 키르히는 『슈피겔』지에서 이렇게 말했다. "참으로 분별없는 발언이었습니다. 그렇게 번지르르한 말을 아무렇게나 내뱉어서는 안됩니다. 지불 불능은 충분히 피할 수 있는 것이었습니다. 고객 키르히를 짓밟겠다는 것이 금융정책이었습니다. 브로이어의 인터뷰는 나를 죽이는 것이었습니다."

브로이어는 매체에 등장해 그렇게 말함으로써 금융권에 엄청난 불안감을 가져다주었다. 두려움이 확산되었고 결국은 — 도이체방크 대표가 직접(물론 도이체방크는 레오 키르히의 주거래 은행이었다) 공식적인 경고를 내놓았다 — 더 이상 어떤 은행도 기력이 떨어진 레오 키르히에게 대출해 주지 않았다.

미디어 그룹이 앞으로는 은행으로부터 어떤 지원도 받을 수 없으리라는 소문을 사람들이 믿게 된 것은 바로 우려의 표출이었다. '극복전략'(더 이상의 대출을 거부한 것)은 어쩌면 상업적으로는 별로 성공적이지 못했다. 적어도 그런 인상을 주었다. 나중에 기업 일부가 얼마나 유리한 가격으로 매각되었는지를 생각해 보면 그러하다.

레오 키르히는 소문의 홍수가 자신의 제국을 어떻게 무너뜨리는지를 수수방관 지켜보아야만 했다. 하지만 그는 도이체방크에 대한 소송에서 법적인 승리를 거두며 상당한 만족감을 얻었다. 법원으로부터

'불법 행위'의 책임을 지라는 판결까지 받은 롤프 브로이어는 이후로 안정을 찾지 못했다.

TV제국의 전(前) 부회장 디터 한은 금융기관들이 브로이어에 대한 피해배상 소송을 하도록 압박하기 위해 도이체방크의 일부 주식을 현금화하기로 결정했다. 롤프 브로이어가 왜, 그리고 어떻게 책임을 져야 했는지는 웹사이트(www.relativ-komfortabel.de)에서 누구나 알 수 있었다. 마지막으로 '복수의 칼'을 가는 방법이자 동시에 부채를 지고 파산한 자신의 이미지를 복구하기 위한 우아한 방법이었다. 레오 키르히와 같은 성공한 기업인이 증오하는 것은 오직 한 가지, 소문뿐이기 때문이다. 즉 기업이 지불 불능 위기에 처한 것은 자초한 것이며 따라서 자신의 무능력과 오류의 결과물이라는 소문 말이다.

사법적인 승리로 인해 키르히는 얼마간의 사람들에게 그런 식의 소문이 거짓이며 책임을 져야 할 사람은 롤프 브로이어라는 확신을 줄 수 있었다.

민영은행 붕괴사건

명성이 높은 함부르크 민영은행 베르너&프레제는 2004년 6월 12일 12만 7,000달러밖에 안되는, 최우수 고객의 어음상환을 거부했다. 이런 과정은 경제적 붕괴의 연쇄반응을 불러왔다. 귀밝은 해외 상인들은 곧바로 민영은행의 그 고객에게 더 큰 문제가 있을 거라고 추측했다. 나아가 그들은 파산을 걱정했다. 파산은 충분히 가능한 결과이며 심지어 베르너&프레제 은행까지 함께 해를 입게 될지도 모른다고 우려했다.

스위스, 네덜란드와 런던 산업은행들은 신속하게 베르너&프레제에 송금을 중단했고 짧은 시간 내에 함부르크의 다른 은행 계좌로 엄청난 자금을 이체했다. 이 은행에 대한 소문은 이제 함부르크까지 침투했고, 독일 고객들마저 똑같은 행동을 하는 데는 그리 오래 걸리지 않았다.

2주 사이에 은행은 거의 2,000만 마르크를 지불해야만 했다. 민영은행으로서는 감당하기 어려운 이 금액은 결국 대형 투자자들의 신경을 날카롭게 만들었다. 어느 외국 투자자는 2004년 7월 9일 예방 차원에서 400만 마르크의 돈을 계좌에서 더 인출했다. 2시간 후 국내 대고객인 함부르크 공경제(公經濟)은행이 베르너&프레제에서 700만 유로를 구해내고자 했지만, 이미 때는 늦었다. 베르너&프레제는 더 이상 지불할 수 없었다.

레오 키르히와 베르너&프레제, 이 두 사건은 '공포소문' 범주에만 속하는 것이 아니라 '자기실행적 예언' 범주에도 속한다. 어떤 상황에 대한 그릇된 평가 내지 해석은 결국 처음에 아직 거짓으로 평가되었던 바로 그 상황으로 귀결된다. 인과의 사슬에서 결정적인 것은 처음의 그릇된 평가이다.

자기실행적 예언들은 또한 집단 혹은 개인 사이에도 영향을 준다. 예를 들어 소문 때문에 부하직원을 부정적으로 보는 상사가 있다고 하자. 결국 이런 부정적인 입장 때문에 그 직원은 상사가 처음에 그릇되게 가졌던 인상에 부합하는 행동을 할 수도 있다. 그리 드문 경우가 아니다.

이런 종류의 소문은 또다른 특질을 가지고 있다. 레오 키르히도, 함부르크 민영은행도 각자가 처한 소문을 애초에 반박했다면 더 좋았을 것이다. 그러나 누가 도산 위기에 처했다는 식의 추측성 소문은 무력화하기가 쉽지 않다. 성적인 기호나 사탄숭배 행위, 종파나 정당 후원에 대한 소문이 쉽사리 없어지지 않는 것과 마찬가지다. 어떻게 입증을 해봐도 수긍이 갈 만하게 확실히 소문을 반박하기가 힘들다.

때로 당사자는 소위 지불 불능에 관한 소문의 생성과 유포에 완전히 책임이 없지는 않은 경우도 있다. 솔직하게 인정하는데, 나 자신도 직접 당한 어리석은 일이 있다. 2005년 4월 내게 족히 5만 유로를 빚지고 있던 어느 회사의 사장에게 나는 이런 상황에서 받아야 할 돈을 포기할 수는 없다고 밝혔다. 이런 언급에도 불구하고 회사는 내가 동료에게 강제징수를 의뢰한 후에야 돈을 지불했다. 자발적인 지불을 유도하고자 했던 내 순진무구함을 그 회사는 사악하게 이용했고, 심지어는 다른 사업 파트너들에게 내 신용을 떨어뜨리려고 했다. 나에게 지불 능력이 없다는 소문이 계속해서 떠돌았다.

소문이 베를린 장벽을 뛰어넘다

대개 모든 소문의 토대에는 사실이 놓여 있게 마련이다. 그러나 종종 원래의 (올바른) 뉴스가 주관적인 당혹감이나 기대치 혹은 소망 때문에, 세부사항이 축약되거나 무시되거나 바뀜으로써 (거짓) 소문으로 바뀌기도 한다. 이 경우에 정확하게 들어맞는 속담이 있다. "소망은 생각의 아버지다."

1989년 11월 9일 베를린 장벽이 무너졌을 때의 소문의 생성과 유포도 그런 경우이다. 동시에 사건의 전개방식은 소문의 수많은 전형적 특성을 극명하게 보여준다. 그 특성은 이렇다.

위기는 신뢰할 만한 정보에 대한 욕구를 상승시키며, 공식적인 커뮤니케이션이 없으면 소문의 자양분이 생겨난다. 그런 상황에서 다의적인 정보, 즉 곧바로 입증될 수 없는 불명확한 내용의 뉴스가 유포될 경우 소문이 생겨나고 퍼지는 데 유리한 작용을 한다.

공론(空論)의 유포는 그 내용에 수용자가 더 많이 당황하면 할수록 더 빨리 이루어진다. 그때 소문의 방향은 개인적인 당혹감과 기대치에 의해 규정되는데, 복잡한 사안은 간절히 소망하는(혹은 우려하는) 핵심 뉴스로 축소되고, 그럼으로써 객관적으로 정확한 의미를 상실한다.

베를린 장벽 '붕괴'는 개개의 수신인과, 그들의 당혹감, 이해관계, 공포, 기대치에 의해 지각(知覺)의 질 혹은 지각할 의향이 어떻게 규정되는지를 보여주는 훌륭한 사례이다.

언제부턴가 목요일은 기자회견의 날이었다. 1989년 11월 9일도 그랬다. 기자회견을 이끌어야 하는 동독 정치국의 샤보브스키 동지는 회견 바로 전에 상관 에곤 크렌츠에게 국민에게 무엇을 전달해야 하는지를 물었다.

에곤 크렌츠는 치명적인 실수를 저질렀다. 상세한 설명 없이 새로운 여행 규정에 관한 자료를 넘겨준 것이다. 정치국 회의에서 개인적으로 기록한 종이 한 장 분량의 메모였다. 이 내용은 정치국이 다음날 아침까지 보도를 금지하라고 결정한 것이었다. 이것이 첫번째 실수였다. 뿐만 아니라 정보를 오해한 샤보브스키는 기자들의 질문에 올바른 대답을 할 준비가 충분히 되어 있지 않았다. 이것이 두 번째 실수였다.

두 가지 실수가 장벽 '붕괴'의 저 밤으로 이어질 인과사슬의 첫부분에 존재했다. 두 실수는 다른 무엇보다 소문의 홍수를 일으킨 주범이었고, 이 소문의 홍수는 뉴스로, 결국은 심지어 동독 시민들이 '즉각' 자유롭게 어떤 통제도 없이 동에서 서로 이동할 수 있다는 믿음을 만들어내기에 이르렀다.

저 11월의 며칠 동안 동독 정부는 사실 심한 곤경에 처해 있었다. 매일 1만 명이 체코슬로바키아 방향으로 출국했다. 11월 4일 이후로 모든 동독 시민이 비자와 여권 없이 바이에른 지방으로 여행할 수 있었기 때문이다. 비슷한 일이 헝가리에서도 벌어졌다. 더 이상 통제할 수 없는 이런 민족 이동에 대해 정부의 반대가 없지는 않았다. 동쪽과 서쪽 모두에서 정치국이 어떤 반응을 보일지를 긴장하며 지켜보았다. 곧 체코슬로바키아 쪽 국경이 폐쇄되었다.

라이프치히, 드레스덴과 베를린 주민들은 거리에서 항의의 목소리를 높였다. 각종 매체와 동독 시민들은, 사회심리학자들의 용어로 말하자면 기대치를 미리 정해놓고 있었으며 무슨 일인가 일어날 것이라고 확고히 계산하고 있었다. 그들의 의향은 뉴스를 기대함으로써 이러저러한 방향으로 결정되었다. 사소한 보도 따위는 염두에 두지 않았다. 사람들은 문제를 해결할 수 있을 만한, 정치국의 공식적인 발표를 기다렸다. 진정한 소문의 홍수를 일으킬 만한 최고의 전제조건이었다. 물론 정치국은 1989년 11월 9일에 어떤 새로운 규정도 결정한바가 없었다. 적어도 뉴스가 될 만한 규정은 전혀 없었다.

기자회견이 끝날 즈음 참석한 기자들은 소위 새로운 여행 규정을 알게 되었다. 샤보브스키는 에곤 크렌츠가 자신에게 건네준 종이에서 몇 단락을 읽었다. 그가 읽은 몇 안 되는 문장들은 기본적으로 새로운 것이 아니었다. 하지만 참석 기자들은 이 성급한 낭독에서 몇 가지 단서를 곧바로 포착했고 질문을 시작했다. 회견장 안의 모든 사람들이 적어도 작은 센세이션이나마 일으키고자 하는, 억제할 수 없는 욕구를 느끼고 있었다. 기자회견 초반부, 샤보브스키의 언급 역시 책임이 있었다.

"그래서, 우리는 오늘, 에, 동독 모든 주민에게, 에, 동쪽 국경검문소를 넘어, 에, 여행하는 것이 가능하도록 하는, 에, 규정을 만들기로 결정했습니다."

이 말은 당연히 센세이션을 기대하는 분위기를 후끈 달아오르게 했다. 더욱이 샤보브스키는 크렌츠가 건네준 종이에서 몇몇 단락을 빼먹기까지 했다. 소문의 생성에 유리하게 작용한 또다른 실수였다. 그래서 예를 들어 여행을 공식적으로 관장하는 관청이 어디인지에 대한 점, 그리고 여행 신청이 언제나처럼 거부될 수 있다는 점은 알려주지 않았다. 그러고 나서 그는 이렇게 말했다. "동독의 모든 국경검문소를 넘어 서독으로의 여행은 언제나 가능합니다."

"서베를린으로도 가능합니까?" 어느 기자가 질문했다. 기자회견장은 흥분과 긴장이 감돌았다. 샤보브스키는 일단 크렌츠가 준 종이를 다시 읽고 검토해야 했다. 그의 대답은 예상할 수 있었다. "네, 베를린에서의 국경 통과도 가능합니다."

따라서 오해는 '가내수공업품'이나 마찬가지다

왜냐하면 바로 자신들이 듣고 싶었던 것(완전한 여행 자유)을 들었다는 청중의 믿음은 점점 더 커졌기 때문이다. 샤보브스키가 분명히 낭독했고 주의깊은 청중이라면 명백하게 받아들여야 했을, 몇 개의 담담한 문장은 뒷전으로 물러나고 말았다. 즉 본질적으로 여행 규정에 어떤 변화도 없다는 내용은 어디론가 사라져버렸다.

그 대신에 후속 질문이 등장했다. 언제부터 새로운 규정이 발효됩니까? 곧바로 적용됩니까? 언급했듯이 원래 규정은 다음날에야 효력이 시작된다. 또 예전이나 지금이나 일단 여권 신청이 있은 후에야(적어도 한 달은 걸린다) 여행 신청이 가능하다(이것 역시 몇 주에서 몇 달은 걸린다). 하지만 샤보브스키는 크렌츠가 준 종이의 도입부를 반복하는 데 만족했다. 거기에는 곧바로 적용한다고 나와 있었다. "제가 알기로는…… 곧바로, 즉각 발효됩니다!"

회견장 안의 모든 사람들은 자신들이 이해하고 싶은 대로 이해했다. 모든 기자들은 정치국의 '곧바로'가 신청 절차를 의미하는 것이지 여행을 의미하는 것은 아니라는 사실을 무시했다. 정치국 비서의 더듬거리고 불확실한 회견은 센세이션에 대한 굶주림을 순식간에 잠재웠다. 나머지 일, 즉 그 시점 이후 전개된 모든 일은 더 이상 아무도 막을 수 없었다.

새로운 여행 규정에 관한 보도자료는 기자들에게 배포되지 않았다. 이것 역시 실수였다. 적어도 정확한 정보로 의사소통하고자 했던 사람들, 즉 정치국의 시각에서 보면 명백한 실수였다.

최초의 통신사 보도가 소문의 방향을 결정한다

동독 TV로 생중계된 기자회견은 1~2분 안에 끝났고 이어서 텔레타이프 수신기 위에 최초의 통신사 보도가 올랐다. "동독이 국경을 개방하다." 아직 불분명한 형태로나마 이 소식은 국내외에 알려졌다.

물론 이때까지는 아직 사안의 정확성이 전혀 확인되지 않았다. 그러나 거듭되는 유포로 소문은 신용을 얻어갔다.

동독 뉴스통신사 ADN에서 과거와 같은 반박이 없었기 때문에 국경 개방에 관한 뉴스는 아무런 방해 없이 유포되었고 회오리바람처럼 사방으로 퍼져나갔다. 서독 연방의회 의원들이 저녁 9시 정각 역사적인 날을 기념하기 위해 큰 감동에 휩싸여 국가를 불렀을 때, 아직 아무도 동베를린에서 서베를린으로 가지 못했다. 물론 이미 수천 명이 국경검문소에 서서 목소리를 높여 개방을 요구하기는 했지만 말이다.

문서상으로 지시를 받지 못해 아무것도 알지 못한 국경검문소 직원들은 정치국이 이제 국경을 개방했다는 기습공격과 같은 뉴스의 포로가 되었다. 기대에 찬 사람들의 압력이 점점 더 거세지고 더불어 뉴스가 계속 반복되자, 직원들까지도 이제 상부에서 역사적인 전환을 결정하고 고지했다는 느낌, 아니 확신을 갖게 되었다. TV를 통해 비공식적으로 고지된 뉴스에 믿음을 선사할 의향이, 평화적으로 노래하며 환호하는 시민들의 숫자가 늘어나는 것에 비례해서 더욱 커져갔다.

한스 요아힘 프리드리히스는 같은 날 저녁 10시 30분에 '오늘의 테마' 방송에서 이렇게 선언했다. "11월 9일 오늘은 역사적인 날입니다. 동독이 모든 사람에게 즉각 국경을 개방하겠다고 선언했습니다. 장벽 문은 활짝 열려 있습니다." 해석의 진실성과 소문의 신뢰성은 그럼으로써 거의 공증된 셈이었다.

모렌가(街)의 국제언론센터에서 근본적으로는 사소했던 기자회견이 있은 후 3시간 반이 흘렀다. 이제 소문은 장벽을 거의 무너뜨렸고 역사의 흐름을 새로운 철로 위로 옮겨놓았다.

소문은 널리 퍼질수록 더 쉽게 믿어지는 법이다. '장벽 붕괴' 뉴스를 들은 사람들이 그것을 거짓이라 여겼더라면, 다른 무수한 사람들은 그것을 계속 전파시키지 않았을 것이고, 수천 명의 사람들이 보른 홀머가에 서서 뉴스를 근거로 삼아 "우리는 곧바로 넘어갈 수 있다"고 주장하지는 않았을 것이다.

이 소문의 특별한 힘은 그것이 대부분의 사람들이 가장 열망하고 있는 정보를 전달하고 있다는 데 있었다. 따라서 누구도 신뢰할 만한 절차를 거쳐 소식의 진실을 입증하는 데는 관심이 없었다. 그런 입증을 통해 뉴스가 사실이 아니라는 실망스러운 결과에 이를지도 모르기 때문이었다.

소문이 장벽을 뛰어넘었다는 것을 센세이션으로 평가할 수 있을까? 나는 그렇다고 생각한다. 독일연방공화국의 가까운 동맹국들은, 오늘날 사람들이 잘 알고 있듯, 재통일로 이어질 사건이 전개되는 것에 반대했기 때문이다.

같은 해 6월만 해도 예를 들어 당시 영국 수상 마거릿 대처는 자신의 거부의사를 전혀 숨기지 않았다. "우리는 독일 통일을 허용해서는 안됩니다." 그녀는 당시 폴란드 국가원수 야루젤스키에게 말했다. "당신은 강력하게 반대의사를 표명해야 합니다." 야루젤스키는 당시 상황에 대해 『쥐트도이체차이퉁』과의 인터뷰에서 이렇게 말했다. "미테랑 대통령 역시 덜 단호하고 덜 솔직하기는 했지만 비슷한 말을 했습니다." 하지만 놀라운 것은, 동독 주민들이 소문의 도움만으로 그것을 이루어냈다는 사실이다.

루카스 포돌스키와 그 팬들

2005년 7월 8일, 컨페더레이션 컵에서 독일 국가대표 축구팀이 성공적인 결과를 내고 루카스 (폴디) 포돌스키가 차세대 독일 공격수로 칭송을 받은 직후, 『빌트』지는 다음과 같은 제목의 기사를 실었다.

"언제 바이에른에 오시겠습니까?"

폴디가 『빌트』지에게 : "내년입니다!"

사진 아래에는 이렇게 쓰여 있었다. "루카스 포돌스키가 비밀리에 뮌헨 시내에 있다."

그것으로 충분했다. 이 한 줄만으로도 FC 바이에른 팬들은 그가 올 것이라는 강한 확신을 가질 수 있었다. 이 소문은 동창 모임에서 가장 큰 화제였고, 당연하게도 모든 사람들이 그 대신에 누가 가야 하는지를 추측하기에 바빴다. 그 시점 FC 바이에른은 공격수 교체를 검토하고 있지 않았다. 포돌스키의 진술은 그가 예전이나 지금이나 뛰고 있는 '1. FC 쾰른' 팀의, 뮌헨에서 열릴 다음 분데스리가 경기를 두고 한 말이었다.

그러나 신문기사에 실린 매니저 울리 회네스의 답변("그렇다면 저보다도 더 많은 것을 알고 계시군요. 저는 포돌스키로부터 아무 말도 못 들었습니다.")조차도 소문의 폭풍을 잠재우지 못했다. 그는 온다. 내년에. 아주 확실하다. FC 바이에른 팬들은 그것만을 믿었다. 팀을 옮길 계획일 때 매니저가 사실을 부인하는 것은 아주 전형적인 일이니까. 무엇보다도 팬들은 이 소문을 믿고 싶었다. 이어서 수천 배나 유포된 소식은 모든 사람들이 그저 단순하게 받아들일 수 있는 '사실'처럼 보이게 되었다. 왜 그랬을까?

이미 설명한 것처럼, 신뢰란 믿음욕구로부터 생겨난다. 소문은 믿음을 전제로 하는 특수한 형태이다. 사람들이 소문을 믿는 데는 전달자의 신뢰성이 큰 기여를 하는 법이다. 『빌트』지는 축구사건에 관해 고급 정보망을 갖고 있는 것으로 유명해서, 팬들이 보기에 항상 정확한 정보를 알려준다.

이 보도는 고전적인 소망소문의 일종이다. 소망의 충족에 기여하고 수많은 팬들의 매우 개인적인 희망과 일치하는 그런 소문 말이다.

처음에는 그릇된 소망소문이었던 것이 11개월 후에는 사실이 되었다. 물론 ― 2005년 7월에는 분명히 예견할 수 없던 일이지만 ― '1. FC 쾰른'이 시즌 막바지에 2부 리그로 추락했기 때문이다.

'실현'되지 않은 소망소문, 희망을 줄 수 없는 소망소문, 합리성이 부족하고 오로지 믿음욕구만으로 버티는 소망소문을 여러분도 이미 한번쯤은 친구들 사이에서 경험해 보았을 것이다.

돈이 궁한 친구에게 단돈 5,000유로만으로 얼마 지나지 않아 10만 유로를 벌 수 있다는 허무맹랑한 행운의 편지놀이를 한번 해보라. 그는 통제할 수 없는 믿음욕구에 휩싸여 5,000유로를 구하기 위해 모든 일을 다 할 것이다. 믿음은 산이라도 옮길 수 있다. 이 경우에는 건전한 의심과 이성으로 이루어진 산까지도 옮길 수 있다.

같은 이야기를 이제 경제적으로 걱정이 없고 아무런 금전적 압박을 받지 않는 친구에게 해보라. 그는 분명히 당신에게 퇴짜를 놓을 것이다. 믿을 마음이 별로 없기 때문이다. 풍족한 재정상태 덕분에 그의 믿음욕구는 경제적으로 쪼들리는 친구보다 현저히 떨어진다.

증권거래소, 루머에 사고 팩트에 팔아라

소망소문이 자주 등장하기로는 증권거래소만한 곳도 없다. 심지어 소문은 금융시장의 '소금'이라고까지 불린다. 증권맨들은 전(前) 미국 준비제도이사회 의장 앨런 그린스펀의 말 또는 그 뉘앙스만으로도 때로는 시세폭등이, 때로는 극적인 시세하락이 일어났던 사실을 알고 있다. 예를 들어 빌 게이츠가 비오라마(Biomira)사에 관심을 가지고 있다는 소문이 인터넷을 통해 퍼졌을 때, 이 회사 주가는 하루 사이에 2.5달러에서 17달러로 상승했다.

증권거래소에서도 대개의 소문은 아무런 의도 없이 발생한다. 누군가가 어떤 뉴스를 잘못 전달했거나 해석했기 때문에 그렇다. 하지만 다른 어떤 곳보다 공론과 소문이 비양심적으로 유포되는 일이 더 잦다. 심지어 런던의 어느 통신사 내부소식통은 내게 자기 통신사가 그런 일에 전문이라고 알려주기도 했다.

소문을 처음으로 만들어낸 사람은, 시장에 참여한 사람들의 기대에 부응하는 소망소문으로서(몇몇 경우에는 공포소문으로서) 소문이 비옥한 토양에서 쑥쑥 자라나기를 바란다. 그런 식으로 소문이 계속 전파되어 애초에 소망하던 매수 혹은 매도로 이어지기를 바란다.

시간이 흐르면서 소문 생산에도 섬세한 기술과 방법이 개발되었다. 그 주인공은 바로 거래소 중개인이다. 그들은 설사 소문을 지어낸 사람은 아닐지라도 적어도 소문을 전달하는 사람이다. 그는 장이 상승세든 하락세든 상관없이 결국 모든 매매거래에서 이익을 챙긴다. 그러므로 시장에서 소문을 퍼뜨리고자 하는 사람은 믿을 만한 중개인에게 눈을 돌리는 게 좋을 것이다. 중개인은 자신의 고객들과 접촉하기는 하지만 약점을 결코 드러내지 않으며 뉴스가 철저히 소문임을 강조한다. "저도 확실한 것은 모릅니다. 다만 손님께서 알고 계시는 편이 나을 것 같아서……."

2003년 7월 1일 『한델스블라트』지는 주식 투자자들을 대상으로 설문조사를 했다. 그에 따르면 응답자의 70퍼센트가 필요하면 '몇 분 내에'(아직 공개되지 않은) 소문에 관한 정보를 줄 수 있다고 확신했다.

특별히 성공적인 소문은 단기간에 입증될 수 없는, 복잡한 내용을 가진 소문이다. 증권거래소에서는 항상 신속함이 요구되고, 그 때문에 이런 불명확한 내용이 사람들에게 짧고 함축성 있는 (그럼으로써 쉽게 입증 가능한) 정보로 믿어질 가능성이 더 크다. 그런 정보들이 시장 참여자들에게 확실한 기대를 불러일으킨다면, 시장 참여자들이 그에 따라 행동할(즉 의도적으로 매도하거나 매수할) 개연성은 매우 커진다.

복잡할수록 신뢰도가 높아진다는 법칙은 다른 종류의 소문에도 통용된다.

경제 전문 VWD 통신사는 2002년 증권거래소에 등장한 중요한 소문들을 연구 분석했다. 기자는 원인을 전혀 알 수 없는 현저한 시세변동 사례를 관찰했고, 시장 참여자들을 통해 어떤 소문이 언제 변화의 원인이 되었는지를 알아냈다. 소문은 다음과 같은 분야에서 각각 나타났다.

자동차 18.4퍼센트, 은행 15.4퍼센트, 테크놀로지 12.5퍼센트, 보험 10.3퍼센트, 금융서비스업 10.3퍼센트, 의약업 7.4퍼센트 그리고 텔레커뮤니케이션 6.6퍼센트.

2002년은 전반적으로 주가 하락세가 두드러진 해였다. 족히 모든 주식의 3분의 1이 50퍼센트 이상 하락했다. 그해에 소문들은 시세하락을 추측하게 해주는 사건들과 관련된 것이 압도적으로 많았다. 136개의 소문 중 18개에서 일일 주가상승률이, 소문이 바라던 것과 다른 모습을 보였다. 다시 말해 단 18건에서만 소문이 부정적이었음에도 불구하고 주가가 상승했거나 반대로 긍정적인 소문임에도 불구하고 주가가 하락했다는 것이다.

거래액과 소문 사이의 연관관계는 더 분명했다. 소문을 동반한 일일 거래금액은 30일 이전과 비교해서 67퍼센트나 더 많았다.

수백만 유로짜리 소망소문

이 자리에 두 가지 소망소문 사례를 덧붙인다. 2005년 12월 20일 『타게스차이퉁』은 "수백만 유로 소문이 공포로 변했다"라는 제목으로 두 건의 강도사건에 관한 기사를 실었다. 떠돌던 소문의 포로가 된 강도들은 부자라고 알려진 어느 연금생활자의 집을 목표로 삼았다. 기이하게도 두 건의 강도사건은 같은 날 밤에 일어났다.

기사를 그대로 옮겨보겠다.

뮌헨의 사기꾼들 사이에 소문이 돌고 있었다. 슈바빙구(區)에 사는 연금 생활자 로만 D.가 적어도 300만 유로를 침대 밑에 숨겨놓고 있다는 소문이었다. 71세의 이 노인에게는 불쾌한 경험이 기다리고 있었다. 우선 도둑왕 라이너 R.(44)과 그의 친한 친구 리하르트 M.(42)이 로만 D.의 집 문을 따고 들어가려 했다. 경찰이 두 명의 범죄자를 체포하기가 무섭게 터키인 살리 E.(31)가 같은 날 밤 부엌 창문을 통해 집에 침입했다.

예전에 큰 보험회사에서 일했던 로만 D.는 주의깊은 이웃을 두고 있어 천만다행이었다. 이웃 여인은 정체불명의 불량배들이 아그네스가에 있는 로만의 집 주위를 돌며 낌새를 살피고 있는 것을 이상하게 생각했다. 2004년 12월 30일 그녀는 현관문에 설치한 구멍을 통해 라이너 R.이 이웃집 문을 억지로 열려고 하는 모습을 목격했고 바로 경찰에 신고했다. 경찰은 제시간에 출동했다. 라이너 R.은 이미 철사 모양 쇠붙이를 자물쇠 안에 집어넣어 문을 열려고 하던 차였다. 경찰이 접근하자 라이너 R.과 망을 보던 리하르트는 재빨리 지하실로 도망쳤다. 하지만 거기서 결국 붙잡히고 말았다.

집주인이 다시 안정을 찾자마자 초대하지 않은 다음 손님이 방문했다. 살리 E.가 밤 3시경 뒷마당으로 난 부엌 창문을 통해 집 안으로 침입했다가 복도에서 집주인과 맞닥뜨린 것이다. 범인은 자신의 발걸음을 방해한 주인의 얼굴에 최루가스를 뿌려 바닥으로 넘어뜨린 후 그의 엉덩이를 밟고 지나갔다. "저는 그에게 돈이 있느냐고 물었습니다"라고 살리 E.는 어제 법정 앞에서 엄숙하게 자백했다. 로만 D.는 이 야만적인 침입자에게 집 안에 돈이 없다고 항변했다. 집주인의 고함소리 때문에 이웃 여인은 다시 한 번 경찰에 신고했다. 살리 E.는 도망쳤지만 얼마 못 가서 붙잡히고 말았다. 알 수 없는 것은 수백만 유로의 돈이 있다는 소문이 도대체 어디서 나온 것인가 하는 점이다.

적어도 사건과 무관한 외부인이 본다면 아주 재미있어할 이야기가 또 있다. 수백만 마르크의 로또에 당첨되었다는 소문이 나돌았던 한 부부 이야기다. 하지만 이 부부에게 소문은 병원으로의 후송과 심근경색 진단을 선물로 주었을 뿐이다.

무스터 부부(가명)는 큰 꿈을 가지고 있었다. 그들의 유일한 자식인 딸이 살고 있는 나라, 호주로 6주간 여행하는 것이었다. 몇 년 전부터 연금으로 생활하던 부부는 그 꿈을 이루기 위해 문자 그대로 단돈 몇 페니히로 입에 풀칠을 하며 살아왔다.

부부가 먼 곳 호주에 체류하고 있던 중 집에서는 불행의 씨앗이 자라나고 있었다. 부부의 고향 주민들 사이에서 그 지역에 사는 어느 부부가 로또에 당첨되어 200만 마르크를 횡재했다는 말이 돌았던 것이다. 한 언론사가 이들의 말에 귀를 기울였다.

그 부부가 바로 무스터 씨 내외일 거라고 처음으로 생각한 사람이 누구인지는 아직까지도 밝혀지지 않았다. 분명히 값비싼 여행 때문에 의혹이 생겨났고 곧 소문의 냄비가 팔팔 끓게 되었을 것이다. 어쨌든 새롭게 등장한 백만장자에 관한 뉴스는 일파만파로 퍼졌다.

부부가 여행을 마치고 돌아왔을 때, 옆집 사람은 의미심장한 미소를 띠며 산더미 같은 편지를 건네주었다. 로또 당첨을 축하한다는 말만 들어 있는 편지는 드물었다. 편지 대부분은 가슴이 찢어지는 신세한탄과 함께 약간의 자금지원을 해달라는 간절한 부탁을 담은 것들이었다. 편지만이 아니었다. 전화벨도 쉴새없이 울렸다. 지인들, 친척들, 심지어는 전혀 모르는 사람들이 계속해서 초인종을 눌러댔다. 작은 기왓장 공장을 운영하는 어느 친척은 시급하게 꼭 필요한 자금이 있는데 투자 겸 후원을 해줄 수 없느냐고 간청했다.

무스터 씨 부부가 완강하게 소문을 부인하면 할수록 사람들은 더 확고하게 소문을 믿었다. 소문의 눈사태는 더 이상 멈출 수 없었다. 사건은 이렇게 진행되어 결국 어느 날 부탁을 거절당한 어떤 남자가 앙심을 품고 부부의 자동차를 불태워 버린 일까지 일어났다. 도저히 받아들일 수 없는 이 사고가 있은 후에 무스터 씨는 심근경색을 앓아 입원치료를 받아야 했다.

그러나 끔찍한 일은 아직 끝나지 않았다. 무스터 씨가 망가진 자동차를 대신해서 오래된 중고차를 사려고 했을 때, 판매원이 안타깝다는 듯 이렇게 말했다. "당신은 도대체 무엇에 돈을 쓰시는 겁니까? 자동차 한 대도 새 걸로 사지 않고?"

소망소문의 위력, 즉 소문이 주는 희망을 흡수하려는 광적인 충동은 매일 매주 매년 중요한 신문과 잡지에 상업적으로 이용된다. 점성술사, 도사, 예언자들이 TV, 라디오, 인터넷을 통해 유포하는 점성술 등의 예언들이 그것이다.

델피에 의해 신탁의 문을 장식했던 "너 자신을 인식하라. 그러면 치유될 것이다"라는 고대 그리스의 지혜를 충실히 받아들여, 매일 지구상 수백만 명이 점성술을 믿고 있다. 자신들의 별자리가 개인적인 길흉화복과 앞으로 삶의 방향 설정에 도움을 줄 것이라고 생각한다. 개인의 정신상태와 그날의 몸상태에 따라 추측에 불과한 예언을 때로는 더 많이 믿고 때로는 더 적게 믿는다. 각각의 예언이 더 많은 희망을 주고 소망을 더 크게 만족시킬수록 점성술 차트에 대한 믿음은 더욱 커진다.

어쩌면 이렇게 결론짓는 것은 나만의 (선택적인) 지각일 뿐인지도 모르겠다. 어쨌든 내가 보기에 대부분의 점성술 소비자들은, 그들이 희망에 찬 점괘를 읽거나 들었던 것 중에서 적어도 가끔은 한 조각의 진실을 발견했다고 믿는다. 다른 모든 종류의 점에도 해당하는 사항이다. 무엇인가를 믿을 의향은 믿음요구로부터 나온다는 소문연구가들의 주제에 훌륭하게 들어맞는 사례이기도 하다.

우리의 기억은 얼마나 정확한가

정보의 공백, 번역상의 오류, 오해의 소지가 많은 다의적인 표현 등, 잘못된 뉴스 전달을 일으키는 잠재적인 원인은 다양하다. 그러나 정보의 신뢰성을 훼손하고 소문의 생성을 촉진하는, 가장 심각한 오류의 원천은 바로 기억이다.

사람은 누구나 자신의 기억이 정확하다고 믿는다. 심지어는 자신이 기억을 올바르게 재구성하고 설명할 수 있다고 진심으로 확신한다. 그러나 그것은 언제나, 적어도 대부분은 자기기만에 불과하다. 법조인들에게 중요한 학문들 중 하나에서 이를 증명할 수 있다. 그것은 수많은 연구를 통해 인간의 불완전한 기억능력을 보여주는 진술심리학이다.

플라톤 이래로 학자들은 기억을 각 시대의 저장 매체와 비교해 왔다. 오늘날 가장 대표적인 저장 매체는 컴퓨터이다. 그러나 컴퓨터를 인간의 갖가지 뇌기능을 해명하는 데 실제로 이용할 수 있다 하더라도, 컴퓨터가 우리 기억 전부를 대변할 수는 없다. 오히려 에피소드식 기억의 경우, 기억의 내용은 뇌 속에서 필터작용을 거치고 의미와 감정적 가치와 결합한다. 이때 어떤 세부사항은 간과되는 반면 어떤 것들은 과장된다. 사회심리학 용어에 따르면 각각 평준화(levelling), 선명화(sharpening)라고 부른다. 물론 이미 언급했듯, 개인적인 입장과 견해, 특히 선입견이 기억 내용을 채색하고 변화시키는데, 이를 동화(assimilation)라고 부른다.

기억연구가인 몬트리올 대학의 카림 네이더(Karim Nader) 교수는 "회상할 때 과거 체험한 것의 복사본을 장기기억으로부터 소환한다는 생각은 이제 시대에 뒤떨어진 것이 되었다"고 말했다. "다수의 실험을 통해 추측해 보자면, 오히려 기억 내용은 활성화 과정에서 전부 일종의 '작업기억'으로 변환되며, 변환된 형태로 다시 매번 새롭게 저장된다. 즉 우리가 기억하는 것은 대개 체험된 것 그 자체가 아니라 체험된 것에 대한 기억이다."

이것은 '말 전달 놀이'(일렬로 늘어선 사람들이 순서대로 한 사람씩 다음 사람에게 귓속말로 단어나 문장을 전달하는 놀이 – 옮긴이)와 같은 것으로, 왜곡될 가능성이 매우 농후하다. 기억을 불러오고 새롭게 저장하는 과정에서 다른 기억 내용이 원래 저장된 것과 섞이기 때문이다.

인간 기억의 토대는 1,000억 개의 신경세포이다. 개개의 모든 세포는 연접부를 통해 최대 1만 개의 다른 세포와 연결된다. 신경망 속에서 세포들은 전기화학적 신호를 주고받으며, 이때 모든 경험은 각기 다르게 활동하는 세포들이 만든 특수한 틀을 갖추게 된다. 공부를 더 많이 할수록 세포망은 더 촘촘해진다. 신경세포들은 태어날 때 이미 존재하지만 세포들 간에 연결은 전혀 없다. 아기가 처음으로 무엇인가를 경험한 후에야 최초의 망이 생겨난다. 생후 5개월이 지나면 벌써 조밀한 신경망이 형성되며, 이것은 끊임없이 계속 확장된다. 전문가들에 따르면 개개인의 뇌세포 연결 정도의 50퍼센트는 부모에게서 받은 유전자에 의해 결정되며 나머지 50퍼센트는 각각의 인생 경험을 통해 형성된다고 한다.

하나의 정보, 예컨대 어떤 어휘나 전화번호 같은 것은 단번에 기억 속에 저장되는 것이 아니라 여러 기억 단계를 거친다.

우선 모든 정보는 저장 용량이 한정되어 있는 초단기기억 속에 안착한다. 최대 7개의 활동 샘플, 예를 들어 7개의 어휘로 된 작은 꾸러미일 뿐이다. 뿐만 아니라 고작 30여 초밖에 지속되지 않는다. 초단기기억 속에서는 새로운 정보들이 끊임없이 거기 남아 있는 기억들을 밀쳐내기 때문이다.

끊임없이 반복되는 것만이 단기기억에 도달할 수 있다. 여기서는 활동하는 신경세포들의 틀이 약 30분 정도 확실하게 머무른다. 단기기억 속의 내용들은 단순히 뇌의 활동으로서 저장된다.

반면 장기기억은 정보들을 개개 신경세포들 사이의 결합 형태로 저장한다. 지속적인 저장은 언제나 새로운 접촉을 형성할 것을 요구하는데, 이는 에너지를 필요로 한다. 그래서 여기서는 자주 필요한 정보들만이, 다시 말해 지속적으로 반복되거나 매우 중요한 정보들만이 저장된다. 장기기억 속의 세포 결합이 더 자주 활동성을 띨수록, 그것들은 더 견고하게 만들어지고 기억 역시 더 오래 남아 있다. 오랜 기간이 지나도록 사용되지 않는 세포 결합은 다시 파괴되고 정보들은 잊혀진다.

'사이비 기억'이라는 현상을 연구하는 데 특별히 기여한 사람이 미국의 심리학자 엘리자베스 로프터스(Elisabeth Loftus)이다. 그녀는 수많은 실험을 통해 암시의 도움으로 심지어 기억 내용을 극적으로 바꿀 수 있다고 증명했다. 다음 실험이 대표적이다.

로프터스는 여러 피실험자들에게 은행 강도 사건에 관한 영상을 보여준 다음 이어서 범인의 수염에 관해 질문했다. 실제로 많은 사람들이 수염을 매우 정확하게 묘사했다. 하지만 사실 강도는 복면을 쓰고 있었고 따라서 영상에서는 어떤 수염도 볼 수 없었다. 실험자의 유도 질문이 실험 참가자들을 오류로 이끈 것이다.

그런 유도성 질문들은 실제로 체험한 사건에 대한 기억만을 변화시키는 것이 아니라, 완전히 새로운 사이비 기억으로도 작용할 수 있다. "인간이 잘못된 세부사항이나 완전한 사이비 기억을 자신이 실제로 체험한 것이라고 생각하는지 아닌지는 무엇보다 그것들이 얼마나 그럴듯한지에 달려 있다." 베를린 자선병원 범죄심리학연구소의 레나테 폴베르트(Renate Volbert)의 말이다.

미국 형사재판에서 증인의 신뢰성을 항시 판단해야 했던 엘리자베스 로프터스의 결론은 이러하다. "미국에서는 매년 수천 명의 사람들이 아무런 죄도 없이 형사재판을 통해 유죄판결을 받는다. 대개의 경우 잘못된 증인 진술이 원인이다."

거의 100년 전에 ─ 완전히 다른 맥락이기는 하지만 ─ 기억능력의 질을 비슷하게 분석한 사람이 있었다. 제1차 세계대전의 가장 중요한 기록자 장 노튼 크뤼(Jean Norton Cru)에 의해서다. "사건은 1~2초밖에 걸리지 않고, 인간의 지각은 흘러가는 모든 상황을 영화 카메라처럼 보여줄 수 없다. 모든 증인은 본능적으로, 그리고 자신의 방식대로, 자신이 놓친 일련의 사건 전개를 부분적으로 보완한다. 그는 백지를 채우고 나서 그것이 원래 백지였다는 사실을 잊는다. 그는 자신이 보고 있다고 믿었던 것을 이제 실제로 보았다고 믿는다."

장 노튼 크뤼는 참호에서 생활했던 250명 이상의 프랑스 병사들이 남긴 개인적인 기록을 평가한 후 그것들이 "거의 신뢰할 수 없는" 것이라고 주장했다. "30건의 묘사 중에 단 두 건만이 서로 일치하는 것이었다."

제2차 세계대전 중 미국의 소문연구가 고든 W. 앨포트와 레오 포스트먼도 유사한 결과에 도달했다. 그들에 따르면, 뉴스가 원래의 출처에서 더 멀어질수록 그 뉴스는 더 제멋대로의 모습으로 나타난다고 한다. 앨포트와 포스트먼은 결국 지각에서, 그리고 사건이나 정보를 기억함에서, 뉴스의 변화에 원인을 제공하는 세 가지 규칙을 만들었다.

첫째, 평준화(Levelling)는 세부사항을 생략하고 특수성을 제거하는 것을 의미한다. 그에 따라 이름, 지엽적인 상황이나 지명표기 등은 하위 의미를 가지고 기억 속에서 종종 변화한다.

바로 이것을 나 자신도 분명히 경험했다. 2006년 3월 16일 전통적인 낚시주간을 맞이하여 뮌헨에 있는 레스토랑 '제하우스'에서 미하엘라 로제마이어 백작부인의 초대로 약 300명의 명사들이 모였다. 손님 중에는 뮌헨 시장, 장관들, 신문사 편집국장들과 함께 영화계의 우상 루기 발트라이트너의 미망인 앙겔라 발트라이트너도 있었다. 아무런 맥락 없이 갑자기 그녀가 포퓰라사의 밀러 볼파트에 관한 이야기를 꺼냈다.

그녀는 내 귀에 대고 뭔가 놀라운 사실을 알려주고 싶다는 듯 눈을 크게 뜨고 말했다. "저기, 밀러 볼파트의 연고(軟膏)는 선생님이 항상 말씀하셨던 것처럼 그렇게 좋지는 않다고 해요." 나는 자동적으로 왜냐고 물었고 그녀는 이렇게 대꾸했다. "얼마 전에 신문에서 읽었어요." 절대 비난하는 말로 들리지는 않았지만, 어쨌든 약간은 실망이 담겨 있었다. 포퓰라사의 예전 이사장으로서 나는 그 신문기사 뒤에 숨어 있는 것이 무엇인지 알고 싶었다.

그리고 사실은 바로 이러했다. 앙겔라는 앞서 언급한 선택적 기억 현상의 생생한 예를 제공했다. 그녀는 일주일 전에 유명한 의사에 관한 기사를 읽었는데, 거기서 그 의사가 선전했지만 언론에서 매우 부정적인 평가를 내렸던 한 건강음료가 언급되었다고 한다. 물론 ― 경악스러운 일이었다 ― 언론이 공개적으로 비판한 의사이자 사업가 뮐러 볼파트 박사의 선전 활동은 우리 연고와는 아무런 관계도 없었다. 그것은 오히려 완전히 다른 회사의 다른 제품, 즉 네오지노사의 한 스포츠음료였다. 앙겔라는 뉴스를 분명히 다르게 저장했던 것이다. 그녀에게 중요한 소식은 뮐러 볼파트 박사가 자신이 홍보한 건강제품 때문에 비판을 받았다는 것이다.

그녀에게는 중요하지 않았던 소식, 즉 이 제품이 무엇이고 무슨 이름인지는 기억 속에서 '뮐러 볼파트 ― 연고'에 관한 지식에 가려지거나 혼동된 것이다. 가능한 일이다. 하나(뮐러 볼파트)는 그녀에게 중요했고 다른 하나(연고)는 이미 알고 있었고, 세 번째 것(네오지노)은 원래 알지 못했기 때문이다. 이 언론 보도가 있은 지 며칠도 지나지 않은 때였지만, 이 모든 것이 앙겔라의 기억 속에서 마구 뒤섞인 것이다. 다행스럽게도 나는 그녀의 잘못된 인상과 기억을 수정해 줄 수 있었다.

둘째, 선명화(Sharpening)는 소식을 구체적이고 무엇보다 특징적인 뉴스로 첨예화하는 것을 의미한다. 기억 속에서는 의혹이 결국 확신으로 바뀌는 경우가 매우 많다. 화자 혹은 청자의 경향에 따라 뉴스의 특정 측면들이 강조되기도 한다. 앨포트와 포스트먼은 여론형성에 관한 실험에서 백인 피실험자들이 인종주의적 이유에서 비롯한 갈등을 흑인들과는 다른 방식으로 묘사했다고 밝혔다.

셋째, 화자와 청자의 주관적 상황에 뉴스가 적응하는 것을 연구자들은 동화(Assimilation)의 법칙이라고 부른다. 앨포트와 포스트먼은 그에 관해 이렇게 말한다.

"소문은 동질적인 사회 매체 속에서 생성되고 순환한다. 소문에 영향력을 행사하는 것은 거기 속한 참여자들의 강한 이해관계이다. 이런 이해관계가 강력하게 영향을 미치기 때문에, 소문은 합리화된 수단으로 작용할 수 있다. 소문은 참여자의 감정에 일종의 의미를 덧칠하고 그 의미를 정당화하기도 한다. 대개 이해관계와 소문의 관계는 너무나 밀접해서, 우리는 소문을 단순한 투사(投射)라고까지 설명할 수 있다. 완전히 감정적인 조건들의 투사라고 말이다."

3장

소문의 온상,
언론

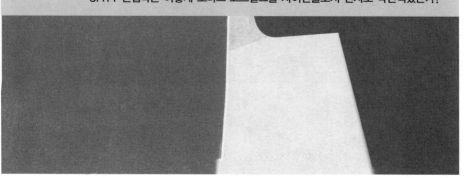

왜 스타와 아이돌에 관한 부정적인 헤드라인은 판매부수를 상승시키는가?

SAT1 편집국은 어떻게 토마스 고트샬크를 사이언톨로지 신자로 낙인찍었는가?

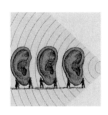

헤드라인, 소문에 신뢰를 실어주다

진실성이 불투명한 주장이라도 사람들이 믿을 수 있고 믿고자 한다면 곧 의사소통의 순환과정으로 편입될 수 있다. 꼭 기억해야만 하는 사실이다. 신뢰성에서 결정적인 것은 뉴스의 내용과 출처인데, 내 경험과 확신에 의거해 보자면 출처에 대한 신뢰성이 높을수록 내용에 대한 신뢰성 요구는 오히려 적다.

다음과 같은 일을 한번 상상해 보자. 직장 동료가 당신에게 인터넷에서 외계인의 착륙이 임박했다는 사실을 알았다고 말한다. 덧붙이기를 미국 휴스턴 우주비행센터의 과학자들이 내린 결론이라고 말한다. 이럴 경우 당신이 평소 아무리 외계인의 존재를 매우 확신하고 있다 하더라도, 이렇게 구체적인 예측을 믿어야 할지 말아야 할지 난감할 것이다. 그러나 이 뉴스가 저녁에 TV에서 방송된다면, 그런 예측은 곧이곧대로 받아들여지기가 훨씬 쉬울 것이다.

신뢰할 만하며 이기적인 동기가 안 보이는 출처의 소문은, 설사 그 내용이 개연성이 없고 듣는 사람에게 별 의미가 없다 할지라도 믿을 만한 것으로 받아들여진다. 공적이고 합법적인 신문사나 통신사, 혹은 명망 있는 공익 조직에서 유포한 소식들은 유보적인 암시만 없다면 일단 뉴스의 지위를 누린다.

이런 사실, 즉 대중매체의 공식적 보도가 소문에 확고한 신뢰성을 가져다준다는 사실은, 앞에서 논의한 심리학적 기준(신뢰성을 믿음욕구에 연결하는 것, 예컨대 공포소문, 소망소문, 공격소문의 경우)과 함께 또 다른 기준을 제시한다. 믿음욕구 없이도 소문을 믿고 그것을 유포할 수 있게 해주는 것은 다름아닌 매체의 공식적인 유포라는 점이다. 신뢰할 만한 언론의 공식적 보도는 사람들에게 기꺼이 믿을 마음을 갖도록 만든다.

앞서 설명한 소망소문, 공포소문, 공격소문의 경우와는 달리 대중매체가 유포한 주장은, 그 내용이 사소하고 독자 혹은 청자의 개인적인 이해관계와 무관할 때조차도, 기꺼이 그것을 믿도록 고무할 수 있다. 적어도 나는 게르하르트 슈뢰더의 소위 염색한 머리카락에 관한 소문(26쪽)이 어떤 식으로든 언론 수용자들의 소망 혹은 공포와 연결된다고는 전혀 생각하지 않는다. 이런 소문이 활발하게 움직인 것은 믿음욕구 때문이 아니라 뉴스통신사가 그 소문을 공적일 뿐 아니라 중요한 것으로 만들었고 수많은 다른 매체들이 이를 모방했기 때문이었다.

대중매체에 의한 소문 공개의 경우 또 하나의 요인이 연구의 과녁에 포함된다. 신문사, 방송국 등 기관의 (허위) 객관성과 신뢰성은 매체 소비자들의 믿을 의향만으로 확보되는 것은 아니다. 공적으로 유포된 소문이 단 하나의 매체에만 등장하지는 않는다는 점 또한 고려해야 한다.

슈뢰더 전 총리의 소위 염색한 머리카락에 대한 보도 역시 독일의 거의 모든 지면에 모습을 드러냈었다. 추측성 주장은 ― 중요한 연구 결과에서도 알 수 있듯 ― 거의 모든 곳에서 퍼부어질 때 더욱 수용되기가 쉬워진다.

연구 결과에서 볼 수 있듯, 소문이 더 멀리 퍼질수록, 여러 사람들(혹은 매체들)에게서 더 자주 그 이야기를 들을수록 더 큰 믿음을 주기 때문이다. 서로 아무 관계없는 다수의 매체와 개인이 같은 주장을 유포하는 정도라면 아마도 사실일 거라는 생각 때문이다. 보도가 거짓이라면 신문들이 그렇게 계속해서 퍼뜨리지는 않을 것이라는 관례적인 생각 때문이다.

또한 아마도 기자들은 원칙적으로 정보의 사실 여부를 확인할 것이고, 독자보다 더 나은 확인수단과 능력을 가지고 있으며, 기자들이 주의의무를 태만히 하면 신문사나 편집국이 제재를 받을 것이라는 확신 때문이다. 이 모든 이유에서 대중매체가 활자화하거나 방송하는 뉴스들은 직장 동료나 이웃이 퍼뜨리는 뉴스보다 훨씬 더 큰 설득력을 갖는다.

점성술사 엘리자베스 타이시어가 내게 해준 이야기가 있다. 매체에 여러 번 반복됨으로써 집단역학에 의해 멈출 수도 수정할 수도 제거할 수도 없었던 어떤 소문에 대해서이다. 타이어시는 80년대 초에 공산주의가 1989년 완전히 변신할 것이라는 예언과 미국 대통령 로널드 레이건 암살미수사건 예언으로 유명해진 점술가이다.

타이시어가 내게 말해준 소문은 질투심에 사로잡힌 사람들, 아마도 같은 분야의 사람들이 유포한 것으로 추정된다. 그녀가 교황 요한 바오로 2세의 죽음을 예언했고, 그것도 정확한 사망일자까지 내놓았다는 소문이었다.

"완전히 지어낸 말이었어요. 저는 윤리적인 이유에서 절대로 개인의 죽음을 예언하지는 않거든요. 하지만 언젠가 어느 토크쇼에서 엘리자베스 타이시어가 그런 식의 예언을 했다는 말이 나온 거예요. 더구나 이 이야기는 점점 더 많은 사람들에게 퍼져갔어요. 제가 사실을 전달하기는 점점 더 어려워졌죠. 시간이 흐르면서 독자와 기자들은 끊임없이 같은 내용을 말하고 들었기 때문에 그것이 사실이라고 믿었어요. 어떤 집단이 부정적인 소문을 살포해서 상대에게 피해를 주려는 의도를 가졌다면 충분히 가능한 일이죠."

대중매체가 유포했다는 사실 때문에 사람들에게 믿음을 주는 이런 범주의 소문은 점점 더 중요해지고 있다. 오래전부터 우리 주변을 떠도는 소문 대부분은 개인적인 욕망과 감정에 해당하는 것들이 아니라 공적으로 유포된 소문들이다. 대개는 사소한 내용을 담은 것들(예를 들어 "베로나 펠트부쉬 포트가 아이를 낳았는가?")이지만 때로는 ─ 판매부수나 시청률이라는 이해관계 때문에 ─ 독자나 시청자의 공포, 소망, 혹은 공격성을 자극하는 테마들까지도 이상적으로 건드릴 수 있다. 후자의 경우는 미디어기업의 관점에서 보았을 때 특별한 가치가 있다. 미하엘 발락이 다시 아빠가 되었는지 또는 베로나 펠트부쉬 포트가 엄마가 되었는지에 관한 추측보다는 독자 혹은 시청자 개인에게 해당하는 사항이 더 큰 호기심과 설득력을 제공할 수 있고, 따라서 더 큰 주목을 끌 수 있기 때문이다.

분명히 주목받으려는 경쟁, 시청률과 판매부수 사냥은 매우 중요할 것이다. 이런 경쟁 때문에 대중매체에 의한 소문 유포가 의미, 밀도, 속도에서 점점 더 강렬해지고 있는 것이 현실이기 때문이다.

카펜데일 사건은 몇몇 매체에서 주목을 둘러싼 경쟁이 얼마나 치열하게 진행되는지를 극명하게 보여주는 예이다. 원래는 아주 뻔한 소문, 연애사건에 대한 거의 일상적이나시피 한 추측이었다. 누구나 잡담의 소재로 지어낼 수 있는 대중스타의 혼외자식에 관한 이야기였다. 이 흔하디흔한 소문에 나는 하워드 카펜데일의 변호사로서 여러 번 싸워서 성과를 거두기는 했지만, 그럼에도 불구하고 최종적인 승리를 얻어낼 수는 없었다.

어느 스타의 스토킹 체험

부주의에 의해 (적어도 부분적으로는 거짓인) 소문이 생성되고 유포되는 것은 인간 본래의 결함과 일상적인 오해로 인해 불가피한 측면이 있다.

그러나 이런 소문도 경우에 따라서는 완전히 다른 얼굴과 원인을 가질 수 있다. 예를 들어 반박증거가 억압되고 무시될 경우(그것도 갖가지 다른 이유 때문에), 혹은 뉴스 내지 뉴스 배포가 다른 방향으로 전개되도록 해줄 요소들이 은폐될 경우이다. 문제가 되는 것은 부분적으로는 인간적인 결함에 의해, 부분적으로는 단순한 실수 때문에, 때로는 고의적으로 야기된 소문들이다.

진실, 절반의 진실, 그리고 거짓 정보가 뒤섞인 채 소위 전문가의 견해로 양념을 친, 유명인사에 대한 소문은 항상 특히 해롭고 끈질기게 살아남는다. 적어도 13년 동안 일부 공식 매체에서 다루어진 다음과 같은 소문이 있다.

1986년 11월 17일 거리의 모든 가판대에는 최신판 『디 악투엘레』의 헤드라인이 아우성치고 있었다. 이 잡지는 훗날 『포커스』의 편집국장이 된 헬무트 마크보르트가 당시 중견 기자로 활동하던 곳이었다.

"특종 — 피살자의 마지막 폭로, 하워드는 내 딸의 아버지다."

세상에나! 사랑노래를 부르는 가수가 결국은 살인을 저질러서라도 숨겨진 딸이 있다는 사실을 감추려 했단 말인가? 가판대 독자들은 말없이 6페이지와 7페이지에 실린 기사를 계속 읽었다. "한넬로레의 마지막 편지는 폭로한다. '내 딸은 하워드 카펜데일의 자식'이라고." 사람들은 아이의 어머니 한넬로레가 1986년 4월 19일 이집트에서 살해당한 채 발견되었다는 사실을 알게 되었다.

잡지 『디 악투엘레』에 따르면, 바트 크로이츠나흐시(市) 청소년 담당과조차 두살배기 아이의 아버지가 하워드 카펜데일일 가능성이 매우 높다는 추론을 내놓았다. 기사 옆에는 손에 하워드의 자필 사인 카드를 든 여자아기의 사진이 실려 있었다. 사진 설명 아래에는 "아버지를 찾는 아이"라는 문구가 있었다. 조부모의 말도 인용되었다. "얘는 하워드 카펜데일을 꼭 닮았어요." 아직 이것을 의심하는 사람이 있을까? 증거는 압도적인 것 같았다.

그날 오후 2시에 하워드 카펜데일과 그의 매니저 디터 바이덴펠트가 내 사무실에 나타났다. 두 사람은 재미있는 콤비였다. 한쪽은 정말 아무 걱정 없어 보이는, 독일 최고의 대중가수로 꼽히는 대스타였다. 그 옆에는 대스타의 매니저 이미지와는 전혀 어울리지 않아 보이는, 철저히 훈련받아 거의 금욕적으로 보이는 남자가 서 있었다. 매니저는 최근 브레타뉴 지방 외딴 곳에 여행을 다녀와 구릿빛 피부를 하고 있었지만, 회색 머리칼에서는 오히려 대학교수나 철학자 같은 풍모를 풍겼다.

우리는 2시간 동안 자리에 앉아 사건을 낱낱이 분석해 보고 살해된 아이 엄마의 이야기를 재구성했다. 그녀는 사정이 허락하는 한 거의 모든 카펜데일 콘서트에 찾아왔던 팬이라고 했다. 카펜데일은 자신의 매니저가 대단한 기억력을 가지고 있다고 자부했다. 매니저는 사소한 세부사항도 놓치지 않고 기억하며 의심이 생기면 바로 수첩의 기록을 통해 확인해 볼 수 있다는 것이다.

매니저의 당시 설명에 따르면, 그녀는 숭배하는 스타의 일거수일투족을 감시하려는 끝없는 열망을 보였다. 즉 요즘 흔한 말로 하자면 스토킹이었다. 이 광적인 행동을 심각하게 받아들인 사람은 심리학자들뿐만이 아니다. 2005년 독일연방의회는 스토킹 피해자, 특히 유명인이 더 많은 보호를 받아야 한다는 법령을 제정했다. 그에 따라 스토커는 최대 10년의 금고형까지 받을 수 있다.

스토킹은 아름답고 부유한 사람들에게 고질병처럼 따라다닌다. 브래드 피트의 사례가 널리 알려져 있다. 그는 3년 동안 어떤 젊은 여자의 스토킹에 시달렸다. 그녀는 심지어 피트의 저택에까지 침입했다고 한다. 가수 레니 크라비츠는 완전히 모르는 여자가 자신의 집에 들어와 주방에 앉아 자신의 가족과 수다를 떨고 있는 광경을 지켜보기도 했다. 당신이 누구냐고 묻자 "당신 아내를 죽일 거야"라고 대답했다고 한다. 소문은 이런 식으로 생겨날 수도 있다.

유명한 동시대인을 대상으로 한 것은 아니지만, 사법적 결정이 내려진 사례가 있다. 어느 목사를 광적으로 숭배하고 스토킹한 62세 부인에 대한 재판에서였다. 메셰데 지방법원은 2005년 4월 부인에게 8개월 금고형 집행유예를 선고했다. 그녀는 4년 동안 하루 최고 19차례의 연애편지나 문자메시지를 보내고 정원에서 춤을 추는 등 피해자에게 끊임없이 접촉을 시도했기 때문이었다.

세상을 떠들썩하게 한 또다른 사건은 2006년 3월 『쥐트도이체차이퉁(SZ)』이 보도했다. 디자이너 질 샌더가 33세 여성으로부터 300차례 이상 괴롭힘을 당했다는 것이다. 판결은 집행유예 없이 1년 3개월 금고형, 그리고 정신치료였다.

추측해 보면, 아이의 엄마 한넬로레 M.은 어떤 식으로든 자기가 숭배하는 대스타의 인생 일부가 되겠다는 상상에 병적으로 집착하는 유형의 여성이었다. 그런 망상 속에서 심지어 하워드 카펜데일과 동침하고 그의 딸을 가졌다고 믿는 것은 충분히 가능한 일이다. 공개적인 소문의 눈사태를 몰아오기에 충분한 환상이었다.

법정에 제출한 내 신청서면은 상당히 길었고, 선서를 대신하는 보증도 최대한 조심스럽게 작성했다. 처분신청은 하루 후에 구두 협상 없이 바로 받아들여졌다. 판사의 결정은 내가 앞으로 언론 관련 전문 변호사로서 활동하는 데 지침이 될 만한 것이었다. 이후 중단 없이 2000년까지 진행된 언론 투쟁 및 법정 투쟁이 시작되었다. 뮌헨 지방법원은 결국 다음과 같은 가처분조치를 통해 소문을 금지했다.

『디 악투엘레』는 문자 그대로나 의미로나 다음과 같은 내용을 주장하거나 유포하는 것을 금지한다.
1. 하워드 카펜데일 씨는 아이 마리아 무라(가명)의 아버지이다.
2. 한넬로레 무라 부인은 결혼 전 하워드 카펜데일 씨와 동거했다.

3. 결혼 직후에도 무라 부인은 카펜데일 씨와 관계를 계속했다. 특히 부인의 가임기에 관계를 가졌다.

4. 하워드 카펜데일 씨는 한넬로레 무라의 부모에게 자신이 오랫동안 무라 부인과 친하게 지냈으며 은밀하게 만나곤 했다고 시인했다.

5. 하워드 카펜데일 씨는 아이 마리아 무라를 꼭 껴안은 적이 있다.

이 판결문만 봐도 벌써, 어떤 소문의 파편들로 인해 핵심 주장("하워드 카펜데일은 내 아이의 아버지다")이 얼마나 믿을 만한 것으로 치장되었는지가 분명해진다.

1~3번 주장은 병적으로 사랑에 빠진 아이 어머니의 편지에서 나왔다. 그러나 나머지 둘은 조부모의 희망어린 기대에 자극받은 저널리즘의 창작물이었다. 하워드와 한넬로레가 은밀한 사이였음을 시사하기 위해 하워드와 아이 사진을 합성해서 양념을 친 언론의 작품이었다. 그렇게 독창적인 수법도 아니었다. 한 여성의 광기는 돈에 굶주리고 센세이션에 목말라하는 어느 언론사 기자들로 하여금 소문의 요리를 휘젓게 만들었다. 사진 합성의 도움으로 사실로 변조돼 『디 악투엘레』에 팔렸던 그런 소문 말이다. 자신이 분명한 아버지라고 나선 쾰른 출신 어느 남성의 고백은 아무렇지도 않게 무시되었다.

『디 악투엘레』는 사법 결정에 반론을 제기했고 1986년 12월 19일 구두 심문이 있었다. 여기서 반론은 각하되었고, 『디 악투엘레』는 다시 항소를 제기했다. 1987년 4월 15일 항소심이 열렸고, 1987년 5월 8일 잡지사는 패소했다.

『디 악투엘레』는 그 이전 1986년 12월 1일자 잡지에서 하워드 카펜데일이 아이 마리아 무라의 아버지라는 (의미에 준한) 주장을 반복했다. 지방법원의 금지명령이 내려진 후의 일이었다. 소문은 물론이고 잡지의 판매부수를 엄청나게 늘리는 데 기여했다. 우리는 『디 악투엘레』에게 가처분조치 위반에 따른 과태료를 부과하라고 법원에 신청했다. 뮌헨 지방법원은 우리 주장을 받아들여 1987년 3월 13일 잡지사에게 7,000마르크의 과태료를 내라고 선고했다. 잡지사는 이에 불복하여 항소를 제기했으나 고등법원은 이를 기각했다.

판사가 보기에 하워드 카펜데일이 아이의 어머니와 한 번도 은밀한 관계를 가진 적이 없음은 자명했다. 두 사람은 카펜데일의 콘서트에서만 스치듯 만난 적이 있을 뿐이었다.

이 소문의 영향을 당시 가수의 아내 클라우디아 카펜데일은 이렇게 묘사했다. "1년 후에 우리 집 앞의 보도에는 붉은색 페인트로 '복수(RACHE)'라는 글씨가 써 있었다."

소문의 공격에 무방비 노출되는 스타들

왜 소문은 그런 식의 비용을 치르게 하는 것일까? 왜 소문은 독자의 주목을 끌고 판매부수를 늘릴까? 이에 대한 답은 부정적인 뉴스들이, 특히 대중의 큰 사랑을 받는 사람들이나 소위 스타들에 대한 (부정적) 뉴스가 대중에게 즐거움을 주기 때문이다.

알다시피 신문과 잡지는 항상 스타들의 소식으로 가득 차 있다. 리얼리티 프로그램 '빅 브라더'나 '디 부르크'에서 카메라 안에 코를 들이미는 사람들은 밤사이에 TV 스타가 된다. 디터 볼렌(독일의 가수 겸 프로듀서 –옮긴이)이나 보리스 베커(독일 출신 전 프로테니스선수 –옮긴이)의 인생 한 시기를 위협했던, 잘 알려지지 않은 여성들은 언론의 비상한 관심을 집중시킨 후 어느 날부터 '스타'라는 꼬리표를 달게 된다.

사실인가 거짓인가? 스타란 어떤 사람인가? 스타를 만드는 것은 무엇인가? 한 가지는 분명하다. 스타라는 꼬리표는, 자신을 둘러싼 무수한 행성들 속에서 반짝이는 별처럼 그렇게 우뚝 솟아 있는 사람에게, 그 찬란한 빛으로 대중의 특별한 관심을 끌어들이는 사람에게 돌아가야 한다는 것이다.

그러나 하늘의 별은 그 크기와 밝기에 의해 등급이 결정되지만, 유명인사를 분류하는 방법에는 눈이나 오성으로 판단할 수 있는 기준이 없다. 스타를 결정하는 것은 업적인가? 아마도 거의 그렇지 않다. 적어도 업적만은 아니다. 그렇지 않다면 봅슬레이 세계챔피언이나 조정 올림픽 금메달리스트 역시 의심의 여지없이 이 범주에 속해야 한다. 스타라는 개념의 일반적인 정의에는 기록보다는 유명세가 작용한다. 많은 사람들이 알고 있는 정도라는 의미에서 유명세는 분명히 스타의 전제조건 중 하나이다.

스타라는 개념의 일상적인 의미를 알기 위해서는 갖가지 인쇄물만 보면 충분하다. 간단히 말해서 스타는 경탄과 숭배의 대상이다. 스타는 추종자를 가지고 있다. 유명한 배우, 진행자, 스포츠 선수들에게 팬이 없다면 그들은 스타가 아니며 특별한 빛을 발산하는 별이 아니다. 추종자가 많을수록 그는 일반적 의미의 스타일 수 있다.

유명한 사람들 중에서도 스타가 되려면 대중성이 필요한데, 그러한 대중성은 측정이 가능하다. 아마도 축구에서는 그러하다. 추종자들에게 숭배를 받는다는 가시적인 증거 중에는 클럽의 팬샵에서 살 수 있는, 축구선수 각각의 운동복이 있다. 예를 들어 FC 바이에른 구단에서 평균 이상으로 '성물'을 잘 파는 선수는 소수에 불과하다.

스타는 아이돌이다. 적어도 스타의 이미지에 동화되기를 바라는 많은 팬들에게는 그렇다. 아이돌(Idol)이라는 단어는 어원학적으로 다음과 같은 의미도 가지고 있다. 고대 로마에서 아이돌은 '우상(偶像)'과 같은 의미였고, 고대 그리스에서는 단순히 '환영(幻影)'이라는 뜻이었다. 사실상 스타들은 때로 우상처럼 숭배받고 찬양된다. 신자인 팬들은 떼지어 스타 주위를 둘러싸며 그들을 '환영'으로 만들고 싶어한다.

스타 숭배의 의미와 전파를 구체적으로 파악하기 위해 두 명의 고명한 학자들이 미국에서 총 600명을 대상으로 설문조사를 실시했다. 린 맥커천과 제임스 후런은 스타들의 일상에서 무엇을 관심 있게 보는지, 얼마나 깊게 관심을 가지고 있는지를 알고자 했다. 질문을 받은 사람 중 3분의 2가 관심이 전혀 없다고 주장했다. 모든 사람들이 그 실험에서 거짓말탐지기를 통과했는지는 알 수 없다. 어쨌든 적어도 3분의 1은 솔직하게 스타들의 사생활과 그들에 관한 모든 것에 호기심을 표했다.

스타에 대한 관심은 사소한 잡담의 소재 찾기부터 병적인 숭배의 형태까지 여러 가지였다. 이 연구는 적어도 거의 10퍼센트의 피설문자들이 스타를 말 그대로 '숭배'했다는 결론에 도달했다. 주의할 것은 그들이 자신이 숭배하는 스타를 한 번도 개인적으로 만나보지 못했다는 점이다. 언론이 생산한 허상(이미지) 때문에 스타는 추종자들에게 그들 각각의 소망, 꿈, 욕망이 투사된 즐거운 형상을 제공해 준다. 팬은 일종의 대안세계에서 자신의 아이돌과 함께 살며 함께 체험한다.

이것을 꼭 부정적으로만 평가해서는 안된다. 한때 우상숭배가 인간에게 버팀목이 되고 방향을 설정케 해준 것처럼 스타 역시 ─ 예컨대 젊은이들에게는 전범(典範)으로서 ─ 인격 형성에 기여할 수 있기 때문이다. 미국 펜실베이니아 대학 인류학자 프란시스코 질 화이트는 이렇게 지적한다. "주목을 많이 받는 사람을 추종하는 것은 당연한 일이다. 명성과 성공은 능력을 나타내는 훌륭한 지표이기 때문이다." 그리고 내가 덧붙여본다면, 그들은 모든 사람이 추구하는 어떤 것을 가진 사람들이다. 그것은 바로 영향력이다.

그러나 예를 들어 어떤 축구선수를 스타로 만들고 그에게 평균 이상의 팬집단을 보장해 주는 것은 객관적 특성뿐만은 아니다. 그것은 '어떤 무엇', 즉 외모, 행동, 스포츠에서의 성과, 아우라, 카리스마, 쿨함, 영리함, 언변 등이 뒤섞인 어떤 것, 간단히 말해 지극히 개인적인 광채 발산이기도 하다. 일반적으로 통용될 수 있는 레시피란 존재하지 않는다.

왜 사람은 흑색소문에 관심이 많은가

왜 스타는 특히 부정적 소문 유포에 적합한 대상인가? 왜 흑색소문은 예를 들어 어느 축구선수 아들이 곧 태어날 것이라는 기쁜 소식보다 더 큰 주목을 받는가?

실제로 핑크빛 소문, 예컨대 결혼이나 약혼 소문처럼 아름답고 긍정적인 정보는 부정적 소문보다 지면에서 더 작은 자리를 차지한다.

커뮤니케이션 학자들은 이에 관해 아주 확실한 근거를 제시한다. 예컨대 사랑받는 스타가 자선활동에 앞장섰다는 소식은 오랫동안 기억에 남아 있지 않는다. 결국 사람들이 기대했던 바와 일치하기 때문이다.

하지만 아이돌에게 어울리지 않는 일(예를 들어 다른 여자에게 아이를 낳게 하고 그 아이를 보살피지 않는 것)은 오랫동안 기억에 남는다. 이런 뉴스는 우상에, 환영에, 이미지에 흠집을 낸다. 그것은 고유한 질서를 위반한다. 즉 존경받는 사람이 가지고 있는 이미지가 손상되는 것이다. 긍정적으로 자리매김한 스타에게 그런 부정적인 뉴스가 발생한다는 사실은 대중을 놀라게 만든다. 따라서 그런 소식은 더욱 강하게 뇌리에 남게 되며 무엇보다 흥미로운 이야깃거리를 제공한다. 사람들의 감정을 자극하는 동시에 각자가 마음대로 해석하고 평가할 것을 요구하기 때문이다.

바로 이것이 하워드 카펜데일 사건을 잘 설명해 준다. 소문을 격리시켜야 한다는 명백한 법적 결정에도 불구하고 소문이 왜 그렇게 오랫동안 살아남았는지를 말이다.

아이의 조부모는 물러서지 않았다. 살해당한 딸의 '유언'을 망상으로 처리할 의향보다 자신들의 소망이 더 컸기 때문이다. 1995년 그들은 바트 크로이츠나흐 지방법원 지원에 다시 쳐들어가 불복을 선언했다.

이번에는 애매한 감정서가 그들에게 도움이 되었다. 법의학 전문가인 빈대학 법의학 연구소 요한 스칠바시 교수는 1995년 11월 21일 제출한 감정서에서 이렇게 증명했다. "요약하건대 모든 유전자 분석을 실행한 근거로 하워드 카펜데일이 아이 마리아 무라의 아버지라는 부녀관계는 배제할 수 없을 뿐만 아니라 높은 가능성을 가지고 있다.

(……) 수학적 계산 결과 99퍼센트의 개연성으로 두 사람은 부녀관계에 해당한다."

그 '과학자' 는 부녀관계 여부를 판단하기 위해 사진들을 자료로 받았다. 그러나 주의할 점은 일반인이 만든 사진이라는 것이다. 물론 그는 과학적인 연구방법에 따른 것이라고 강조했다. "비교연구에 적용할 수 있도록 아마추어 작가가 찍은 사진들을 법인류학적 방법에 따라 규격화해서 확대했다. 세 사람(아이, 어머니, 하워드 카펜데일)을 대상으로 비교한 유전학적·진단의학적 연구결과는 해당 소견서에 기록되어 있다."

감정은 다음과 같은 말에서 더욱 '과학적' 이 된다. "이제 아이와 어머니의 상이한 유전적 특질을 아이 아버지로 추정되는 하워드 카펜데일의 외견과 비교해 보면, 매우 많은 일치점을 찾을 수 있다. 즉 얼굴의 특징, 이마의 특징과 눈 주위의 특징, 그리고 코의 특징이 그렇다. 따라서 아이와 아이의 아버지로 추정되는 사람의 부녀관계는 배제할 수 없을 뿐만 아니라 매우 개연성 있는 일이다."

그럼으로써 소문은 소위 전문가의 확인도장을 받은 셈이 되었다. 한 '전문가' 의 판단만큼 소문에 날개를 달아주는 것은 없다. 전문가의 의견은 특별한 설득력을 가지고 있기 때문이다. 그 전문가는 인간의 인상(골상)이 가진 수수께끼를 풀 수 있는 소수의 사람 중 하나라고 평가받던 터였다. 일반 사람들은 얼굴의 특징을 과학적으로 추론해서 해독할 능력도 어휘도 전혀 가지고 있지 않은 법이다.

논란의 대상을 판단하는 데 있어 과학연구소에 의뢰한 감정은 항상 정당하며 믿을 만한 것으로 간주된다. 그런 감정이 내린 의견과 판단은 압도적인 무게를 갖는다. 전문가들이 어떤 단어를 선택하는가에 따라 소문은 더욱 강력해질 수 있다. 아직 족히 남아 있던 의구심마저도 일단은 콘크리트 담에 부딪힌 듯 튕겨져 나올 정도이다.

실제로 빈대학 교수 요한 스칠바시 박사는 마리아의 조부모로 하여금 얼굴 특징이 일치한다는 감정서를 토대로 새로운 소송을 시도하도록 만들었다.

하지만 감정서에도 불구하고 소송은 각하되었고, 코블렌츠 고등법원에 항소해서 무엇인가를 바꾸어보려는 시도도 실패로 돌아갔다.

소문을 촉진하는 역할, 전문가

거의 끝없어 보이는 카펜데일 스토리를 계속 묘사하기 전에, 여기서 우선 소위 전문가들의 불명예스러운 역할(자신의 의견을 공개함으로써 소문을 촉진하는)에 대한 또다른 예를 들어보기로 하겠다.

2002년 6월 3일, 세계 축구계는 일제히 아시아로 눈을 돌렸다. 월드컵을 위해 독일연방 공격수들이 어떤 준비를 하고 있는지를 다루지 않는 신문사는 한 곳도 없었다. 정치나 경제 분야 뉴스들은 상대적으로 적은 자리를 차지했다. 대표팀 선수들의 움직임 하나하나, 감정 하나하나를 뒤쫓고자 하는 수백만 명의 축구팬들에게는 그러했다. 따라서 정치 뉴스 잡지에게는 여름 불황기 같은 시기였다. 시사프로 '레포르트'도 마찬가지였다.

하지만 사정은 달라질 수 있다. 2002년 6월 3일 독일 축구팬들도 관심을 가질 만한 프로그램이 전파를 탄 후에 그런 일이 일어났다. 예고방송 덕분에 '레포르트'는 이 프로로 꼭 350만 명의 시청자를 붙잡을 수 있었다. 방송의 중심에는 바로 독일 축구 국가대표팀 주치의 밀러볼파트 박사가 있었다.

제작진은 스캔들을 잡았다고 생각했고, 카메라 앞에 서고자 항상 알랑거리는 무수한 전문가들 중 한 명을 골랐다. 불명예스러운 이 전문가의 이름은 식품화학자 우도 폴머였다. 전문가의 의견에 특별한 무게를 실어주기 위해 제작진은 그의 이름 아래 다음과 같은 문구를 넣었다. "유럽 식품과학연구소." 그 분야 몇몇 사람들이 자신있게 설명한 바에 따르면 논란의 여지가 많은 연구소라고 한다.

의미심장한 목소리가 소위 스캔들 보도를 진행했다.

"프로스포츠계 무대의 뒤편에 있지만 모두가 알아보는 얼굴을 가진 남자, 한스 빌헬름 뮐러 볼파트 박사. 약간은 인디언처럼 보이기도 하지만, 오가는 말에 따르면 치유하는 손을 가지고 있다고 하는 남자. 그는 국가대표팀과 FC 바이에른 구단의 주치의입니다."

우선 베켄바우어의 영상과 음성이 나왔다. 기자는 축구황제가 뮐러 볼파트 박사의 노화방지제를 항상 휴대하고 있는지를 질문했다. 옥사노(Oxano)라는 제품 이야기이다.

"명사의 무릎, 정치가의 좌골근육, 또는 운동선수의 척추, 모든 것을 그는 예지의 손으로 치유한다고 합니다. 울리 호네스의 인용 : '그분은 천재입니다.'"

물론 시청자들은 여기서 뮐러 볼파트 박사의 코멘트가 나오기를 기대할지도 모르겠다. 하지만 박사는 국가대표팀과 함께 아시아에 머무르고 있기 때문에 그러지 못했다. '레포르트'의 코멘트는 약간 냉소적이었고 시청자들을 허위 스캔들에 동조하게 만들었다. 시청자는 이어지는 말을 들으며 제작진이 원하는 감정적인 방향으로 조종되었다.

"월드컵 때문에 천재와 인터뷰는 할 수 없음을 이해하시리라 생각합니다. 그 대신에 회사의 이사이며 옥사노 발명가의 변호사가 나옵니다.”

내 이야기이다. 바로 내 의견이 이어졌다.

“모두가 한 목소리로 말하는 것을 보면 알 수 있듯, 옥사노를 쓰면 힘든 상황을 더 오래 견딜 수 있습니다. 때때로 찾아오는 일상의 피로가 훨씬 줄어들며 더 오랫동안 좋은 컨디션을 유지할 수 있습니다.”

전문가는 소문의 ‘진실성’에 도장을 찍는다

그 정도라면 괜찮다. 하지만 이제 과학자들과 전문가들이 등장하지 않을 수 없다. 빈의 보건부 차관 로베르트 보트만 박사가 거기 포함되었다. TV에서 그는 말했다. “비타민 A는 치료의 폭이 상대적으로 작고 따라서 임산부에게 투여했을 때 태아의 기형을 유발할 수 있습니다. 따라서 비타민 A는 의약품으로 사용할 때조차 매우 주의해야 합니다. 가임기의 여성이라면 원래는 복용해서는 안됩니다.”

나는 보트만 박사가 이 말을 실제로 옥사노 제품과 관련해서 한 것인지 확신할 수 없다. 오히려 비타민 A의 과도한 복용에 관한 일반적인 진술처럼 보인다. 하지만 방송의 맥락에서 이 말을 들은 시청자들은 포뮬라사가 생산한 제품을 연상하지 않을 수 없을 것이다.

스캔들의 냄새가 물씬 풍겼다. 치유하는 손을 가진 유명 의사가 혹시 태아의 기형에도 책임이 있는 것은 아닐까?

다음 상황은 더 심각했다. 앞서 말한 식품화학자 폴머가 등장해서 매우 진지하게 말했다. “베타 카로틴이나 비타민 A를 복용하는 흡연가는 그냥 흡연만 하는 사람들에 비해서 폐암 발생률이 증가하며 심근경색의 빈도도 높고 기대수명이 줄어든다는 점을 알 수 있습니다.”

미리 말해두지만, 영양보조식품 옥사노에는 일반 당근보다 더 적은 양의 비타민 A가 함유되어 있다. 전문가의 논리에 따르자면 매일 아침 당근 하나를 갈아서 주스에 섞는 임산부나 흡연가는 밀러 볼파트 알약 소비자들보다 더 위험하게 된다.

다 떠나서 옥사노는 연방연구소의 검사를 — 성공적으로 — 거쳤기 때문에라도 말이 안되는 일이었다. 옥사노는 "아무 문제없다"는 평가를 받았다. 덧붙여 우리는 그때 의학 연구 단계에서 50명을 대상으로 실험도 해보았다. 결과는 비평가들에게도 놀라웠다. 즉 규칙적으로 옥사노를 복용하는 경우 현저한 효과를 측정할 수 있다고 입증된 것이다. 다시 말해서 얼마 후 우리가 옥사노 실험 결과를 자랑스러운 승리로 축하했을 때, 독일에서 완전히 무시할 수 없는 한 뉴스 프로가 잠재적인 건강 손상에 대한 책임을 물은 것이다.

다시 한 번 자세히 들여다보자. 우리는 우리가 알기에 건강을 증진시키는 제품을 개발했고, 그런 후에 저널리스트들은 그것이 독이나 다름없다고 주장한 것이다.

물론 이 뉴스 역시 기억할 만한 가치가 높은 소문이었다. 한편으로는 모두가 존경하고 일부에게는 숭배까지 받는 (스타) 유명 의사에 관한 것이고, 다른 한편으로는 전문가가 부정적인 면을 의미심장하게 확인해 주었기 때문이다.

덧붙여 과학 분야 전문가들이 언제나 절대적인 신뢰를 받을 수만은 없다는 사실은 잡지 『네이처』에서 실시한 여론조사가 잘 보여준다.

7,000명의 생의학 분야 미국 과학자들에게 익명으로 설문조사를 실시한 결과 7분의 1 가량이 (자금 제공자의 압력에 의해) 감정서의 방법론이나 결과물을 변경한 적이 있다고 답했다. 뉴스의 진실성을 믿게 하기 위해 매번 원용되곤 하는 전문가 판단의 실상이 그러하다.

이 소문은 사법의 힘으로 제압해야 했다.

우리 제품 옥사노에 관한 주장은 '레포르트'가 의도했던 효과를 충분히 발휘했다. 약국과 사용자들은 즉시 제품을 멀리했고, 일부 예민한 TV 시청자들은 고소를 제기했으며, 여러 인쇄매체들은 같은 소문을 계속해서 지면에 실었다.

그러나 다행히도 우리는 가처분조치를 얻어내 세상에 떠도는 말도 안되는 소문을 바로 멈출 수 있었다. 함부르크 지방법원은 쥐트베스트 방송국에게 "건강보조식품 옥사노에 포함된 비타민 A에 관한 보도와 관련해서, (……) 그냥 흡연만 하는 사람에 비해 비타민 A를 복용하는 흡연가에게서 폐암 발생률이 높고 심근경색이 일어날 빈도가 높으며 기대수명이 하락한다는 (……) 등의 내용을 주장하거나 유포하는 것"을 금지했다.

그럼에도 불구하고 이 소문의 영향력은 상당했다. 결국 우리는 350만 시청자에게 '레포르트' 방송이 말도 안된다는 사실을 전달할 수단을 찾지 못했다. 유감스럽게도 반대진술 절차란 비생산적이지는 않다 할지라도 지루할 뿐 아니라 비효율적인 법이다. 방송국은 반박문을 제출했고 구두재판이 열렸다. 법정의 결정은 우리가 기대했던 바를 만족시켜 주었다.

이 사건을 들여다보니 마찬가지로 어처구니없었던 다른 소문 하나가 머릿속에 떠오른다. 한때 프랑스에서 족히 10년 이상 회자되었던 소문이다.

레몬즙은 위험한 음료?

1970년대의 일이다. 처음에는 프랑스에, 나중에는 유럽연합의 다른 나라들에 코카콜라, 비터 레몬, 마티니처럼 인기 절정 음료들을 구매 거부하자는 내용의 전단이 뿌려졌다.

내용인즉, 그 음료들은 독약 그 자체라는 것이다. 내용물 중 암을 유발하는 독으로 예를 들어 E 300이 목록에 포함되었다. 전문가들은 웃음을 터뜨렸다. E 330이란 오렌지와 레몬에 함유된 성분으로, 무수한 사람들이 매일 음용하는 저 자연 레몬즙이다. 한편 다른 위험한 성분들은 무해한 것으로 명명되었다. 전단은 프랑스의 어느 암연구센터에서 뿌린 것으로 추정되었다. 센터는 목록 내용에 대해 책임질 것을 거부했다. 하지만 뭔가 달라진 일은 없었다.

전단은 결국 초등학교, 사회시설, 병원과 의학 연구소까지 배포되었다. 명망 있는 암연구센터의 경고라고 생각해서 특히 잘 받아들였을 것이다. 마침내 일부 신문들은 목록을 아무 변경이나 확인 없이 그대로 실었다. 소문은 80년대 중반까지 확실한 것으로 여겨졌다. 오늘날까지도 누가 처음으로 전단을 썼는지 아는 사람이 없다.

하워드 카펜데일에 관한 소문으로 돌아가 보자. 우리측에서는 전문가의 의견을 훌륭하게 반박했지만, 그럼에도 불구하고 소문은 1999년 세번째로 '가열' 되었다.

아이 마리아 무라는 충분히 나이를 먹자 아주 개인적으로 소문에 관심을 가졌고 또다른 소송을 제기했다. 하워드 카펜데일이 자신의 아버지라는 것을 공식적으로 확인받겠다는 목표로 말이다.

여기서도 친자관계에 관한 소문을 공표하면 수익성이 있으리라고 믿은 것은 한 언론사의 추진력이었다. 쾰른 지역신문 『엑스프레스』였다. 『엑스프레스』의 위협적인 일련의 기사들을 우리는 1999년 9월 23일자 베를린 지방법원 가처분조치로 일단 막을 수 있었다. 하지만 소문은 이미 여러 언론으로 완전히 퍼지고 난 후였다. 이번에도 『디 악투엘레』가 끼어들었다. 제목은 "하위(하워드의 애칭), 이제 이 소녀를 껴안아라." 그 아래에는 "가수 카펜데일이 자신의 딸이 되고자 하는 한 여학생에게 마음의 문을 열다" 였다.

적어도 기꺼이 하워드 카펜데일의 딸이 되고자 했던 아이 마리아 무라는 가수로 하여금 법정에서 친자확인 테스트를 받게끔 만들었다. 우리는 다행스럽게도 혈액 채취의 장소와 시간을 비공개로 유지할 수 있었다. 그렇지 않았더라면 떼로 몰려오는 사진기자들의 공세를 막지 못했을 것이다. 1999년 10월 25일 법원에 보낸 우리의 청원서는 이러했다.

"그렇다면 어떤 오해도 없을 것입니다. 카펜데일 씨는 법원의 결정에 의거해서 혈액을 채취할 것입니다. 하지만 그는 지난 몇 주 동안 법원의 혈액 채취 명령을 이용해서 이미 전례 없는 행동을 취한 언론에게, 자신을 미리 심판하도록 만들 새로운 선전의 발판을 제공하기를 원하지 않습니다."

13년 동안의 소문에 종지부를 찍다

법원은 우리 의견을 이해했다. 혈액 채취는 언론을 배제하고 시행될 수 있었다. 친자확인 테스트 결과는 명백했다. 이번에는 법원이 위탁한 감정기관에서 시행했고 어떤 종류의 아마추어 사진도 비교하지 않았으며, 따라서 판타지 성격이 농후한 결론을 끌어내지도 않았다. 이번 DNA 감정의 결과는 이렇게 확정되었다. "하워드 카펜데일 씨는 아이 마리아 무라의 생물학적 아버지에서 확실히 제외될 수 있다."

결국 최종적으로 이 소문을 없애버릴 수 있었다. 하지만 벌떼처럼 윙윙거리며 떠돌아다니는 소리는 여전히 남아 있었다. 법원에서 확정한 공식적 정정에 대해서는 내키지 않은 듯, 보도가 드물었다. 『엑스프레스』는 우리의 정정 요청에 따라 이렇게 보도했다. "우리 조사의 결과에 의하면 『엑스프레스』의 허위 보도는 없었습니다."

하지만 놀랍게도 『디 악투엘레』는 결국 이렇게 인정했다. "하위는 14세 소녀 마리아 무라의 아버지가 아니다. 이는 14년 전 그녀의 어머니가 주장한 바였다. 1986년 그녀는 살해당했지만 소문은 끈질기게 남아 있었다. 따라서 친자확인 테스트가 시행되었고 그 결과는 친자관계를 부정하는 것이었다! 카펜데일 왈, '저는 조금도 걱정하지 않았습니다. 제가 아버지일 수 없다는 사실을 확실히 알고 있었기 때문이죠. 하지만 소문을 잠잠하게 만들기 위해 테스트에 응한 것입니다.'" 물론 기사는 상대적으로 작은 지면만 차지했고, 모든 독자가 이것을 읽었을 리는 없다고 보였다.

13년 동안의 오디세이는 종착역에 도달했다. 이 나라에서 많은 부와 명성을 약속해 줄 경력을 파괴한, 가공할 만한 오디세이였다. 미디어의 총애에 의존하는 한 대중예술가가, 혼외자식의 아버지라는 의혹, 아이의 어머니도 살해당한 마당에 아이를 돌보지 않았다는 의혹에 그렇게 오랫동안 시달린 것이다. 아무리 대중예술가로서 상업적인 고민이 있다 하더라도 그 역시 인간이다. 몇 년 동안이나 아버지임을 거부한다는 소문과 맞서 싸우기를 결코 좋아하지 않는 한 인간이다.

하지만 유명인의 딸이나 아들이 되려는 사람들의 행렬에는 불황이 없다. 2005년 5월 『프랑크푸르터 알게마이네 차이퉁』은 자칭 에딘버러 공작의 아들이라는 귄터 포케라는 남자에 관한 기사를 실었다. "나는 단 한 번만 필립 왕자와 이야기를 나누며 내가 어떤 식의 ─ 죄

송합니다 ─ 개 같은 유년기를 보냈는지를 알리고 싶습니다. 그리고 왜 내게 돌아오지 않았는지 물어보고 싶습니다." 그가 추측한 부자관계의 증거는 비슷한 외모밖에 없었다.

2005년 7월 『쥐트도이체차이퉁』은 몇몇 무법자들의 소식을 보도했다. 그들은 자신들이 20개월 때 유괴된, 선구적인 비행가 찰스 린드버그의 아이라고 주장했다. "린드버그의 아기라는 망상 속에 살아가는 대부분의 사람들은 고아로 자라나서 매혹적인 정체성을 꿈꾸는 불행한 남성이다"라고 기사는 말한다.

소문, 감성 저널리즘의 이상적인 도구

1940년대 소문연구의 대가, 앨포트와 포스트먼은 소문을 "일상 사건들과 연관된 주장으로 대개 사람에서 사람으로 입을 통해 퍼뜨려지고 믿어지는 것"이라고 정의했다. 60년대 이전이라면 소문의 일반적인 생성과 유포 과정에 관해 아마도 꼭 들어맞는 정의일 것이다.

그러나 시대가 바뀌었다. 매체의 편재성, 점점 늘어가는 출현빈도와 다양성으로 인해 대중은 매체를 더욱 대규모로 수용하게 되었고, 게다가 대중매체가 소문의 생성과 유포에 지배적인 역할을 행사하게 되었다. 소문의 기능 스펙트럼은 오래전부터 매체 시스템의 필수불가결한 구성성분이 되었다.

다른 많은 학자들처럼 커뮤니케이션학자 뷜은 오늘날 제공되는 정보의 양이 엄청나게 많아짐으로써 소문 생산이 소홀해지기는커녕 더 활발해지고 있다는 의견을 피력한다.

"철저하게 조직화한 매스컴 체제가 확립됨에 따라 정보의 과잉(내지 또다른 형태의 의도적 위장정보) 상태가 발생한다. 대중매체가 공적인 지식을 독점하려 할수록 사람들은 더 많은 소문을 들을 수 있다고 주장해도 무방할 것이다. 이제 소문은 고전적 구두 커뮤니케이션 형태로 퇴보한 것이 아니다. 또 공식 정보의 부재, 재난과 위기상황에서 비롯한 것도 아니다. 소문은 이제 그 고유한 특성과 그 구성원칙으로 인해, 공식적 입장표명에 결코 과소평가할 수 없는 기여를 함으로써 지구촌 규모의 커뮤니케이션 속에 지속하는 현재성으로 설명되어야 한다."

매체학자 케이 키르히만은 이렇게 결론짓는다. "매체사회와 그 대중매체는 어느 때보다도 소문을 필요로 한다." 이것은 특히 감성을 자극하는 소문을 뜻한다. 왜 그러한가?

대중의 주목을 받으려는 경쟁 속에서 도덕은 점점 더 큰 역할을 하고 있다. 우리는 사실의 객관적 판단을 버리는 대가를 지불하고서라도 도덕을 중시하는 경향이 있다. 사회학자 프랑크 푸레디는 이렇게 묘사한다. "이제 공감이란 감성의 즉각적인 표현이 아니라 도덕적 참여를 요구하는 일종의 도그마가 되었다. 감성적인 정직성이라 칭할 수 있겠다. 반면에 이 감정적 합의에서 이탈하는 행동방식은 사악한 것으로 공격당하고 단죄당하는 경우가 많다."

그에 따라 (구실로 삼은) 도덕적 분노나 도덕적 자기만족, 그리고 슬픔과 질투와 증오 같은 감정의 관리 모두 시청률과 판매부수를 둘러싼 싸움에서 중요한 성공요인이 된다. 입증된 사실의 토대 위에서 소비자들에게 고유하고 독립적인 의견 형성을 가능하게 해주는 매체의 중요한 기능은 대부분의 언론에서 감성 저널리즘의 명령에 의해 약해진다. 감성 저널리즘으로 무장한 편집국이 선과 악을 결정한다.

감성 저널리즘에 더 적합한 도구로 소문, 즉 숨김없는 공론이나 비방만한 것은 없다. 특히 TV 방송은 현실을 모사하는 데 집중하면서 낯선 것 모두를 친숙한 것으로 만든다. 영상은 우리에게 믿음을 강요한다. 모든 걸 떠나서 TV 방송은 우리를 감성적으로 만들 수 있다. 적어도 능수능란한 언어적 배경이 깔리는 경우에는 그러하다.

그에 따른 위험은 분명하다. 소문에 관해서 매체들은 완전한 행동의 자유를 가지고 있다. 매체들은 소문을 무시할 수도 있고 지어낼 수도 있으며, 소문 유포의 속도에 영향을 줄 수도 있다(예를 들어 여러 번 반복함으로써). 뿐만 아니라 효과적으로 소문을 막아낼 수도 있다.

매체가 다루는 효율적인 도구는 어떤 모습일까? 암시, 풍자, 수사학적 질문, 그리고 불명료함이다. 이런 도구들은 그 자체로는 인가도 받지 않은 채 자유로운 (허용된) 의사표명 권리를 내세우며 사용되고, 매체 수용자들로 하여금 어쩔 수 없는 결론에 도달하게 만든다. 모든 저널리스트들이 사용하는 기술은 아니지만 자주 목격할 수 있는 고도의 기술이다.

TV의 진실 호도 능력

연구에 따르면 TV 보도는 진실을 호도할 능력을 특히 더 많이 갖고 있는 것으로 알려졌다. 이것은 영국 허트포드샤이어 대학 심리학자 리처드 와이즈먼이 4만 1,000명을 대상으로 한 실험에서 증명했다. 와이즈먼은 "시청자는 TV의 강한 시각적 자극을 통해 특히 더 그릇된 길로 가기 쉽다"고 『네이처』지에 보고했다. 이 실험에서 TV 시청자, 라디오 청취자와 신문 구독자들은 유명한 정치평론가 로빈 데이 경이 가장 좋아하는 영화에 대해 말한 두 가지 인터뷰를 평가했다.

인터뷰 하나는 진실을 말했고, 두번째는 거짓이었다. TV 시청자의 51.8퍼센트가 거짓을 알아차렸다. 신문 독자는 64.2퍼센트, 라디오 청취자는 심지어 73.4퍼센트가 거짓말을 알아보았다. 결국 TV 영상이 시청자의 눈길을 가장 강력하게 사로잡음을 알 수 있다. 텍스트의 진실성이 올바로 판단되기 어려울 정도로 영상의 매력은 컸다.

이 이론은 1993년 SAT1 방송 보도에서도 확인되었다. 독일 TV 스타 토마스 고트샬크와 독일 출신 할리우드 스타 위르겐 프로흐노프를 사이언톨로지 신자로 둔갑시킨 어처구니없는 보도였다.

1993년 6월 20일 23시 직전에 SAT1 방송국 진행자 크리스티아네 파이스트가 브라운관에 모습을 드러냈다. 시사프로 '아쿠트(Akut)'의 마지막 방송이었다. 근심에 찬 얼굴과 비애가 담긴 목소리로 그녀는 아무것도 모르는 시청자 집단에게 다음과 같이 선포했다. "그는 미디어 분야에 커다란 업적을 남긴 사람이었습니다. 개구쟁이 같은 매력과 미소를 각종 광고에서 찬란하게 발산해 온 사람이었습니다. 하지만 그를 신뢰할 만한 사람으로 만들었던 저 모든 것에서 미소가 사라질지도 모르겠습니다." 이 말에서 시청자는 숨을 멈춘다. 스캔들을 예감한다. 누구에 관한 얘기란 말인가?

토마스 고트샬크와 사이언톨로지의 관계

그렇다면 그 사람마저도! 이제 어떤 식으로든 추측이 가능했다. 고트샬크라면 할리우드와 접촉이 많은 사람이고, 할리우드는 톰 크루즈 같은 사이언톨로지 스타들이 널린 곳 아닌가. 아, 그렇다면 진행자가 고트샬크의 정체를 어떻게 폭로하는지 한번 지켜보자.

우선 사이언톨로지의 간부 목록이 화면에 등장하고, 실제로 거기 고트샬크의 이름이 있었다. "토마스 고트샬크, 작전담당 테탄", 그러니까 사이언톨로지 위계에서 볼 때 지도층에 속한 계급이다.

그러나 그것으로는 충분하지 않다. 그가 30퍼센트의 소유 지분을 행사하고 있는, 그의 회사 브로트&슈필레가 자리하고 있는 뮌헨의 어느 빌딩에 뮌헨 사이언톨로지센터의 사무실이 입주해 있다. 이것은 어떤 증거도 되지 않았지만, TV 편집국의 시각에서는 고트샬크가 사이언톨로지와 가까운 사이라는 강력한 간접증거였다. 그러나 이것으로도 충분하지는 않았다.

신앙을 고백한 사이언톨로지 신자 알 자로, 파블로 뢰리히 등은 한 번씩은 그의 방송에 초대손님으로 나온 적이 있었다. 또 그때마다 특별한 환대를 받았다. 이것으로도 충분하지 않다고? 그렇다면 영화 「마이키 이야기」의 주인공 존 트라볼타와 크리스티 앨리는 모두 커밍아웃한 사이언톨로지 신자인데, 바로 그 영화 독일판 더빙에서 고트샬크는 아기 역할로 목소리를 제공했다. 물론 이것 역시 간접증거이다. 덧붙여 고트샬크와 그의 아내 테아는 얼마 전에 사이언톨로지 신자인 파블로 뢰리히에게서 사진을 찍었다.

의혹을 품게 할 계기가 하나 더 있었다. 영화 「특전 U-보트」에 출연한 독일 출신 할리우드 스타 위르겐 프로흐노프가 화면에 등장했다. 그 사이에 화면 뒤에서 들리는 음성은 그들의 관계를 설명했다.

"고트샬크의 친구들 중에도 사이언톨로지 신자가 있습니다. 영화배우 위르겐 프로흐노프입니다. 프로흐노프에게 보낸 사적인 편지에서 프로흐노프의 아내가 친구들 사이에서 얼마나 열심히 사이언톨로지 전도활동을 했는지가 드러납니다. 아마도 그녀는 토마스 고트샬크 역시 종파에 끌어들였을 것입니다."

그런 얘기였다. 아직도 부족한가? 왜? 간접증거들의 사슬은 빈틈이 없었다. 연방독일 저널리스트들 간의 수사반장격인 구스타프 얀텍은 활활 타오르는 간접증거의 화염 속에 기름을 갖다부었다. "고트샬크, 종파 스캔들" 또는 "화려한 캘리포니아의 태양도 우리의 TV 스타에게는 우울했다" 등의 말이 나왔고, 이어서 의미심장한 헤드라인 질문이 있었다. "고트샬크, 왜 그는 그렇게 부자인가?" 바로 답이 주어졌다. "여기저기에서 돈이 그의 집으로 날아들어 온다. 어디서 무엇 때문에 벌었든, 거기 토미가 있다." 그것으로 충분했다. 그렇게 누군가가 의심스러웠고, 의심스러워야만 했다.

방송이 나간 하루 후에 위르겐 프로흐노프는 약속된 시간에 맞춰 우리 사무실을 찾아왔다. 그는 원래 가르데 호수로 여행가서 느긋하게 휴식을 취하려 했지만 이제 그 대신에 나와 함께 방어전략을 세워야 했다.

이 사건에서도 일단 부작위조치를 통해 소문을 몰아내는 것이 급선무였다. 방송이 나간 지 이틀이 지난 1993년 7월 14일에 벌써 뮌헨 제2지방법원은 우리가 요구한 대로 SAT1 방송국에 대해 가처분조치를 내렸다. 나아가 TV 방송국은 결국 고심 끝에 피해보상을 해주기로 결정했다.

상당한 성과였다. 하지만 이 성과 때문에 곧 내 자신의 생존을 위협할 싹이 자라나고 있었다. 당시 교회제국의 일부였던 SAT1 방송국이

3년 후에 내게 무자비하게 복수한 것이다. 몇몇 TV 기자들은 탐사보도 분야에서 중대한 장을 쓸 수 있다고 생각했다. 축구단 'TSV 1860 뮌헨'의 구단주인, 자유인 기질의 카를 하인츠 빌트모저의 도움으로 그들은 축구방송 '라니시모'에서 축구계에 사이언톨로지가 떠돌아다닌다는 위험한 소문을 퍼뜨렸다. 그들의 파괴적 음모 속에서 공포스러운 사이언톨로지 괴물의 공범자로 수백만 대중 앞에 낙인찍힌 사람이 바로 나였다.

SAT1의 입장에서는 변호사 미하엘 셸레가 '프로호노프의 사이언톨로지 소문'에 맞서 성공을 거뒀다는 사실을 아직 납득하지 못했던 것이다. 아마도 이런 소문이 들끓게 된 데는 1996년 방송국 사장이 프레트 코겔이었다는 점도 한 가지 이유였을 것이다. 프레드 코겔 자신도 사이언톨로지일지 모른다는 나쁜 소문에 시달리고 있었다. 이에 대해서는 뒤에 다시 언급하기로 하겠다. 독일 TV 방송 역사상 가장 파렴치한 행동이었다는 사실만 맛보기로 말해두겠다.

고트샬크, 소문의 생성, 병력 조사

물론 1993년 당시에는 왜 하필이면 SAT1이 고트샬크와 프로호노프의 저격수로 부상했는지가 자명했다. 멍청하고 부주의해서일까 아니면 고의일까? 꿈의 시청률에 도달하려는 소망이었을까? 그리고 언론출판업계의 람보인 『빌트』지 기자 구스타프 얀텍은 왜 이런 종교재판식의 소문을 인쇄매체의 영역에까지 확대할 태세를 갖췄을까?

얀텍은 스스로를 순진한 사람이라고 불렀다. 자신은 오직 '아쿠트' 방송으로 이미 시장에 나온 것만을 지면에 실었을 뿐이라는 것이다. 그렇다면 이것은 『빌트』지와 SAT1 방송국이 합작한 공동 캠페인은 혹시 아니냐고 누군가가 그에게 물었다. 말도 안되는 생각이라고 그는 말했다. 『빌트』지는 SAT1 방송국과 아무 관련도 없다는 것이다. 그렇다면 『빌트』의 모회사 슈프링어 출판사가 당시 SAT1 방송국에 20퍼센트 지분을 확보한 주주였다는 것이 거짓이란 말인가. 방송국의 최대 주주 레오 키르히는 당시 슈프링어 출판사와 함께 이 민영채널 주식의 최소 63퍼센트 이상을 사들인 상태였다.

토마스 고트샬크는 당시 경쟁 상대인 RTL 방송국에서 인기 있는 앵커맨으로 당시 사장인 헬무트 토마의 후원을 받았다. 따라서 이것은 『빌트』와 『빌트 암 존탁』, 그리고 물론 SAT1의 협력으로 RTL의 스타들과 진행자들을 쪼아대려는 체계적인 시도였다. 가능하다면 매체들끼리 멋진 동맹을 결사해서 캠페인을 벌이기 위한 일종의 운지법 연습 같은 것이었다.

SAT1의 편성국장 하인츠 클라우스 메르테스의 항의가 있었다. 그는 이것이 불확실한 소문이며 따라서 유포를 막아야 한다고 주장했다. 그는 이 방송이 "불충분하며 전파를 탈 만한 것이 아니었다"는 점을 인정했다. 메르테스의 사과는 설득력이 있었다. 그는 고트샬크 괴설을 방송 전에 보지 못했기 때문에 방송을 막을 수도 없었다. 아마도 '아쿠트'의 제작진은 복수의 마지막 한 방울까지 남김없이 요리하고자 했던 것 같다. 이것이 SAT1에서 그들의 마지막 방송이었기 때문이다. 메르테스는 고트샬크에게 편지를 보냈다. "시사프로 '아쿠트'의 문자 그대로 마지막 방송에서 당신이 이런 방식으로 논의된 것은, 제가 방송을 재가한 것은 아니지만 유감스러운 일입니다."

그렇다면 어떤 일이 벌어졌을까?

소문은 이름을 가지고 있다

1992년 사이언톨로지에 토마스 고트샬크라는 이름의 회원이 있다는 이야기가 떠돌았다. 이 이야기를 처음으로 조사한 사람은 베를린 도시화보잡지 『프린츠』의 편집장 카를 헤어만이었다. 그는 이 사람이 독일 연예인과 이름이 같은, 스위스에 사는 토마스 고트샬크라는 남자임을 알게 되었다. 헤어만은 개인적으로 이 토마스 코트샬크와 이야기를 나누었고 연예인 토마스 고트샬크와도 대화를 했다. 그런 후에 그는 독일인 고트샬크가 사이언톨로지 신자가 아니라 스위스인 고트샬크가 신자임을 확인했다. 이 일은 독일 저널리스트들에게 이미 알려진 것이었다.

그렇다면 '아쿠트' 제작진은? 그들은 헤어만에게 전화해서 자세한 내용을 알고자 했고, 독일인 토마스 고트샬크는 아무 관련이 없다는 말을 들었다. 헤어만은 독일 연예인에 관해 그런 식으로 의혹을 제기하지 말라고 간절히 충고했다. 그러나 '아쿠트' 제작진은 불만족스러웠다. 결국 그들은 진실이 아니라 이야기를, 소문을 원했던 것이다.

곧 그들은 대담한 정보원을 찾아냈다. 정보원은 당시 사이언톨로지 비판자들 사이에서 특히 존경받고 신뢰를 얻었던 여성으로 감정인 지위를 누릴 정도의, 반쯤은 전문가였다. 바로 레나테 하르트비히였다. 그런 의혹은 그 자체로 명백한 정보요 충분히 이용 가능한 뉴스였다. '아쿠트' 제작진은 토마스 고트샬크의 해명과 공식적 정정을 방송하는 것보다 그녀를 활용하는 편이 더 낫다고 생각했을 것이다.

레나테 하르트비히는 그 시점에서 이미 오래전 일종의 미디어스타가 되어 있었다. 그녀의 책 『사이언톨로지 ― 나는 고발한다』는 얼마 후 전국적으로 선풍을 일으키기도 했다. 사이언톨로지의 정체를 밝혀내고 유행하는 소문을 선전하는 내용의 책이었다. 레나테 하르트비히에 따르면 그녀 자신이 사이언톨로지 살인음모의 표적이었다고 했다. 소문은 그녀에게 엄청난 판매부수를 보장해 주었다. 사실 그런 살인음모는 전혀 존재하지 않는 것이었다. 관청에서도 확인한 것이다.

하르트비히가 주장한, 살인계획에 참여했다고 하는 어느 변호사에게 뮌헨 지방법원은 이 파괴적인 소문에 대한 피해보상금으로 3만 마르크를 인정했다. 고등법원 항소심 역시 마찬가지였다. 심지어는 사이언톨로지 사냥꾼 하르트비히 자신도 아마 살인계획이라는 주장이 얼마나 근거 없는 이야기인지를 알고 있었을 것이다.

얼마 후 1993년에 나는 명예훼손의 여왕인 이 레나테 하르트비히의 소문과 고발의 벤치에 직접 앉게 되었다. 이 이야기에는 한 장을 독립적으로 투자할 가치가 있다. 내가 개인적으로 당한 일이어서가 아니라 정규교육을 받은 법률가를 포함해서 모든 사람이 야비한 소문에 얼마나 무기력하게 방치될 수 있는지를 잘 조명해 주는 사례이기 때문이다. 덧붙여 내가 겪은 이야기는 소문을 반박하는 것이 얼마나 어려운지를 입증해 준다. 때로 소문을 반박하는 것은 불가능해 보일 정도로 어렵다.

4장

음모론,
소문의 자매

왜 소수는 이상적인 희생양이 되어 음모라는 판타지를 자극하고
주변을 위험한 의혹의 분위기로 몰아갈 수 있는가?

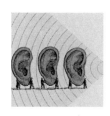

음모론의 탄생

1992년 6월, 사무실에는 활기가 넘쳤다. 우리는 주로 언론 관련 소송에 매진했고 그 사이에 직원이 12명으로 늘어났다. 전 경제협력부 장관이자 기사당 부의장 위르겐 바른케 박사도 함께 일하게 되었다. 5월에는 섭정극장에서의 리셉션과 독일연방재판소의 판사 요헨 슈테판의 환영연설로 이를 자축했다. 연설의 주제는 언론자유의 한계였다.

1992년 6월 1일 월요일에 나는 뮌헨경찰청에서 일하는 심리학자이며 페어프레스 창립부터 우리의 고문 역할을 했던 게오르크 지버의 전화를 받았다.

"한 가지 도와주실 일이 있습니다." 그는 급하게 본론으로 들어갔다.

"말해보세요." 나는 기꺼이 돕고 싶었다. 그는 페어프레스 고문단에서 특별히 건설적인 역할을 했을 뿐 아니라 사려깊고 영리한 전략가였다.

"사이언톨로지에 대해 뭔가 들어본 게 있습니까?" 긴장이 풀린 듯한 목소리는 환자의 영혼을 분석하는 심리학자의 어조처럼 묘하게 들렸다.

"아, 물론이죠. 신문에서 자주 보지요. 왜 그런 걸 물으십니까? 당신하고 무슨 관련이 있습니까?" 주제가 주제이니만큼 나는 적잖이 당황했다. 하지만 게오르크 지버처럼 똑똑한 사람이 사이언톨로지 신자일 리는 없다고 생각했다.

"그러니까, 이게 무슨 일인지 빨리 알아내려고 노력하는 중입니다." 그는 분명한 목소리로 말을 계속했다. 그리고 나서 내게 함부르크의 한 가족 이야기를 했다. 몇 명의 아이가 있고, 자영업을 하며 중간 정도의 수입을 가진 그는 종파의 회원이라고 공공연하게 실명이 알려진 후 집과 은행계좌의 해약을 통보받았다고 한다.

"말이 안되지 않아요? 이걸 그냥 내버려둬도 됩니까?" 게오르크는 화가 난 게 분명했다.

"그런데 당신과 무슨 상관이 있습니까?"

"아무 상관없어요. 그 자체로는 아무것도요. 하지만 내가 아는 사람 중에 이 가족을 아는 여성이 있어요. 그녀가 그 사람들을 도와주고 싶어해요, 그래서 내 생각에는 당신이 언론법의 전문가니까, 당신이……."

나는 그의 말을 끊었다. "게오르크, 무엇이 옳고 무엇이 그른지를 떠나서 우리는 할 수가 없어요." 내 선입견은 확고해서 이야기를 듣고 싶지도 않았다.

"하지만 그 여성의 이야기를 한 번만 들어줄 수는 있겠죠? 상담 약속만이라도? 그녀에게 충고 정도는 해줄 수 있잖아요?"

물론 이 청까지 거절할 수는 없었다. 게오르크에게만은. 그 여성이 내 진을 빼어놓지는 않으리라. "그래 좋아요. 오순절 후에. 6월 10일 11시에 이야기합시다."

게오르크는 마음을 놓았고 고마움을 표시했다. 실제로 그 여성, 게르트루트 벨바 부인(가명)은 11시 정각에 내 사무실에 나타났다. 운명적인 첫번째 만남이었다. 성령은 이틀 전인 오순절 월요일에 나를 버리고 떠나간 것이 틀림없다. 물론 이날 내가 내린 결정이 옳지 않았다고는 단 한순간도 생각하지 않는다. 정말 아니다. 14년이 지난 지금도 나는 그때의 결정이 윤리적으로나 도덕적으로 옳은 것이었다고 확신한다. 하지만 당시 내가 파국적인 결과를 암시적으로나마 한 번쯤이라도 예상할 수 있었다면 결정은 다른 식으로 내려졌을지도 모른다. 누군가 내게, 언젠가 가족이 위험에 빠지고 경찰의 보호가 필요하며 내 우편함에 배설물이나 기타 쓰레기가 도착할지 모른다고 경고해 주었다면 나는 결단코 그냥 정보를 주는 대화만 했을 것이다.

"들으셨죠? 함부르크에 사는 이 가족은 제 좋은 친구예요." 그녀는 내게 설명했다.

그녀가 그들을 기꺼이 돕고자 한 동기는 존경할 만했다. 그렇다면 나는 왜 그녀에게 특별히 정중하지 못했을까? 대화는 거의 두 시간이나 계속되었고, 이 정보들은 두 가지 이유에서 내 마음을 움직였다. 한 가지는 가족이 맞닥뜨린 부당함의 악취가 하늘까지 풍겼기 때문이다. 참여적인 변호사로서, 당시 적어도 6년 전부터 항상, 1990년 이후로는 특별히 자주, 인권보호에 힘써왔던 변호사로서 그것은 센세이셔널한 사건이었다. 특히 불쌍한 가장에게 닥친 사건을 두고 본다면 말이다. 그에게 닥친 일은 생존을 파괴하는 것 그 자체였다.

그 시대에는 물론 중립성을 표명하는 것만으로도 나 자신 역시 거기 소속이라는 의혹을 한몸에 받기에 충분했다. 당시는 말로 표현할 수 없는 사이언톨로지 히스테리가 지배하던 시대였다. 인정하지만 나 자신 역시 감염되었던 히스테리였다. 이 종파에 대해 내가 읽고 들었던 모든 것을 생각하면 머리칼이 곤두설 정도였다. 물론 그것은 불충분한 지식일 뿐이었다. 구체적인 지식이라기보다는 애매모호한 견해였다. 그러나 의심을 가지기에는 충분했다. 종교 때문에 더 이상 실명으로 사회활동을 하지 못하게 된 착한 가장을 의뢰인으로 받아들이는 데 대한 의심 말이다.

당시 상대는 『북(北)엘베 교회신문』이었다. 그러나 본질적인 상대는 역시 레나테 하르트비히였다. 그녀는 당시 주로 무대 뒤에서 활동했지만 나중에는 점점 더 사이언톨로지 사냥계의 잔다르크로 발전해 갔다. 처음에는 교회 대표자들과 매체들이 모두 그녀를 떠받들었지만 결국 그녀는 모두에게 거짓말쟁이로 폭로되고 말았다. 훨씬 나중에야, 몇 년 후 그녀가 낳은 재앙을 더 이상 복구할 수 없게 된 후에야 말이다. 그러나 말했듯이, 1992년 6월 10일 당시에는 아무것도 예측할 수 없었다.

"벨바 부인, 제가 당신 친구를 도울 수 있을 것 같습니다. 하지만 이런 경우에는 제가 사이언톨로지 역시 하나의 종교라는 논거를 정당하게 관철할 수 있을 때에만 의뢰인을 받아들일 수 있습니다. 그렇지만 저는 그런 논의에 연루되고 싶지 않습니다. 인권이라는 토대 위에서 그 사람이 요구하는 익명성을 우리가 끝까지 관철할 수 있다면, 그 논거로 사적인 영역을 지켜낼 것이라는 전망이 존재한다면, 그렇다면 저는 함께 할 것이고 당신들을 도울 것입니다. 우선은 이 방 안에서 상담을 해보아야 합니다."

벨바 부인의 얼굴은 기쁨으로 가득 찼다. 부인은 40대 초반으로 사려깊고 자비심 많으며 믿음을 주는, 가톨릭 신자인 주부였다. 언제나 매력적인 미소를 머금고 때로는 대화가 흘러감에 따라 쉽게 감상적이 되기도 했다.

그녀는 오후 1시 무렵 내 사무실을 떠났고, 나는 이 사건과 관련해서 처음으로 동료들과 회의를 했다.

우리는 매우 빨리 의견일치를 보았다. 막스플랑크연구소 전문가의 감정을 받자는 내 제안은 파트너들의 동의를 얻었다. 우리는 사이언톨로지의 '종교로서의 질'을 논의하지 않고 재판을 이끌어갈 수 있는지, 무엇보다 승소할 수 있는지에 대해 다른 의견을 얻고자 했다.

"개인적으로 우리가 기본법 4조를 증거로 제시할 필요는 없다고 확신합니다. 중요한 것은 개인의 정보에 관한 자결권, 다시 말해 인권입니다. 사생활, 즉 사적 영역의 세세한 부분을 공개하는 것을 원하지 않는 사람이라면 당연히 신상에 대한 비밀은 지켜져야 합니다." 내 동업 파트너이며 마찬가지로 의사표현과 언론 관련 전문가인 칠케 박사는 명백히 같은 생각이었다. 하지만 다른 동료는 반대의견을 냈다. 저작권법 분야를 담당하는 그 동료의 반대는 일리가 있었다. "그러나 현재 가열되고 있는 반(反)사이언톨로지 정서를 생각해 보아야 합니다. 우리가 사이언톨로지를 옹호한다고 다른 의뢰인들이 비난할 수도 있다는 점을 잊어서는 안됩니다."

내 머릿속에서도 이미 스쳐갔던 논거였다. "무시할 수 없는 위험요인이라고 생각합니다. 일단은 부작위판결을 얻어내는 것만이 문제입니다. 거의 예외 없이 함부르크에서 받을 수 있을 것입니다. 지역을 초월하는 매체의 문제이기 때문이죠. 그런 다음 허락되지 않은 행위를 했다는 혐의로 거기서 소송을 걸 수 있습니다. 그것도 현지 우리 동료들과 함께 말입니다." 이렇게 해서 회의가 끝났다.

신상공개, 그리고 소문과 편견

바로 몇 달 전인 1992년 2월, 나는 TV 프로그램 '찬성 혹은 반대'에서 전투적인 동성애자인 로자 폰 프라운하임과 신상공개에 관한 토론을 벌여 꽤 만족스러운 결과를 얻었다. 물론 사이언톨로지에 관한 이야기는 아니었다. 프라운하임과 같은 사람이 다른 사람의 (추측상) 성적인 취향(혹은 기질)을 묻지도 않고 과격하게 공개할 수 있는지 아닌지가 주제였다. 항상 그렇듯이 진행자 엘리츠는 이 방송에서도 TV 시청자에게 방송 전과 후 설문조사를 했다.

당신은 커밍아웃에 찬성하십니까, 아니면 반대하십니까? 그는 시청자들에게 물었다. 방송 전 투표 결과는 찬성 26.9퍼센트, 반대 73.1퍼센트였다.

나는 물론 반대파의 변호사로 토론에 참여했다. 방송 후에는 우리의 논거가 현저한 득표율 상승을 얻어냈다. 적어도 2만 8,651명이 전화를 했고 결과는 찬성 15.5퍼센트, 반대 84.5퍼센트였다.

우리가 득표율 상승을 거둔 이유는 분명히 프라운하임이 역겨운 모습을 보여준 덕분이었다. 그는 모든 동성애자를 가리켜 동성연애를 사회적으로 인정받기 위해 행동할 각오가 없는 '해충'이라고 표현했다. 더욱이 그는 총리 헬무트 슈미트(그는 당시 49세로 부인 로키와 결혼했다)와 괴츠 게오르크가 양성애자라는 소문을 들춰내며 결국 스스로를 오프사이드로 몰아갔다. 슈미트 총리는 즉각 '허튼소리'라고 격분했다. 그후에 로자 프라운하임은 몇 년 동안 TV 브라운관에서 자취를 감추었다. 그것도 모든 채널에서. 그의 주장들은 어디선가 들어본 이야기, 즉 소문에 불과했다.

이런 종류의 소문 중에서, 파멸적이고 돌이킬 수 없는 소문의 결과를 잘 보여주는 또다른 예가 있다. 이 소문은 그것을 기억하고 있는 모든 신문들에게 똑같은 이름을 연상하게 만들 것이다. 귄터 키슬링(Günter Kiessling)이라는 이름을. 그는 자신이 동성애자라는 말을 얼마나 많이 들었을까? 당시 4성 장군이자 유럽동맹군 최고사령관 대행이며 독일 나토군 최고 직급을 가지고 있던 귄터 키슬링은 오래전에 명예를 회복했다. 하지만 그가 '은퇴'한 지 22년이 지나도록, 또 그가 복권된 지 21년이 지나도록 소문은 여전히 갖가지 형태로 떠돌고 있다.

나는 '소문과 명예훼손'에 관한 주제로 진행된 한 TV 프로그램에서 귄터 키슬링에 대해 알게 되었다. 그의 이야기를 이 자리에서 짧게 설명하겠다. 소문의 지속성과 영향력에 대한 훌륭한 사례이기 때문이다.

1983년 귄터 키슬링이 동성애자이며 유명한 게이클럽에 출몰한다는 뉴스가 등장했다. '카페 뷔스텐'과 디스코장 '탐탐'은 밤사이에 세계적으로 유명해졌다.

여러 신문들이 외설스러운 디테일들을 낱낱이 보도했고 수상한 증언들을 옮겼다. 당시 연방국방장관 만프레트 뵈르너(기민당)는 키슬링 장군 때문에 안보에 문제가 생길 수 있다고 판단해 형식을 갖추지 않은 채 그를 해임했다.

마침내 1983년 12월 23일 키슬링은 며칠 후인 31일부로 이른 퇴역을 하기로 결정되었다. 그 사이에 소위 장군의 사생활에서 점점 더 많은 새로운 사실들이 폭로되고 공개되었다.

키슬링은 외국 정보기관의 음모라고 추정했다. 의도적으로 의혹이 뿌려지고 증거가 팔려나간 것이라고 짐작했다.

해임된 장군은 서면이나 인터뷰를 통해서 점점 더 강력하게 자신을 변호했다. 그리고 점차적으로 사실이 밝혀졌다. 1984년 1월 국방장관은 더 이상 입증이 곤란한 상태에 빠졌다.

분명히 국방장관은 몇몇 미국 장교들의 암시에 의해 생겨난 군부 내의 소문을 맹목적으로 신뢰했던 것이다. 언론은 이 소문의 냄비에 자신들의 추측을 첨가했다. 키슬링 장군 사건은 이제 뵈르너 장관 사건이 되었다. 뵈르너는 다시 장군을 임용하고 그에게 명예회복 선언을 내려야만 했다. 그러지 않아도 연금생활을 목전에 두고 있던 장군은 원래 계획되었던 시점인 1984년 3월에 군악대의 연주와 함께 군에 작별을 고했다.

왜 사람들은 그를 의심했을까? 어떻게 그런 터무니없는 주장이, 소문이 생겨날 수 있었을까? 상투적인 답변은 이렇다. 귄터 키슬링과 혼동될 만큼 닮아 보였던 사람이 있었으리라는 것이다. 일종의 도플갱어가 존재했다는 것이다. 1985년 우도 뢰벨이라는 저널리스트가 밝혀낸 사실이다.

한편 헬무트 콜 총리는 국방장관 뵈르너를 해임하지 않았다. 소문을 퍼뜨려서 사건에 연루된 병사들은 1985년 승진하기까지 했다. 키슬링 사태와 관련한 그들의 진술은 반박할 수 없는 증거처럼 취급되었다.

다시 로자 폰 프라운하임 사건과 TV 프로그램 '찬성 혹은 반대' 사건으로 돌아가 보자.

시청자 투표결과는 일반적인 연방독일 시민이 개인의 의사에 반해서 사적인 사항을 여론에 찢어발기는 것을 불쾌하게 생각한다는 간접 증거였다. 법적인 논거와 상관없이, 사적인 부분은 그냥 내버려두어야 한다는 명백한 욕구요, 매우 건전한 본능으로 보인다. 인간의 존엄성을 수호하기 위한, 확실한 우선원칙인 것이다.

신상공개와 소문은 법적으로 금지되었다

TV 방송이 있은 지 4개월 후에 우리는 함부르크 부부가 신청한 사이언톨로지 신상공개 사건에서 기대했던 지지 의견을 얻었다.

막스플랑크연구소 동료가 우리의 법적 입장을 인정해 주었다. 신상공개에 관한 법적인 절차를 진행할 때, 사이언톨로지가 종교에 관한 문제인지 아닌지는 일단 무시해도 된다는 것이다. 그 동안 우리에게는 슈투트가르트 고등법원의 판결이 도착했다. 함부르크 부부의 경우와 유사한 사건에 관한 판결이었다. 판결은 어떤 사람이 사이언톨로지 신자라고 공개적으로 언급하는 것이 부당함을 고지했다. 슈투트가르트 고등법원 판사들은 이와 같은 신상공개를 "인권을 불법 침해한 것"이라 표현했다.

아이 5명의 아버지이자 130명의 직원을 거느린 기업가인 45세의 우리 의뢰인을 내가 처음으로 만난 것은 1992년 6월 29일이었다. 그는 문제가 된 『북엘베 교회신문』의 기사를 오려서 우리 사무실을 방문했다.

　기사에는 분명히 우리 의뢰인과 그 아내가 사이언톨로지 신자로 공개되어 있었다. 부인에 대해서는 (의미에 따라 해석해 보면) 그녀가 여러 발도르프 유치원에 사이언톨로지를 침투시키려 했다는 말이 추가되어 있었다.

　전형적인 출처와 전형적인 전개과정을 가진 전형적인 소문이다. 원인은 기존 사이언톨로지 신자가 내뱉은 사실 주장이었다. 사이언톨로지 침투라는 소문의 원인이 되는 또다른 전제조건은 선입견이었다. 이 종파에 속한 신자들은 알지 못하는 사이에 권력, 영향력, 그리고 결정적 지위를 얻고자 한다는(심지어는 유치원에서까지) 선입견 말이다. 우리 의뢰인의 아이들은 발도르프 유치원을 다녔기 때문에, 교회 신문의 관점에서 보았을 때 추론은 당연한 것이었다. 그렇게 해서 소문이 생겨났고, 더욱이 음모론으로 유통되기 시작한 것이다.

　이것은 내가 처음으로 사이언톨로지 침투이론을 접한 사건이었고, 유감스럽게도 마지막 사건은 아니었다. 다른 수많은 사건들처럼 여기서도 신상공개에서 소문으로 이르는 길은 그리 오래 걸리지 않았다. 사실의 공개적 폭로는 침투소문의 탈을 쓰고 합법적인 승인과 정당성을 찾기 위해 애쓴다. 사이언톨로지 신자라는 신분은 소문 유포의 희생양이 되기에 매우 이상적이었다. 일반적으로 소문이 설득력 있게 유포되려면 희생양의 존재가 큰 도움이 되는 법이다.

　우리가 신청했던 함부르크 지방법원의 가처분조치는 구두 심문 없이 곧바로 내려졌다. 『북엘베교회 신문』에게는 우리 의뢰인들이 사이언톨로지 신자라는 내용을 유포하는 것이 금지되었다. 특히 발도르프 유치원에 "사이언톨로지가 침투한다"는 소문은 제거되었다. 기독교

신문의 편집자들은 이에 만족하지 못하고 불복신청을 했지만 기각되었다. 서면 판결에서 판사들은 아주 분명하게 언급했다.

"신문기사는 원고의 보편적인 인권을 침해한다. 이런 맥락에서 기본법 4조(종교의 자유)는 아무 상관이 없다. 오직 결정적인 것은, 원고가 사이언톨로지 신자인지 아닌지의 문제가 우선 원고의 사적 영역에 속한다는 점이다. 사적 영역이란 그가 허락하는 한에만 다른 사람이 들어갈 수 있는 영역을 말한다. 어떤 단체의 가입 여부 역시 이에 속한다. 그리고 독일 사이언톨로지교는 정식으로 등록된 단체이다."

물론 이 판결은 우리의 견해를 인정해 준 것이었다. 부작위 요청을 관철하기 위해서 우리는 종교자유에 관한 논의라는 빙판길을 걸어갈 필요가 없었다.

그러나 내 두 의뢰인과의 토론과 소송절차는 내게 새로운 깨달음을 가져다주었다. 사이언톨로지 비판자들(나 역시 항상 거기 포함되어 있다고 생각한다)의 관점에서 보았을 때 사이언톨로지 가입 여부에 관한 신상공개는 절대적으로 비생산적이다. 기독교 관계자와 일반 사이언톨로지 비판가들의 분명한 목표는, 감언이설에 의해서건 설득작업에 의해서건 언제나 '사이언톨로지 손아귀에 잡혀 있는' 인간을 돕는 일이기 때문이다.

그러기 위해서 합법적이면서도 실행 가능한 방법은, 형이상학적 토론을 통해 사이언톨로지 가입이 불러올 수 있는 위험을 밝히는 것이다. 반면 공개적으로 신상을 공개하는 것은 신자들을 도망갈 수 없는 구석으로 몰아가는 일이나 다름없다. 그들이 보호와 이해를 기대할 수 있는 곳으로. 그들은, 어렵지 않게 추론할 수 있을 뿐만 아니라 경험적으로도 입증되었듯이, 사람들이 그렇게 혐오하는 저 사이언톨로지교에 더 천착하게 된다.

따라서 레나테 하르트비히와 같은 사이언톨로지 사냥꾼이 하듯이 전쟁을 벌이고 단순히 유혹당한 회원들의 신상을 끝없이 공개하는 것은 사이언톨로지를 약하게 만들기보다는 오히려 강화하는 결과를 초래한다.

언제나 그렇다. 내 개인적으로 이 소송의 승리는 종말의 시작이었다. 그것도 완전무결하게 지켜온 명성의 종말이 시작되었다. 이후 24개월 동안 우리 사무실은, 직접적으로나 간접적으로, 사이언톨로지와 관련된 소송을 100건 이상 진행했다. 완전히 과열된 반(反)사이언톨로지 분위기 속에서 다음 판결들은 사이언톨로지 인권 인정과 신상공개 금지에 점점 더 유보적이 되어갔다.

연방의회가 도입한 한 앙케트위원회는 사이언톨로지를 전면적으로 다루었다. 또 위원회는 비교적 적은 수의 신자 '부대'의 음모에 관한 수많은 공개적 소문과 추측성 주장을 논의했다. 이 위원회가 준 인상 때문에 법원들은 점점 더 언론의 자유, 즉 정보의 자유를 개인의 인권보다 더 높이 평가하는 경향을 보였다.

판결에서 명백한 선회현상을 일으킨 토대는 사법적 눈속임으로, 조악한 동시에 객관적으로도 거짓이었다. 때로는 배후에서, 때로는 전면에서 추진력을 보인 사람은 놀라운 능력을 가진 슈바벤 지역 주부 레나테 하르트비히였다.

단순 신자가 소위 종파의 톱니장치에서 중추적 역할을 하는 핵심 인물로 변모했다. 여론과 법원 판결 모두에서 그러했다. 예를 들어 사이언톨로지를 위해 10만 유로를 쓴 사람은 비판자들이 해석하기에는 사이언톨로지 상부에 속하며, 언론과 법원의 눈으로 보면 마치 간부 역할을 하는 사람이다.

재앙과 같은 결과를 예고하는 흐름이었다. 이런 만성적이고 정신적인 환경공해는 공정한 토론을 더 이상 허용하지 않았다. 적어도 공정성이 드러나는 토론은 드물었다. 상호간의 의혹, 이것은 악질적인 소문이 자라나기에 가장 좋은 자양분인 것이다. 이런 의혹과 소문에 의해 토마스 고트샬크, 위르겐 프로흐노프 같은 사람들 역시 ─ 당연히 ─ 무사히 살아남을 수 없었다. 이런 분위기에서 유명한 재즈피아니스트 칙 코리아도 미국 사이언톨로지교의 회원이라는 이유로 더 이상 독일연방공화국에서 공연할 수 없게 되었다. 비슷한 사건들이 계속 발생하자 심지어는 독일 정부와 미국 외교부 사이에 긴장감이 감돌 정도였다.

사이언톨로지 히스테리의 불명예스러운 최고 절정은 1993년이었다. 우선 토마스 고트샬크와 내 의뢰인 위르겐 프로흐노프가 소위 사이언톨로지 신자로서 '고발' 당했고, 10월에는 내 파트너 위르겐 바른케 박사(전 기사당 부총재이자 연방장관), 안드레아스 칠케 박사와 내 자신이 사이언톨로지 침투욕망의 하수인으로 공개비난을 받았다. 그것도 하필이면 ARD 방송국 프로그램 '레포르트 뮌헨'의 친(親)기사당 제작진에 의해서이다.

기사당은 당시 대개혁 중이었다. 신문기사를 그대로 따르자면, 거기에는 두 진영, 즉 슈토이버 진영과 바이겔 진영이 있었다. 막스 슈트라이블 총리의 후계를 두고 두 진영 간에 논란이 생겨났다. 우리 파트너 바른케 박사는 바이겔 박사의 진영에 속해 있었다. 그러나 아마도 이것 역시 소문에 불과했을 것이다.

어쨌든 방송에서는 우리 세 명의 사이언톨로지 "조력자" 들이 "사이언톨로지 세계제국으로 가는 길"을 모색하며 "양심의 가책"도 없이 활동한다는 주장이 제기되었다. 우리는 알바니아 공화국에 사이언톨로지를 침투시키는 데 관여했다는 의혹을 받았다. 고전적인 음모론이다.

기사당 부총재이자 테오 바이겔의 '지지자' 바른케 박사에 대한 '레포르트' 방송의 공격에는 기사당에서 마키아벨리 같은 존재인 에리히 리들 박사의 말과 영상이 함께 했다. 방송이 전파를 탄 직후 바른케 박사는 내각에서뿐만 아니라 기사당 지도부 내에서도 자리를 내놓아야 했다. 방송은 우리 모두의 명예를 심각하게 훼손시켰다. 최종심급인 바이에른 헌법재판소에서 결국 오해를 해명하는 반대진술을 방송해야 한다는 결정을 내렸다. 물론 우리는 살해 협박과 가택수색을 이미 숱하게 경험한 후였다. '레포르트 뮌헨'의 소문에 대한 1993년 10월 30일자 『쥐트도이체차이퉁』의 코멘트 기사는, 비판을 받아야 마땅한 TV 방송을 더 적절하다 할 수 없을 정도로 뛰어나게 분석했다.

비록 모든 상황이 최악으로 치닫는다 하더라도, 이 나라는 적어도 다른 사람들의 명예를 밟고 돌아다니는 기술만은 완전하게 습득할 것이다.

TV에서는 보도가 성공할 기회가 특별히 많다. 한 예가 있다. 10월 18일 '레포르트 뮌헨'은 사이언톨로지교에 관한 프로그램을 방송했다. 이번에는 이 단체 신자들이 사이언톨로지교를 알바니아 안에 깊숙이 침투시키려고 모색하고 있다는(완곡하게 표현해서 논쟁의 여지없이 매우 의심스러운) 주장에 대해서이다. 프로젝트안 A는, 방송에서 말했듯이 그곳에 "사이언톨로지 국가를 설립한다"는 목표로 가능한 모든 분야에 교회가 관여하고자 한다는 개요였다. 그렇다면 흥미로운 일이 아닐 수 없다. 취재 수단 역시 흥미롭다. 영상은 마치 사이언톨로지 신자들(덧붙여 말하자면 미국 세무서는 이들에게 공익 종교집단의 지위를 부여했다)에 의해 세계가 점령될 큰 위기가 다가온다는 느낌을 조장했다. 재앙을 암시하는 듯한 음악, 거기다 활활 타오르는 "사이언톨로지 초원의 불길"이 등장했다, "악몽"이 "현실"로 되었다는 등의 해설자의 코멘트가 이어졌다. 제작진이, 악몽이 의인화한 모습으로 상상한 것은 티라나에 호텔을 지으려 하는 H씨이다(H는 지난해 사이언톨로지 신자로 공개되어 그후 독일 내 철강회사를 매각했다).

'레포르트 뮌헨'은 모든 것을 무자비하게 들춰낸다. 우연히 이 팀은 H씨를 티라나 공항에서 만나 이해할 수 없게도 그가 "뒷모습만 찍기를 원한다"는 것을 알아낸다. 더 심한 것은 H씨 회사 직원들이 레포르트 팀을 내버려두지 않겠다고 한 것이다. "H씨는 여론을 기피하는 것 같다"고 방송은 언급한다. 그가 국립도서관에 다량의 사이언톨로지 도서를 기증했고 알바니아인 두 명을 영국으로 유학가게 해주었다는 사실을 제외하면 그에 대해 특별히 해로운 사실이 밝혀지지는 않았다.

그렇다면 정상이다. 물론 사이언톨로지가 동유럽으로 활동무대를 옮긴다면 보도할 만한 가치가 없는 것은 아니다. 또 사람들이 카메라에 잡히기를 원하지 않는다는 이유로 의혹이 있다고 생각한다면 말이다. 이제 특히 의심이 가는 것은 물론 뮌헨의 몇몇 변호사들, 즉 '셸레, 바른케와 파트너들'이라는 변호사 사무실이다. 그들은 이미 서두 자막에서 "사이언톨로지가 세계제국으로 가는 길"에 도움을 주는 사람들로 고지되었고 결론 부분에서는 양심의 가책도 없는 인간으로 묘사되었다. 그러나 무엇이 변호사들을 후안무치한 인간으로 만들었을까? 그들은 종교를 폭로하는 것이 적법한가라는, 적어도 논의할 만한 질문에서 H씨를 대변했다. 그리고 셀레 변호사가 알바니아 인권문제의 전문가이기 때문에 H씨를 위해 알바니아 호텔 건설 조건에 관해 감정서를 작성했다. 이 감정서가 사이언톨로지와 큰 관계가 있다면 변호사들이 이 의심스러운 교단과 그들의 계획에 모종의 관계를 가지고 있다는 이야기인데, 사실은 전혀 그렇지 않다. 예컨대 어떤 변호사가 아동성폭행자를 변호한다고 해서 그가 아동성폭행자는 아니다.

그러나 법치국가 독일에서 이 같은 평범한 진리가 통용되지 않고 있으며, 저널리스트들은 예의범절을 준수하지도 않는다. '레포르트'는 방송 5일 전에 셀레 사무실에 네 가지 질문을 담은 팩스를 보냈다. 그 질문에 대해 변호사는 신중하게 답변했다. 셀레 변호사는 말을 아낌으로써 부담을 덜 수 있었을 텐데 그러지 않았다. 당연히 그는 카메라에 '문을 열었고', 마침내 피고의 항의가 있다고 해서 처형을 망치게 내버려둘 수는 없게 되었다. 피고가 이제 경제적, 사회적 결과를 어떻게 처리해야 옳을지를 알게 되었다 하더라도 말이다. '레포르트' 진행자의 질문에 대해 사람들은 사법적인 문제로 변호사들에게 죄를 물을 수 없다고 답했다. 모든 것은 단지 도덕적인 문제라는 것이다.

그러나 의심스러운 조직과 정신적인 투쟁을 벌이기 위해서라면 모든 수단을 허용할 수 있는가 하는 질문 역시 도덕적인 문제이다. 이 주 화요일에 바이에른의 민영 종교 프로그램들에서는 사이언톨로지의 술수에 대해 방송했다. 처음에는 어떤 사건을 예로 들어서, 그 다음에는 인터뷰를 통해서 논거를 진행했다. 인터뷰를 받은 사람(기자는 레나테 하르트비히를 언급하고 있다)은 나라 전체가 사이언톨로지의 침투를 우리는 알바니아에 호텔을 건설하고자 하는 우리 의뢰인에게 사법적으로 조언하고 '알바니아 투자의 조건'에 관한 감정서를 작성해 주었다. 그러나 이것이 의혹의 씨앗이 될 수 있다고는 생각해 보지 못했다. 동유럽의 어느 독립국에 사이언톨로지를 침투시키려는 모종의 음모에 우리가 고분고분하게 도구 역할을 했다는 의혹 말이다. 아마도 모든 것이 기사당 내부 권력투쟁과 관련이 있었을 것이다. 아마도 근거 없는 공론일 터이다.

우리는 공모자를 알고 있었다

종종 나는 내 자신의 선입견이 어디에서 기인한 것인지 자문했다. 왜 나 역시 사이언톨로지가 사악하다는, 적어도 거부하고 맞서 싸워야만 할 '어떤 것'이라는 생각에 빠져 있는지를 자문했다. 처음에는 온 나라를 지배하는 반사이언톨로지 정서를 성찰 없이 받아들였던 것 같다. 실제로 별 관심이 없었기 때문에 그런 주제에 가까이 다가서려고 하지도 않았다. 머리가 좀 돈 사람은 어디에나 있게 마련이라고 생각했을 뿐이다.

하지만 언젠가 사법정의를 엄밀하게 구현하기 위해 어느 의뢰인에 대한 50에서 60건이나 되는 언론공개 내역을 해부한 적이 있다. 언론에 공개된 사항은 우리에게 홍수처럼 느껴질 정도로 엄청났고, 처분 조치 신청도 간단하게 해치울 수 없을 정도였다. 또 언젠가는 인권변호사의 일이 시시포스의 끝없는 노동과 비슷하다는 생각이 밀려든 적도 있었다. 그럴 때마다 나는 언론공개 행위의 심리학적이고 사회학적 요인들을 현미경으로 들여다보고 싶다는 욕구를 느꼈다.

언론이 인권을 강박적으로 끊임없이 여론의 제물로 삼으려는 이유가 무엇인지 알고 싶었다. 이것은 앞에서 말했듯 추측, 비방, 소문과 매우 밀접한 관련이 있었다. 그리고 음모론을 제작하고 유포하려는 몇몇 동료 시민들의 끓어오르는 욕망과도 관련이 있었다.

미안한 일이지만, 때로 나는 몇몇 종파 비판가들을 배려 없이 비난하기도 했다. 그때의 내 논거는 나중에 언급하기로 하겠다.

망각해서는 안될 것이 있다. 이것은 우리가 그 시절 평균적인 독자 및 시청자와 눈에 띄게 다른 점이기도 하다. 우리는 사생활을 폭로당한 개인들, 그들의 삶, 그들의 역사, 그들의 가족과 그들의 운명을 알고 있다는 사실이다. 그들 모두는 때로는 사이언톨로지라는 역병에 걸린 얼간이로, 다음에는 다시 악의 화신으로 낙인찍힌 사람들이었다. 어느 단체나 협회에는 성격이 나약한 두더지도 있고 고집불통의 폭군도 있다는 사실을 무시하고 말해보겠다. 우리는 단 한 번도 우리 의뢰인들이 체제 전복 음모에 연루되어 있다는 일말의 의혹을 가질 만한 이상한 점을 발견한 적이 없다. 그리고 사이언톨로지의 소위 테러공격이라는 것도 존재하지 않았다.

그렇다면 음모론의 지지자들은 소리높여 으르렁거릴 것이다. 그래, 바로 그것 때문에 그들이 그렇게 위험한 거라고! 아니면 의혹이 없는 사람들이야말로 특히 의심스럽다고.

실례지만, 그런 항의는 정말이지 마녀사냥 시대를 떠올리게 한다. 그렇게 생각하지 않는 사람은 이 책을 다시 한 번 읽어보았으면 한다.

우리는 당시 어떤 형사범도 변호하지 않았다. 한때 오토 쉴리와 크리스티안 슈트뢰벨레를 변호한 적이 있다. 하지만 그에 대한 대가를 감수하지 않으면 안되었다. 그 때문에 공공연하게 적군파(RAF) 정보 시스템의 연락장교로, 아니면 적어도 테러리스트 동조자로 낙인찍혀야 했다.

우리가 관계했던 의뢰인들은 모두 아주 정상적이며 전과도 없는 사람들이었다. 그들은 어떤 종류의 신앙 원칙이나 제식에, 아니면 몇몇 다른 회원들의 카리스마에 확신을 느끼고 — 몇몇은 그저 임시적이지만 — 좋은 감정으로 사이언톨로지 공동체에 연관되었던 사람들이다. 덧붙여 말하자면, 사이언톨로지에서 탈퇴한 사람들에게 보복조치가 내려지는 일도 없었다. 이것은 내가 시대의 증인으로서 확실하게 선언할 수 있다. 물론 예외는 있을 수 있다. 다른 모든 곳에서와 마찬가지로.

음모론이 가능한 이유들

내 개인적으로는 매우 난처한 질문이지만, 그렇다면 왜 그렇게 극단적인 분위기가 형성되었을까? 왜 나 역시도 오랫동안 의심을 가지고 있었던 것일까? 답을 구하기 위해 내게 중요한 것은 사이언톨로지의 내용이나 독트린, 혹은 사이비종교적인 규정들이 아니다. 그것들은 피상적으로 보았을 때 다른 일부 신앙공동체 못지않게 낯설거나 모호한 것처럼 보인다.

나는 단지 90년대 초 우리의 계몽된 공화국에서 왜 종파 비판자들과 저널리스트들이 떼거지로 군단을 이루어 끊임없이 사이언톨로지 침투전략에 맞섰는지를 알고 싶다. 그들에 맞서 자유를 수호하자는 망상에 빠져 있었는지를 말이다. 사이언톨로지가 이 나라에서 금지된 것이 아니라는 점, 또 이 '회사'가 수많은 나라에서 신앙공동체로서 승인을 받았다는 점, 그리고 그런 나라들에서 민주주의와 법치국가라는 명제가 가시적으로 해를 입은 적도 없었다는 점만은 분명하다.

문제를 들여다보면 음모론에 작용하는 소문의 특수한 질이 중요하다는 사실을 알 수 있다.

제프리 T. 큐빗(Geoffry T. Cubitt)의 정의에 따르면, 공모란 공동의 계획을 실현시킨다는 목적을 가진 여러 개인들의 (비밀스러운) 공동작업이다. 대개 비합적이거나 범죄적인, 적어도 도덕적으로 비난받을 만하거나 의심스러운 행동을 계획하는 일이다(『Black's Law Dictionary』). 거기에는 예를 들어 매수, 조직적인 압력, 가격담합, 마약거래, 국가원수 살해, 정부 전복이 속한다. 물론 축구협회(1860 뮌헨)나 국가(알바니아)에 '침투'하는 것도 예외는 아니다. 의심의 여지없는 사실이지만, 공모는 실제로 존재하는 것을 뜻한다.

내가 발견한 가장 정확한 정의는 카를 폰 오시에츠키의 사회학 석사논문에서였다. "낙인찍기(음모론)는 특정한 (과거나 현재 혹은 미래에 예상되는) 사건, 과정 내지 상태가 공모의 결과라는 해석이다. 이때 이런 해석의 진실성은 (무언의) 의심을 받는다." 이 자리에서 나는 이렇게 덧붙이고 싶다. '이때 진실성은 ― 중립적인 관찰자 혹은 청자의

관점에서 보았을 때 ― 의심스럽다.'

미국 내각이 2001년 9월 11일 테러를 주문했다는 것이 그냥 추측인
지 아니면 사실인지는 아무 상관없다. 이것은 ― 여론조사기구 포르
사(FORSA)에 따르면 ― 적어도 국민의 19퍼센트가 그렇게 믿고 있다.
다이애나 전 황태자비의 죽음이 영국 정보부의 살인청부에 의한 것인
지 아닌지는 중요하지 않다.

그러나 ― 여기서 단지 흥미로운 것은 ― 음모행위가 전세계적으로
실재하는 것처럼, 음모론, 즉 계획되거나 발생할 음모에 관한 추측성
주장은 실제로 너무도 무책임하게 퍼져 있다.

음모론은 그러므로 음모행위를 비방하는 추측성 주장이다.

정말 흥미로운 질문이 있다. 왜 사람들은 무엇인가를 꾸미고 퍼뜨
리는가? 왜 사람들은 조직적이고 도덕적으로 의심스러운 행동을 한
다는 이유로 몇몇 동료 시민들을 비방하는가?

여러 번 상을 받았고 프랑스 68운동의 선구자이기도 한 사회심리
학자 세르게이 모스코비치는 왜 하필이면 소수(유태인뿐만이 아니다)
가 음모론의 지속적인 관심을 받는지를 주제로 여러 권의 책을 썼다.
이 소수가 음모행위로 특별히 주목을 끌지도 않는데 말이다. 모스코
비치에 따르면, 이것은 소수가 사회의 동형(同形) 내지 합의에서의 이
탈을 보여준다는 사실과 관련이 있다. 이런 이탈로 인해 특정한 확신
내지 관습에 연결된 합의가 위험에 처한다는 것이다. 중요한 것은 사
회적 합의 자체는 결코 문제시되어서는 안되며 오히려 수용되어야만
한다는 점이다. 사회적 합의에 대해 토론하는 것은 분명하게 금지되
어 있다.

다른 말로 하자면 중요한 것은 금기를 전제로 한 합의이다. 반면 소

수성은 이질적인 특성 때문에 비록 대놓고 반대의사를 표하지 않는다 하더라도 바로 금기를 전제한 합의에서의 이탈을 대표하게 된다. 계속 모스코비치에 따르자면, 소수는 그 이질성 때문에 특정한 사회적 규범을 때로는 주목하지 않고, 그때 이런 점은 특권으로 파악된다고 한다. 반면 나머지 사회 구성원들에게 이런 규범은 의무이며 또한 합의를 뜻한다.

이와 같은 불평등 때문에 (이런 특권을 누리지 않는) 나머지 사회 구성원들은 사회적인 비교절차를 통해 박탈감, 사회적 질투, 그리고 열등감을 느낄 수도 있다. 이것은 다시금 이런 감정상태에 책임을 져야 할 사람을 찾게 만들고, 책임이 있다고 여겨진 사람은 희생양으로 오용되며 음모론에서 소위 악한 의도로 일을 저지르는 공모자로 표현될 수 있다고 한다. 소수집단은 사회의 주변부에 위치하며 따라서 권력에서 떨어져 있는 경우가 많으며, 그 때문에 그들은 정식 절차를 밟지 않은 채 차별대우를 받거나 복수의 대상이 될 수 있다.

여러 '공모집단'을 서로 연결하여 그것을 적으로 규정하고, 이 적들이 매번 사회에 완벽히 적응하여 성공을 거두는 것 역시 음모론으로 설명할 수 있다. 이 두 번째 단초는 비밀이라는 현상, 혹은 비밀스러운 제식에 초점을 맞춘다. 사회의 나머지 구성원들 앞에서 이 비밀을 숨기려는 목표 때문에 적들(소수집단)은 다수가 보기에, 특히 음모론자들이 보기에 의혹과 불신을 유발한다.

사회학자 게오르크 짐멜의 진단이 정확하다. 그의 견해에 따르면 사회적 필연성이란 인간이 다른 사람 각각에 대한 대략적인 상(像)을 만들 수 있다는 데서 출발한다. 특히 사회적 필연성은 인간이 사회 속에서 자신의 지위, 자신의 역할을 알고 있는 데서 비롯한다. 그런 상이 없다면 사회적 소통과 사회적 상호관계는 이미 불가능할 것이다. 자신과 타인에 대한 상은 일종의 기대구조를 함유하고 있기 때문이다. 기대구조는 특수한 상황과 맥락을 계산해서 다른 사람들에 대해 어떻게 행동해야 하는지를 알려준다.

비밀리에 활동하는 인적 집단은 특정 지식을 다른 사람 앞에서 숨기면서 타인에게 자신들의 상을 제공하지 않는다. 그들과의 의사소통은 매우 힘들고 불안을 야기한다. 이런 불안한 상황에 대응하기 위해 사람들은 그 집단이 분명히 어떤 위험한 것을 숨기고 있기 때문에 집단에 의해 사회적 위기가 생길 것이라는 구조를 세운다. 그러기 때문에 음모론들은 비밀을 숨기는 집단과의 관계 속에서 표출된다. 음모론은 그런 비밀 집단의 구성원들과 어떻게 소통해야 할지 '방향 설정'을 쉽게 해주기 때문이다.

이제 추가할 수 있는 것은, 사회심리학적 논거와 사유로써 음모론 현상에 숨겨진 계략을 알아내려는 시도뿐이다. 왜 이 나라에서 수년 동안, 내가 보기에 균형 잡힌 설명도 없는 캠페인이 점점 더 의도적으로 유포되며 정당하지 않은 음모론과 연루되는지를 밝혀내려는 시도 말이다. 나는 내가 정확히 알지 못하고 단지 주변부만 판단할 수 있는 사안에 개입하고 싶은 생각은 없다. 하지만 합법적인 시민을 공개적으로 비난하고 모욕하며 책임을 전가하고 죄를 묻는 것은 시민적 자유권이라는 내 상식과 절대로 조화를 이룰 수 없었고, 그것은 지금도 마찬가지이다.

다행스럽게도 일부 법원도 내 입장을 인정했다. 하지만 부분적으로 성공을 거둔 자유권 변호가 결국은 우리를 완전히 혐의의 수렁에 빠지게 했다.

물론 음모론에 해당하는 것이 사이언톨로지만은 아니다.

수많은 신도 단체, 교단, 비밀결사들이 수백 년 동안 음모론이 퍼뜨린 공론의 대상이었고, 일부는 오늘날까지도 그러하다. 예를 들어 괴테나 미국 트루먼 대통령 같은 역사적 위인들이 소속해 있었던 프리메이슨 결사단은 모차르트의 살인을 주도했다고 사람들의 입에 오르내렸다. 비밀조직 광명회(Illuminati)가 프랑스혁명에 결정적으로 참여했다는 가설도 존재한다.

적지 않게 근거가 모호한 것은 미국 대학생 신자단체 '해골과 뼈(Skull&Bones)'의 제식이다. 그 단체 회원들은 가입시 사람 해골에 피를 담아 마셔야 한다는 이야기가 있다. 이 단체의 유명한 회원으로는 미국 전(前) 대통령 조지 부시와 그의 아들 조지 W. 부시가 꼽힌다. 아들 부시는 2004년 재선 이후에 조직의 12명 '형제들'을 정부에 받아들였다고 한다. 적어도 이 시기 이후로 주니어 부시가 저 비밀결사 신자 단체의 도움으로 재선에 성공했다는 소문이 전세계에 떠돌았다. 정치적 신조에 따라 때로는 이런, 때로는 저런 음모론들이 존재해 왔다.

아마도 가장 유명하고 가장 끔찍한 재앙을 초래한 음모론은 유태인에 관한 것이다. '시온 현자들의 의정서'로 알려진 정체불명의 문서는 소문 유포의 도움으로 음모론이 어떻게 작용해서 선입견을 창출하거나 확고히 하며 나아가 세계상을 가공할 수 있는지, 결과적으로는 마침내 증오와 박해와 살해욕구를 일으키는지를 기록한다.

유태인의 경우에는 수십 년이 넘도록 음모론이 쌓여왔다. 일종의 음모신화라고 말할 수 있을 정도이다.

다른 일신론 종교들(기독교와 이슬람교)과는 달리 결코 다른 민족에게 전도하고자 하지 않는 유태인들이 하필이면 말이다. 역사적 사실을 진지하게 수용하는 사람이라면 유태인의 세계 지배 음모라는 환상에서 비롯한 반유태주의적 소문들과 음모론들을 더 신중하게 대할 것이다.

2006년 콘스탄츠에서 열린 어느 회의의 결론은 이러했다. "수백 년 전부터 음모론은 섬세한 사회학적 분석방법론이 건드릴 수 없을 정도로 엄청난 영향력을 펼치고 있다." 비판적인 통찰력을 가져야 할 충분한 이유이다.

『다빈치 코드』 속 음모론

역사적 요인들은 완전히 도외시한 채 음모론이 얼마나 강력하게 연출되었는지를 보여주는 가장 최신의 사례는 영화로도 제작된 소설 『다빈치 코드』이다. 이 사례는 음모론의 '피해자'가 어떻게 대응해야 할지도 보여준다.

워낙 유명한 소설이라서 줄거리는 잘 알려져 있다. 그럴싸한 추측을 낳은 공론으로 양념을 친 허위사실을 토대로, 예수 그리스도가 마리아 막달레나와의 사이에서 아이를 낳았다는 주장을 대변한다. 또 마리아 막달레나가 낳은 아이의 후손이 아직 살아 있고, 오푸스 데이(에스파냐인 신부 에스크리바가 1928년 창설한 가톨릭 종교단체로 하느님의 사업을 뜻하는 라틴어 – 옮긴이)라는 교단 형제들에게 성배가 보관된 장소가 알려진다. 이 교단 형제들은 비밀을 숨기기 위해 경우에 따라서는 살인까지도 저지른다.

작가 댄 브라운과 영화감독 론 하워드는 주인공 톰 행크스와 마찬가지로 줄거리 전개가 픽션이라는 점은 인정한다. 하지만 역사적으로 올바른 디테일로 안감을 댔기 때문에 단순한 허구만은 아니라는 것을 지치지 않고 강조한다. 그러나 소설과 영화에서 제시된 내용은 실제와 다른 모습으로 나타난다.

예를 들어 오푸스 데이는 당시 어림잡아 8만 8,000명의 회원을 거느린 보수적인 기독교 조직이기는 하지만 책에서 주장하는 것처럼 자신들만의 교회를 지을 정도로 독립적인 교단은 아니었다.

물론 이런 기독교 보수주의자들은 음모론이 성립하기에 적당한 투사막을 제공한다. 그들의 제식(고행)은 비밀스럽고 낯선 것이며 종파주의적인 냄새를 풍기기 때문이다. 그런 '첨가물' 때문에 그들은 소수로서 각종 의혹을 받으며 결국 희생양으로서도 적합한 존재가 된다.

작가의 또다른 주장이 있다. 레오나르도 다빈치의 그림 「최후의 만찬」에서 온화한 인물로 묘사되는 사도 요한이 사실은 마리아 막달레나라는 것이다. 정말 무모한 공론이 아닐 수 없다. 어떤 종류의 문서상 증거도, 일말의 암시조차도 찾아볼 수 없기 때문이다.

또 『다빈치 코드』에서 성배를 둘러싼 비밀의 수호자는 다빈치, 데카르트, 뉴턴도 속해 있었던 '시온수도회'라는 이름의 교단이다. 역사적 기록에 따르면 이런 이름의 수도원이 존재하기는 하지만 교단은 아니다.

이 작품에서 또 하나 흥미진진한 것은 기독교 '최초의 기록'인 사해의 두루마리(쿰란 두루마리)이다. 작가는 자기 주장을 '전문적으로' 뒷받침하기 위한 역사적 증거로 이것을 오용한다. 저 유대 텍스트는 그리스도 탄생 이전에 나온 것으로 예수에 대해서는 한 번도 언급하지 않기 때문이다.

오푸스 데이는 결코 범죄적인 종파가 아니며 특히 교황청 내부에서 높은 평가를 받고 있다. 영토 없는 가톨릭 주교구인 오푸스 데이가 과연 무슨 일을 했는가?

아마도 유일하게 옳은 것이 있다면 소니그룹의 일부인 콜롬비아 영화스튜디오가 영화 서두 자막에서 줄거리의 허구적 특성을 결코 암시하지 않았다는 사실일지도 모른다. 따라서 오푸스 데이는 선전의 소용돌이에 맞서 싸우는 대신 차라리 그것을 이용하기로 했다. 그들은 스스로를 '개방'했고 자신들의 '실제 체험과 선전'을 만들어냈다. 『슈피겔』에 따르면 예를 들어 영화에서 살인자로 나오는 사일러스를 두고 그들은 이렇게 말했다. "원하는 사람은 사일러스라는 이름의 진짜 오푸스 데이 회원을 만날 수 있다. 사일러스 애그빈은 브룩클린에 살고 있는 나이제리아 출신의 주식 상인이다."

이렇게 당혹스러운 개방은 정당한 결과를 낳았다. 『슈피겔』의 결론이다. "비밀주의자처럼 행세하는, 믿을 수 없는 수상한 사람들의 집단이라는 악명은 시간이 흐르면서 오푸스 데이가 아니라 소니사에게 돌아갔다."

오푸스 데이에게 닥친 것은 완곡한 의미를 담은 추측이었을지도 모른다. 그러나 어쨌든 오푸스 데이의 반응은 분노의 목소리를 높이는 것보다 훨씬 더 생산적이고 효율적이었다.

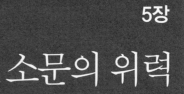

5장

소문의 위력

축구대통령은 TV 방송의 도움으로 전권을 확보하기 위해
어떻게 소문의 힘을 이용하고자 했는가?

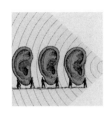

레이건의 심근경색 후 주가 향방은?

소문은 확신을 주는 도구이다. 그러기 때문에 다른 것들을 약화시킬 수 있다. 대개는 소문을 고안하고 조종하는 세력의 이익을 위해서, 또 가끔은 소문을 믿고 그릇된 방향으로 나아가는 사람들에게 해를 끼치기 위해서 말이다.

앞에서 언급한 것처럼 증권시장처럼 소문이 빠른 반응을 보이는 곳은 어디에도 없다. 미국 『시카고 트리뷴』의 기자 돈 도프먼은 1980년 9월 엄청난 손해를 입을 위기에 처한 어느 뉴욕 증권브로커에 관한 기사를 썼다. 이 브로커는 시세하락을 예상하고 대규모로 주식을 공매도했다. 그런데 기대와는 달리 주가가 상승하자 그는 당시 미국 대통령 로널드 레이건이 심근경색에 걸렸다는 소문을 퍼뜨렸다. 이 소식은 증권거래소에서 들불처럼 퍼져나갔다. 바라던 대로 어김없이 주가가 폭락했고, 브로커는 두툼한 돈가방을 들고 집으로 돌아갈 수 있었다.

아주 순진한 트릭처럼 보이는 이런 일은 실제로 훨씬 더 복잡한 과정을 거친다. 그 과정에는 언제나 수많은 인물들이 등장해서 갖가지 역할을 나누어 수행한다. 소문이 설득력 있게 생성되고 유포되며 수용되기 위해서는 여러 가지 요인이 충족되어야 한다. 소문에 설득력을 부여하기 위해 뉴욕 브로커가 어떤 조치와 어떤 디테일 혹은 어떤 협력자를 동원했는지는 물론 아무도 알 수 없었다.

미국 심리학자 L. 페스팅거(L. Festinger)가 연구한 또다른 사건은 소문의 생성과 유포에서 여러 톱니바퀴가 어떻게 맞물려 돌아가는지를 잘 보여준다. 또 많은 사람들이 소문의 전개과정에 어떻게 참여하고 어떻게 소문 전달 속도를 가속화하는지, 그리고 소문이 왜 음모론으로 발전할 수 있는지를 눈앞에 그린 듯 명확하게 설명한다. 이 사건은 불안과 차별대우를 조장하는 소문의 고전적인 동기 하나를 폭로한다. 권력과 영향력을 잃을 우려가 바로 그것이다.

열성적인 사람은 수상쩍다?

미국의 어느 작은 마을에서 발생한, 효과적인 음모론의 생생한 예이다.

미국 어느 신축 주택단지의 분위기는 너무 차갑고 사무적이어서 이곳 주민들은 우울한 일상에 약간의 즐거움을 가져다줄 서로간의 교류가 별로 없었다. 지역 세입자협회의 요청으로 시청은 마을에 레크리에이션 교육자를 파견했다. 그는 자기에게 주어진 직무 범위 이상으로 열심히 일했다. 주민들의 여가생활을 위해 여러 프로젝트를 논의했고 조직했다. 수많은 주민들이 함께 했고 위원회를 구성해서 과제를 나누기도 했다. 상대적으로 구(舊)세입자협회의 영향력은 줄어들었고, 협회 회장은 지위와 명성에 손상을 입을까봐 걱정이 되었다.

이렇게 아주 개인적인 걱정이었지만 이웃 사람에게 털어놓은 후에는 사정이 전혀 달라졌다. 회장의 우려를 접한 이웃 사람은 철두철미한 성격의 적극적인 반공주의자였다. 따라서 거의 수사학적 수준의 단순한 질문마저도 특별하게 받아들이기에 충분했다. "그렇게 존경받는 학자가 이 별볼일없는 주택단지에서 도대체 무슨 일을 하는 걸까요?" 정말 그렇다. 무엇 때문에 그 레크리에이션 교육자는 그렇게 열심이란 말인가? 물론 자신의 직업과 관련된 일이기도 하고 어쩌면 학문적인 관심 때문일지도 모르지. 하지만 '사회주의적'이라고까지는 못하더라도 충분히 '사회적'이기는 한 이런 활동은 어딘가 비정상적으로 보인다. 회장은 대충 그런 내용을 말했다.

마침 반공주의자인 이웃 역시 비슷한 의심을 하고 있었다. 회장이 나와 똑같은 생각을 하고 있었다니. 더구나 최근에 적극적으로 활동하는 주민 중 적어도 한 명은 분명히 공산주의자였다.

시청의 공동주택 담당부서 과장은 두 사람의 의심에 별다른 반응은 없었지만 일단 조심스럽게 감시해 보라고 충고했다. 그것으로 충분했다. 주택단지의 소우주에서 두 사람의 모호한 의심은 신속하게 소문으로 발전했다. 얼마 후 레크리에이션 교육자가 조직하고 실행했던 모든 프로젝트가 중단되었다. 참여적 주민공동체는 와해되었고 우울한 일상이 복귀했다. 하지만 주민들이 생각하기에 공동체가 빨갱이에 물드는 것보다는 죽어 있는 편이 더 나았다.

순수하게 추측성 주장만을 내용으로 하는 소문과는 달리 음모론은 특히 주관적인 요소를 함유하고 있다. 음모론이 허위로 지어낸 사건에는 확실한 동기와 목표, 즉 모종의 의도가 들어 있다. 이타주의적 태도로 열심히 활동함으로써 문제가 제기된 레크리에이션 교육자는 공산주의 음모의 배후조종자가 되었고, 그럼으로써 도덕적으로 의심스러운 의도를 품은 사람이 되었다.

소문의 열쇠가 되는 인물들

이와 유사한 수많은 사건을 연구한 사회심리학자들은 일종의 역할분배를 이끌어낸다. 역할분배는 소문에 참여한 사람들의 특징을 설명해 주는데, 그들 모두는 소문의 생성과 유포에서 열쇠가 되는 인물들이다.

발안자, 창안자, 선동자

항상 어떤 의견이나 분위기가 퍼지는 데 개인적으로 관심이 많은 사람이 있다. 그는 종종 자신의 입장이나 지위가 우려되어, 또는 질투나 증오 때문에 그렇게 행동한다. 때로는 두 가지 모두가 해당되기도 한다. 상실의 공포와 복수욕 말이다.

소위 '전문가'

이 사람은 모호한 것을 신뢰할 만한 것으로 전환하는 데 필요한 해석능력을 요구받는다.

뉴스 전달자, 여론 조종자

유포된 정보에 대한 이 사람들의 신뢰성과 설득력, 그리고 (소위) 공평성은 뉴스를 듣는 사람들에게 그것을 믿게 하는 데 결정적이다. 공개적인 소문이라면 인쇄매체나 TV 방송국(공영이건 민영이건)의 명성이 이에 해당한다. 공개되지 않은 소문의 경우 소문을 유포하는 사람들이 성공하려면 공개소문과 유사한 기준들, 즉 명성과 (소위) 객관성 및 신뢰성이 필요하다.

뉴스 전달자와 여론 조종자에 의한 뉴스 평가는 결정적인 실행능력을 갖추고 있다. 그래서 예를 들어 독일 뉴스통신사(dpa)는 정보 유포에 앞서 항상 엄격한 기준으로 심사하고 확인하기 때문에 독일에서는 최고의 신뢰성을 인정받는다.

대사 (大使)

어떤 정보가 성공적으로 유포되기 위해서 중요한 역할을 하는 참여자 중에, 소문의 진실성을 믿게 하려고 노력하는 사람들이 있다. 그들은 예를 들어 어떤 소문이 틀에 박힌 판단을 확인시켜 주고 소망을 충족시키거나 희망을 실현시켜 주기 때문에 그것을 믿고 싶어한다. 이 대사들은 다른 사람에게 정보를 줄 뿐 아니라 그들 스스로 소문을 믿을 근거를 만들기 위해 노력한다.

SAT1 방송국의 파렴치한 행동

이와 같은 참여자들의 메커니즘과 역할이 얼마나 정교하게 짜여져 있는지를 잘 나타내는 예가 있다. 1996년 3월 브라운관을 통해 독일 축구팬들의 가정으로 제공된, 교과서적인 이 예는 하나의 소문이 음모론으로 발전하는 데 어떤 과정을 거치는지를 생생하게 보여준다. 이 예는 또한 『차이트』지에 '피사 TV'라는 제목으로 묘사된 독일 TV의 모습을 그대로 보여준다. "스펙터클로서의 가치는 올라가고 정보의 내용은 떨어진다. 간단히 말해 시청자를 무비판적으로 만드는 것을 가장 우선시한다."

이 사건에서 소문의 발안자는 당시 축구대통령 빌트모저와 몇몇 직원들이었고, 볼프강 벤크라는 이름의 개신교 지역교회 종파대의원이 당시 아직 권위가 살아 있던 종파 사냥꾼 레나테 하르트비히(물론 막후에서 활동했다)와 함께 전문가 역할을 했다.

이 무대에서 전달자이자 여론 조정자의 역할을 한 사람은 오트(Ott)라는 이름의 남자를 필두로 한 축구프로그램 '란(ran)'의 제작진이었다. 모두 프레트 코겔이 사장으로 있던 SAT1 방송국 사람들이었다.

대사 역할을 수행한 사람은 당연히 한둘이 아니었다. 그들의 이름은 익명으로 남겨두겠다.

희생자로는 당시 축구단의 비서, 마케팅 팀장, 그리고 내가 있었다. 유감스럽게도 당시 죽음을 눈앞에 둔 내 아버지와 임신 8개월이던 내 아내 린디도 거기 포함된다.

10년이 지난 지금 사람들은 그때의 모든 장면을 사소한 에피소드로 경시하곤 한다. 그러나 1996년 3월 당시에는 무시할 수 없는 엄청난 사태였다. 당시 내 비서는 방송 하루 후에 전화 한 통을 받고 그에 관해 다음과 같은 보고문을 작성했다.

자신을 '판사'라고 칭한 한 남자와의 통화에 대한 보고서

10시 50분경 자칭 '판사'라는 남자의 전화를 받았다. 실습생 한 명이 전화를 받아 그 내용을 다음과 같이 기록했다.

남자는 "사이언톨로지 대표"가 거기 있느냐, "그곳이 사이언톨로지 스튜디오"냐고 물었다.

실습생은 연결해 주겠다고 말한 후 내게 수화기를 넘겼다.

내가 "전화 바꿨습니다"라고 말하자, 남자는 셸레 박사님과 통화하고 싶다고 말했다. 나는 셸레 박사님은 오늘 댁에 계신다고 설명하고 무엇 때문에 그러시냐고 물었다. 그는 "사이언톨로지 박사"가 거기 없느냐고 말했다. 그는 박사에게 무엇인가를 묻고 싶다고 했고 누군가를 심하게 해친다면 어떤 결과를 얻느냐고 했다. 누군가를 해친다는 말이 무슨 의미냐는 내 질문에 그는 자신이 어느 사이언톨로지 신자를 해치고 싶다고 밝혔다(내가 받은 인상으로는 셸레 박사에 관한 것 같았다). 나는 당신 정상이냐고 물었다. 그는 자신이 완전히 정상이며 우리가 비정상이라고 말했다. 이제야 일이 올바로 진행될 것이며 우리는 곧 놀라게 될 것이라고 했다. 나 역시도 '그들'에 속하게 될 것이며 또 우리가 '그런 여자'를 고용했다고 했다(내가 받은 인상으로는 '그런 여자'는 우리 직원에 관한 것 같았다).

전화를 건 사람이 계속 모욕적인 말을 하자 나는 개인적인 위협을 느꼈다. 따라서 계속 대화하는 것을 거부하겠다고 말한 후 전화를 끊었다.

이 전화는 내 생일인 3월 8일에 걸려왔다.

빌트모저와 SAT1에게 당시 상황은 좋지 않았다 — 소문의 탄생

정말 상상하기 어려운 일이지만 그럼에도 불구하고 사실이다. 뢰벤사 사장인 육중한 덩치의 카를 하인츠 빌트모저는 활동적인 아마추어 테니스 선수이다. 적어도 90년대 중반 '1860 뮌헨 스포츠클럽' 사장을 겸임하고 있을 때에는 그랬다.

그와 정기적으로 함께 땀을 흘린 스파링 파트너들 중에 마케팅맨 에리히 메르츠가 있었다. 그리고 실제로 빌트모저는 땀을 많이 흘렸다. 이 촌스럽고 소박한 사장이 몸을 움직이지 않을 때조차 얼마나 많은 땀을 흘리는지를 한 번이라도 본 사람이라면, 테니스 시합이 그에게 얼마나 심한 운동인지 짐작할 수 있을 것이다. 테니스는 완전히 단련된 프로선수들도 땀이 날 정도로 과격한 운동이 아닌가.

펠트 천으로 만든 테니스 공 역시 다음 이야기와 어느 정도 관계가 있었다. 왜냐하면 그 동안의 내 경험상 쉬는 시간에 땀을 흘리는 것과 관련해서는 테니스 공 문제 역시 중요했기 때문이다. 빌트모저가 심문을 받은 법정에서도 공은 아주 중요한 역할을 했다.

한때 에리히 메르츠와 빌트모저는, 축구계에서 남자들 간의 우정을 대변하는 듯한 관계였다. 적어도 그들은 서로를 신뢰했다. 그러나 빌트모저는 일단 화가 치밀어오르면 우정이나 신뢰 따위는 곧바로 잊어버리는 유형의 인간이었다. 자신이 생각하기에 부적절한 행동을 보았을 때 그는 관용과는 거리가 먼 반응을 보였다. 화를 발산한 후 어떤 결과에 이를지에 대해서는 신중하게 생각하는 것 같지 않았다. 그런 태도로 스포츠클럽을 이끌어나가는 것 — 그는 "고삐를 바짝 당기고"라고 말할지도 모르겠다 — 은 폭군의 지배나 마찬가지였다.

1996년 여름 어느 날 에리히 메르츠가 약속한 테니스 시합에 나타나지 않자, 빌트모저는 우정이라는 관계를 즉시 끝장내 버렸다. 오래 지나지 않아 — 단 1~2주가 지났을 뿐이다 — 테니스 파트너 메르츠는 집에서 해고통지를 받았다. 우정에 대한 해고통지가 아니었다. 메르츠와 스포츠클럽 'TSV 1860 뮌헨' 간의 계약을 즉시 중단한다는 최종통보였다.

구단주에게는 해고통보에 테니스와 상관없는 또다른 이유들이 있었을 수도 있다. 그러나 이렇게 어이없이 시간상으로 일치하기는 어려운 일이다. 더욱이 빌트모저가 이어지는 법정 소송에서 강조한 다른 모든 이유는 아무것도 쓸모가 없었다. 마케팅과 팬상품 계약 해지는 부당했고 불법적이며 효력이 없었다. 이것은 우선 뮌헨 지방법원이 결정했고, 항소심에서는 뮌헨 고등법원이, 그리고 마지막으로 상소심에서 연방재판소가 판결했다.

당시 빌트모저가 처한 난관은 법적인 것만이 아니었다. 1994년 12월 스포츠클럽의 어느 여비서가 그에게 편지를 보냈다. 사무실에서 각종 성추행이 일어나고 있다는 내용을 비밀리에 사장에게 보고하는 것이었다. 그러자 사장은 회의를 소집했고, 사장 아들 하인치와 비서가 고발했던 그 남자도 회의에 참석했다. 여비서는 이 회의에서 사람들이 더 이상 그녀와 함께 일할 수 없으며 고용관계를 끝내야 한다는 말을 듣고 아연실색했다.

여비서는 다음날 내 사무실을 찾아왔다. 전날 사건에 대해 상당히 흥분한 상태였다. 우리는 노동법원에 소장을 냈고 이 소송에서도 결국 승리했다.

이제 모든 일이 급속도로 물살을 타기 시작했다. 빌트모저 일당은 한때 마케팅 팀장이던 에리히 메르츠를 '사기꾼'이라고 공개적으로 매도했다. 이에 대해서도 우리는 소송을 벌여 마찬가지로 성공적인 결과를 얻었다. 함부르크 지방법원이 가처분조치를 내린 것이다.

그러자 이제 1994년 말 또다른 문제가 발생했다. 언제나 반농담식으로 퇴직하라는 협박을 일삼던 그는 이제 장기간 사장 자리에 앉아 있겠다는, 완전히 다른 목표를 세우게 되었다. 그가 이런 욕심을 가지고 있을 거라는 추측은 언론도 제기한 바였다. 1994년 빌트모저가 스포츠클럽에 거액의 대부를 해준 사실이 알려졌을 때였다. 대부의 조건이 있었다. 자신이 직책(사장 자리)을 상실할 경우 곧바로 대부금을 상환해야 한다는 조건이었다. 이런 계약은 심지어 독일축구연맹에게서도 질책을 받았다.

여론의 항의는 사장실 직원 H. 피셔와의 전쟁으로 이어졌다. 피셔는 빌트모저가 '배신자' 역할을 맡을 사람으로 애써 구한 사람이었다. 피셔는 사장실에만 앉아 있는 것이 아니라 복싱 부서 책임자이기도 했다.

사장이 클럽을 봉건영주처럼 다스리고 있어 민주주의도 제로, 의사결정권도 제로라는 몇몇 직원들이 항의가 잇달았다. 클럽의 전체적인 상태는 그 시절 팀의 전적표와 상응했다. TSV 뮌헨의 성적은 상당히 하락세였고 하위그룹으로 떨어지기 일보직전이었다. 반대파 직원들은 조직을 정비했다. 사장의 권력을 제한하고 더 잘 통제하기를 요구하는 직원들이 점점 늘어났다.

그러던 중 어떤 직원이 정말 엉뚱한 아이디어를 내놓았다. 사장에게 응수할 수 있는 내 능력을 믿고 내게 노골적으로 '축구단 고문' 위원회와 대표단 회의에 들어와 달라고 청한 것이다. 그것도 TSV 1860 뮌헨의 복싱단을 대표하는 장(長)으로 말이다.

나는 내 자극적인 생활에서 지금까지 제정신이 아닌 온갖 직업의 의뢰인들을 만나왔다. 하지만 복싱단장이라니? 복싱에 대해서는 아무것도 알지 못하는데 말이다. 터놓고 말해서 빌트모저를 길들이고 훈계하는 것은 정말이지 내 본업이 아니었다. 다른 한편으로 솔직하게 고백하지만, 나는 어쨌든 뮌헨의 전통적인 축구단 TSV 1860의 팬이었다. 또 당시 사장이 철통권을 휘두르면서 어떻게 비판자들을 물리치는지를, 그리고 얼마나 어리석은지를(거의 모든 사건이 불필요한 소송으로 이어졌고 빌트모저는 소송에서 매번 졌다) 지켜보는 것은 괴로운 일이었다.

그래서 그때까지 의기소침하게 침묵하고 있던 반대파의 대표자로 링에 오르라는, 존경스러운 직원들의 의뢰를 나는 오히려 스포츠맨적인 요청이라고 생각했다. 변호사라는 내 직업과는 실제로 아무 관계도 없었다. 나는 그 요청을 받아들였고, 여기서 고백하지만, 그것은 실수였다. 왜였을까?

빌트모저가 나중에 퍼뜨린 소문은, 내가 복싱단장이 되는 명예로운 기회를 놓쳤더라면 절대로 있을 수 없는 그런 종류의 것이었다. 지금 와서 생각해 봐도 정말 믿을 수 없을 만큼 엉뚱한 아이디어였다.

이제 본래의 이야기를 시작하기 전에, 그러니까 지금까지 경험한 가장 파렴치한 행각을 묘사하기 전에, 우선 방송국이 1년 반 후에 피해보상 차원에서 방송을 제작해 내보냈다는 사실을 이야기하고 싶다. SAT1 방송국은 1997년 9월 28일 '명예훼손 — 기습공격'이라는 제목의 프로그램을 방송하기에 앞서, 1997년 9월 17일, '미디어소식'이란 코너를 통해 다음과 같이 밝혔다.

"명예훼손, 만성적인 독이다. 이것은 뮌헨의 변호사 미하엘 셸레도

당한 일이다. 페어프레스 활동의 창시자인 셸레는 소문과 거짓 의혹에 휘말려 스스로를 지켜야 했던 많은 사람들을 대변해 왔다. 이제 그 자신이 사건의 당사자가 되었다. 변호사는 사이언톨로지 주변에서 벌어진 사건을 떠맡았고, 어김없이 그 자신이 종파의 회원이라는 의심을 받았다. 그 결과 변호사 자신도 감당하기 어려울 정도의 끔찍한 곤경을 경험해야 했다. '명예훼손'은 기습적인 공격을 체험하고 이겨낸 사람들에게 무슨 일이 벌어지는지를 보여준다."

'미디어소식'에서는 보도 역사상 가장 어두운 이런 장을 함께 제기하고 마련한 것이 다름아닌 SAT1 방송국 자신이라는 사실은 언급하지 않았다. 그 이유를 충분히 이해할 수 있다. 물론 SAT1 방송국은 '미디어소식'에서 자사가 피해보상 소송 결과 대규모의 보상금을 지불해야 했다는 뉴스도 빠뜨릴 수밖에 없었다.

파렴치한 방송의 사회를 본 사람은 요하네스 B. 케르너였다. 여기서 분명하게 그의 입장을 변호해야겠다. 그에게는 어떤 종류의 책임이 없으며 방송의 내용과 아무 상관이 없다는 점을 말이다. 우리는 이에 관해서 오래전 의견을 교환했다.

여러분이 확실한 판단을 할 수 있도록 1996년 3월 5일 두 번째 방송을 그대로 옮겨보겠다(첫번째 방송은 1996년 3월 3일 전파를 탔다). 사실, 절반의 진실, 거짓 주장과 공론의 혼합물에서 어떻게 소문이 생겨날 수 있는지를 명확하게 알 수 있을 것이다. 이 소문은 다름아니라 셸레 박사가 'TSV 1860 뮌헨' 스포츠클럽에 사이언톨로지를 침투시키고자 한다는 것이었다.

1996년 3월 5일 일일 프로그램 '란(ran)' 보고서

진행자 요하네스 B. 케르너 : "일요일 '라니시모(ranissimo)' 방송에서 이미 맛보기로 약간 보여드렸습니다. '1860'은 바로 그 조직과 독특한 방식으로 접촉하고 있습니다. 아니 적어도 그렇다고들 합니다. 회장 카를 하인츠 빌트모저는 자신의 클럽이 그 조직에 침투당했다고 믿고 있습니다. 절대 간단한 사건이 아닌 것 같습니다. 하지만 정보가 이렇게 많다면 사안은 아주 단순해집니다. 이제부터 진행되는 '란' 스토리를 위해 10분만 시간을 내주십시오. 슈테판 오트가 1860 뮌헨 사건 자료를 수집했습니다."

아나운서 : "어제 뮌헨입니다. TSV 1860 사장 빌트모저는 다시 한 번 법정에 섰습니다. 클럽 프런트에 대한 분노가 대단합니다. 빌트모저 회장은 오래전부터 압박감을 느끼고 있습니다."

빌트모저 : "당연한 일입니다. 그래서 우리는 처음부터 1860 주변에서 벌어지고 있는 일에 놀라움을 금치 못했습니다. 지금 이상한 일이 벌어지고 있다는 점은 분명합니다. 종교전문가들에 의해 사실이 파헤쳐졌다면, 그것은 우리에게 매우 중요한 일보가 될 것입니다."

아나운서 : "종교전문가들은 그 조직이 허버드 테크놀로지라고 확실히 공개했습니까?"

빌트모저 : "바로 그렇습니다. 그래서 우리는 사태의 핵심이 허버드 테크놀로지라는 사실을 매우 빨리 알게 되었습니다."

영상 : 바이히 가에 있는 L. 론 허버드와 사이언톨로지교 베를린 지부 (SKB).

아나운서 : "L. 론 허버드는 사이언톨로지교의 창시자입니다. 25세에 돈과 권력을 사냥하기 위해 이 교회를 만들었습니다. 사이언톨로지 창시자는 바로 그 방법에서 종교를 사칭했습니다. 허버드 테크놀로지가 이용된 것입니다."

페이드인 : "정복하십시오, 어떤 식으로든 상관없습니다. 결정적인 지위를."(L. 론 허버드)

빌트모저 : "중요한 것은 다시 말해 결정적 지위를 차지하고자 한다는 것이죠. 그리고 그건 많은 사람들이 할 수 없는 일입니다. 아주 소수의 사람만으로 충분하지요. 다른 사람들은 도구 역할을 합니다. 예를 들어 그들이 회사 대표나 회장 자리를 차지한다면 결정적 지위를 갖게 되는 셈입니다. 그러고 나면 그곳 사람들은 바로 모든 면에서 쓰레기 같은 일들을 겪게 됩니다."

아나운서 : "빌트모저는 추적망상에 시달렸을까요, 아닐까요?"

영상 : 파일럿가방을 든 올리버 슈람, Sea-Org(사이언톨로지 조직 중 하나 - 옮긴이) 유니폼을 입은 슈람.

목소리 : "올리버 슈람은 사이언톨로지에서 발을 뺀 사람입니다. 그는 사이언톨로지 위계에서 상층으로 가는 길에 있었습니다. 다시 말해 교육을 철저히 받은 사람입니다. 여기 왼쪽 사진에서 사이언톨로지 선박 시윈드(Seawind)가 있습니다. 이곳에서 지도자들이 교육을 받습니다."

영상 : 슈람의 IAS 회원증. 'Staff award' 라는 글귀가 붙어 있다.

슈람 : "내가 몸담고 있던 곳은 IAS라고 불립니다. IAS는 국제 사이언톨로지 연합(International Association of scientologists)의 약자입니다. 이 조직은 세계적으로 매주 47만 5,000달러의 기부금을 받습니다. 이 돈은 여러 용도로 쓰이게 됩니다. 스포츠계는 돈을 쓰기에 이상적인 분야입니다. 스포츠클럽을 핑계 삼으면 귀찮은 일이 생기지 않기 때문이죠. 연방정부, 형법 조치 등등으로부터 별 간섭을 받지 않을 수 있거든요. 클럽은 일종의 이데올로기이기 때문입니다. 하나의 클럽은 하나의 이데올로기를 뜻합니다. 동시에 돈을 세탁할 수 있는 가능성이 충분히 존재합니다.

아나운서 : "그렇다면 사이언톨로지는 1860 같은 스포츠클럽에도 관심을 가진다는 말씀입니까?"

슈람 : "네, 물론이죠. 최근에 직접 목격하기도 했습니다. 사이언톨로지의 돈을 세탁하기 위해 사정에 따라, 아니면 이런 식으로 말할 수도 있겠네요, 합리적으로 쓰기 위해, 예컨대 1860 뮌헨 같은 큰 클럽을 이용할 수 있다고 생각합니다."

영상 : L. 론 허버드가 모습을 드러낸다. "우리는 모든 것을 제거할 생각을 가지고 있습니다. 그것이 얼마나 큰 것이든 상관없습니다."

아나운서 : "TSV 1860에 기이한 일이 벌어지고 있습니다. 예를 들면 복싱입니다."

영상 : 1860의 복싱장과 복싱경기 모습.

아나운서 : "복싱단은 갑자기 전 독일에서 가장 큰 회원 신장세를 보이고 있습니다. 회원이 많을수록 클럽 내에서 더 큰 영향력을 발휘

합니다. 빌트모저는 여기에 미심쩍은 점이 있다고 생각해 더 이상 새로운 복싱 회원을 받지 않습니다. 복싱 선수들은 시위를 벌이고 변호사 미하엘 셸레 박사를 단장으로 선출했습니다." (주석 : 회원이 줄어들고 있었다. 늘어나는 것이 아니었다.)

영상 : 복싱 선수들이 현수막을 들고 시위를 벌인다.

아나운서 : "셸레는 예전에 사이언톨로지를 변호했고 어느 기자에게 사이언톨로지 팸플릿을 보낸 적이 있습니다." (주석 : "기자에게 사이언톨로지 팸플릿을 보냈다"는 것은 순전히 소문이다. 이 소문은 나중에 법적으로 유포가 금지되었다. 그러나 음모론을 펼치기에는 더할 나위 없이 적합한 것이었다.)

영상 : 셸레.
영상 : 1860의 복싱단장, 헬무트 피셔.

아나운서 : "복싱단장 헬무트 피셔는 지난해인 95년 물러났습니다. 미하엘 셸레 박사는 회원 자격을 박탈당했습니다. 이제부터 진짜 일이 시작되었습니다. 1860의 변호사들은 일에 파묻혀 있습니다. 대개는 사소한 일들뿐입니다." (주석 : 셸레 박사의 회원 자격에 관한 법적 분쟁에서 법원의 한 직원은 ─ 재판정 바깥에서 ─ 셸레 박사가 아마도 사이언톨로지 신자일 것이라고 은밀하게 암시했다.)

변호사 G. 캄블리 : "지금 정확하게 이야기할 수는 없지만 1년에 20건 이상의 소송이 있다고 말할 수 있겠습니다. 법원은 여러 곳입니다. 여기 뮌헨에서건 함부르크에서건, 민사소송이건 형사소송이건 소송들이 진행 중이지요. 어쨌든 셀 수 없이 많은 소송이 걸려 있습니다. 정말이지 재판의 홍수입니다."(주석 : 우리 측에 대한 소송은 9건이었고, 내 의뢰인에 대한 소송이 15건이었다.)

페이드인 : "윤리상태에 있어 적이라고 간주된 사람은 법률의 보호를 받을 수 없습니다. 그런 사람은 가지고 놀거나 고소하거나 기만하거나 파멸시켜도 됩니다."(L. 론 허버드)

아나운서 : "카를 하인츠 빌트모저는 자신이 감시받는다고 느낍니다. 내부인의 증언입니다."

증인 : "그는 누군가에게 감시받았습니다. 네, 어느 정도는 협박당하는 분위기도 느껴졌습니다. 그를 물러나게 하거나 자신들이 원하는 것을 그가 하도록 만들기 위해서죠."

영상 : 레스토랑 힌터브륄.

아나운서 : "이곳 뢰벤 사장 빌트모저의 레스토랑에서 산악스포츠단 단장인 리버가 이상한 것을 목격했습니다."

리버 : "폭스바겐 골프 한 대가 떠날 준비를 하고 있었습니다. 안에 사람들이 타고 있었지만 창문이 어두워서 누군지 알아보지는 못했습니다. 아, 그리고 빌트모저 씨의 차가…… 그러니까 빌트모저 씨가 떠나는 순간, 기다리던 자동차는 곧바로 출발해서 그를 따라갔습니다. 확실합니다." (주석 : 빌트모저가 사이언톨로지에 의해 감시를 받았다는 주장은 완전히 지어낸 말이며, 마찬가지로 음모론의 침투에 잘 어울리는 것이었다. 이 주장은 나중에 빌트모저 자신에 의해 허위로 밝혀졌다.)

아나운서 : "같은 시기에 1860 스포츠클럽의 임원 스벤 에거는 곤경에 처했습니다. 여비서(○○)를 성추행했다는 혐의를 받은 것입니다."

영상 : 『빌트』지의 신문기사, "섹스 스캔들이 TSV 1860을 뒤흔들다. 누구의 말이 거짓인가?"

에거 : "이런 장소에서 누군가를 성추행한다는 것은 정말이지 거의 자살행위나 다름없습니다. 이곳 구조가 어떤지 알고 있는 사람이라면 절대 그렇게 할 수 없지요. 앞쪽에는 사무실로 가는 통로가 있고, 왼쪽과 오른쪽에는 문이 있지요." (주석 : 성추행이 무조건 폭력이나 육체적 접촉과 관련된 것만을 뜻하지는 않는다.)

영상 : 판사들이 앉아 있는 법정.

아나운서 : "여비서가 나타나지 않아 재판이 무산되었습니다. 증인 피셔는 무엇인가를 보았다고 하지만 아무 말도 하지 않습니다. 피셔는 1995년 초까지 복싱단 단장이었습니다." (주석 : 재판은 무산되지 않았다. 빌트모저가 잘못된 법정에 제소했기 때문에 소송이 다른 법정으로 넘겨진 것이다.)

피셔 : "저는 거기에 대해 아무것도 할 말이 없습니다. 정말입니다."

기자 : "무엇인가를 보셨습니까, 아니면 아무것도 보지 못하셨습니까?"

피셔 : "보았습니다."

기자 : "그렇다면 공개하실 수 있잖습니까!"

피셔 : "아니오."

아나운서 : "사건을 완전히 다르게 기억하는 사람이 있습니다."

정보원 : "그들이 여비서에게 돈을 주었을 것입니다. 그녀는 지금 매우 큰 빚을 지고 있는데, 만약 그녀가 예거 씨를 성추행 혐의로 고발한다면 그들이 대신 빚을 갚을 것입니다." (주석 : 아래 참고)

타냐 넬카 (다른 여비서) : "우리가 탁자 앞에 함께 앉았는데, ○○부인이 예거 씨 옆에 앉았습니다. 정말 볼 만했어요. 그녀는 계속 그를 만지고 치근댔습니다. 저만 본 게 아니에요. 탁자 앞에 앉아 있던 모든 동료들이 알고 있어요. 그러니까 상당히 심한 행동이었어요." (주석 : 클럽의 이 여비서는 당시에 아직 해고되지 않았다.)

아나운서 : "당사자인 ○○부인에게 직접 질문했습니다."

기자 : "안녕하세요, ○○부인. 저는 SAT1 스포츠의 슈테판 오트입니다. 잠깐 시간 좀 내주시겠습니까?"

○○ : "안돼요."

기자 : "안된다구요? 잠시 얘기 좀 나누었으면 하는데요."

○○ : "당신과는 할 얘기가 없어요."

기자 : "왜죠?"

○○ : "제가 당신과 무슨 얘기를 해야 할지 모르겠네요."

기자 : "네, 하지만 ○○부인. 문제가 다시 커지기 시작했어요. 1860과 성추행 혐의를 받는 스벤 예거 등등 때문이에요. 그냥 한 번만 무슨 일이 일어났는지 묻고 싶을 뿐입니다."

○○ : "전 관심 없어요. 묻고 싶은 게 있으시면 제 변호사에게 가세요. 그럼 이만." (주석 : 당시 양측이 자신들의 이름을 공표하지 말라고 법원에 청원하는 화해절차가 있었다.)

영상 : ○○부인 집 앞 인터폰.

기자 : "그렇다면 당신 변호사는 누굽니까?"

아나운서 : "그때 그녀의 변호사는 셸레 박사였습니다."

영상 : 셸레 변호사라는 현관이 붙은 집 정면 입구.

벤크 : "여기서 목격할 수 있는 이런 많은 책략은 1860 뮌헨과 연관되어 있습니다. 이런 책략 자체를 두고 본다면, 우리는 당연히, 정말 충분히, 뭔가 더러운 음모 내지 불공정한 행태라고 평가할 수 있을 것입니다. 하지만 놀라운 것은, 여기서 사건이 얼마나 농밀하게 진행되었는가 하는 점입니다. 적어도 이런 질문을 던져볼 수 있겠습니다. 어떤 의도가 숨어 있는 것은 아닐까? 어떤 전략이 이미 세워진 것은 아닌가? 이제 우리는 이 추측을 계속 전개시켜야만 합니다. 실제로 일이 그러했다면, 이런 전략이 도대체 어떤 모습으로 나타나는지를 한번 조사해 보아야 할 것입니다. 그리고 많은 것들이 사이언톨로지 전략 또는 허버드 테크놀로지 그 자체를 연상케 한다는 점을 간과해서는 안됩니다."

L. 론 허버드 목소리 : "그들의 죄를 입증할 자료를 많이 발견하거나 만들어내서 그들이 평화를 간청하도록 만들어야 합니다. 해당하는 사람의 명성에 해를 끼치며 파멸을 불러올 캠페인을 조직합시다."

아나운서 : "빌트모저는 꼭두각시로 추락하고 말았을까요? 한때 친한 친구였지만 이제는 최고의 적이 된 에리히 메르츠. 그는 법정에 서만 볼 수 있습니다. 빌트모저가 메르츠와의 마케팅 및 스폰서 계약을 즉각 해지했기 때문입니다. 친구이자 TSV 1860의 유일한 마케터로서 메르츠는 빌트모저에게 상당한 영향력을 행사했고 높은 지위를 유

지했다고 합니다. 메르츠에게 많은 문제가 생겼습니다. 그는 지금 사정이 매우 나쁜 상태라고 합니다. 재판에서 진다면 그에게는 더 나쁜 상황이 초래될 것입니다."

영상 : 법정에 메르츠가 앉아 있다.

영상 : 슈람이 메르츠에게 간다.

아나운서 : "전 사이언톨로지 신자 슈람이 핑계를 대고 메르츠를 찾아갔습니다. 메르츠의 사무실에서 희귀한 비디오테이프 두 개를 보았다고 합니다."

슈람 : "그러니까 메르츠 씨가 가지고 있는 이 테이프는 손에 넣는 것 자체가 매우 어렵습니다. 공급 자체가, 이런 것을 구입하는 것 자체가 사이언톨로지에서 대단히 확고한 위치를 가진 신자가 아니고서는 불가능합니다." (주석 : 비디오테이프는 존재하지 않았고 슈람 역시 그런 것을 왈가왈부할 수 있을 만큼 높은 급의 사이언톨로지 신자가 아니었다.)

아나운서 : "메르츠의 경제 상황은 매우 좋지 않았습니다. 어느 반론문에서 메르츠가 손으로 쓴 이런 글을 볼 수 있습니다. 제1급 깡패 빌트모저." (주석 : 이 메모는 실제로 E. 메르츠가 직접 쓴 것이다. TSV 1860 뮌헨 주변 사람인 것 같은 누군가가 그를 공격하겠다고 협박하는 전화를 했다고 한다. 아마도 이 통화 중에 그런 메모를 썼던 것 같다. 그의 사무실에 도둑이 들어 이 메모가 쓰여진 종이를 분실했다.)

영상 : 제1급 깡패 빌트모저.

벤크 : "L. 론 허버드에서 비롯한 이 같은 윤리는 적으로 등급 매겨진 비판가들에게도 적용됩니다. 허버드는 그들이 어둠 속에서 도로 한 가운데로 내동댕이쳐지거나 생일축하 서프라이즈 선물처럼 그들이 거대한 화염 속에서 솟아나오는 등의 상상을 한다고 합니다."

영상 : 벤크가 『제3의 역학을 위한 사이언톨로지 권력규정 윤리』의 복사된 페이지 하나를 카메라 앞에 내민다.

아나운서 : "사이언톨로지 역시 반격을 시작했습니다. 그들은 빌트 모저와 예거 이사에게 부작위해명 요청서를 보냅니다."

벤크 : "저는 구체적으로 이렇게 말하고 싶습니다. 저는 SAT1 스포츠 편집국의 대규모 조사결과를 보았습니다. 저는 자료를 쭉 다시 한 번 살펴보았습니다. 증거가 매우 많다고밖에 할 말이 없습니다. 그것도 결코 뜬구름 잡는 추측이 아니라 너무 많은, 너무 많은 증거입니다. 1860 뮌헨에 사이언톨로지가 침투 활동을 하는 것 아니냐는 질문을 던지고 우려를 불러일으키기에 충분합니다. 또 이런 질문은, 저는 질문이라고 강조합니다, 해명되어야만 한다는 것이죠. 다시 한 번 말하지만, 이제 사이언톨로지가 해야 하는 것이 다름아니라 지금 빌트 모저 사장에게 이런 방식으로 압력을 행사하고 겁을 주어 부작위해명을 받아내는 것이라고 생각한다면 정말이지 의아한 일이 아닐 수 없습니다."

아나운서 : "1860 사람들은 주의를 기울이고 있습니다. 하지만 다른 클럽들에도 사이언톨로지 신자들이 이미 꽤 많을 것입니다."

진행자 요하네스 B. 케르너 : "믿기 어려운 이야기입니다. SAT1 스포츠에 이 사건과 관련된 새로운 소식이 들어오는 대로, 확실한 소식이라 여겨지면 계속해서 여러분께 전달해 드리겠습니다."

시청률 사냥꾼

그러나 더 이상의 소식은 없었다. 지방법원 여러 곳에서 수차례 가처분조치를 내렸다. 전부 다 해서 족히 10개는 넘을 것이다. SAT1은 참패를 당했다. 허버드 인용문만 봐도 알 수 있듯, 어느 곳 하나도 사실인 부분이 없었다. 단적인 예는 익명의 증인이다. 누군지 알아볼 수 없는 모습과 변조된 목소리로 등장하는 그는 추행당한 여비서가 사실은 돈을 받았다는(방송의 맥락에서 보면 물론 소위 사이언톨로지로부터다) 근거없는 비방을 만들어내는 역할을 하고 있다. 범인으로 하여금 ― 이것은 진짜 절정이다 ― 그녀를 성추행하도록 유인하기 위해서 말이다. 놀랍게도 우리의 인쇄매체들은 이 방송에 대해 조심스럽게 비판적이었고, 이 말도 안되는 방송을 싸구려 가짜라고 규탄하고 무시했다.

이 무대에서 아마도 가장 나쁜 역할을 충실히 해낸 사람은 개신교 종파대의원 벤크였던 것 같다. 그는 사건에 대해 입장을 표명함으로써 비방과 주장에 신뢰성을 덧칠해 주었다. 그러나 얼마 후 다른 사건에서 그는 '진실의 장의사'라는 이름까지 얻었고(뮌헨 지방법원 지원의 인가를 받아) 결국 고심 끝에 입장표명을 후회하고 사과해야 했다.

나와 마찬가지로 마케팅 매니저와 여비서도 방송 후 가처분조치에 의해 상대적으로 빨리 명예를 회복했다. 베를린 지방법원은 프로그램의 거의 모든 핵심 주장에 퇴짜를 놓았다. 빌트모저는 사이언톨로지에 대한 부작위해명서를 제출했고, 자신이 사이언톨로지의 감시를 받았다는 등의 주장을 더 이상 할 수 없었다.

논평을 달아야 할 것은, 빌트모저가 종파공포증을 그 동안 분명 완전히 털어버렸다는 사실이다. 스위스 일간지 『타게스안차이거』에 의하면 빌트모저는 2003년 대한민국에서 열린 어느 '종파 투어'에 자신의 구단과 함께 참석했다. 소위 '피스컵'이라는 이름의 이 대회는 통일교가 개최한 것이었다. 뮌헨과 프라이징 대주교구에서 종파 및 세계관 문제를 담당하는 신학자 악셀 제거스는 당시 어느 인터뷰에서 이렇게 말했다. "1860팀이 이 투어에 가도 되느냐고 제게 물었다면, 저는 분명히 안된다고 대답했을 것입니다."

그러나 도대체 무엇이 SAT1 같은 방송국으로 하여금 그런 음모론을, 그런 파렴치한 프로그램을 제작하고 방송하도록 만들었을까? 1996년 3월 10일 『벨트』의 일요판 『벨트 암 존탁』은 SAT1이 신임사장 프레트 코겔이 취임하면서 시장의 선두주자가 되려는 목표를 세웠다고 보도했다. 그렇다면 시청률 제고라는 목표가 필수적이었을 것이다.

SAT1의 상황은 특히 좋지 않았다. 광고주들의 외면으로 이미 화요일과 수요일 광고 가격이 노골적으로 떨어질 수밖에 없었다. 특수한 상황과 몇몇 고객과의 분쟁으로 당시 광고 단가는 극단적으로 추락하는 형세였다. 섹스, 범죄(폭력성)와 사이언톨로지, 그리고 (소위) 스타 변호사가 포함되고 거기다 모든 것이 유명한 축구단과 관계하고 있는, 앞서와 같은 보도는 센세이션을 불러일으켜 시청률을 높이기에 가장 적합한 도구였다.

1996년 3월 6일자 『분테』지의 어느 기사에서도 볼 수 있듯, SAT1 방송국은 그 자체로 사이언톨로지가 침투하고 있다는 의혹을 받았다. "SAT1에 사이언톨로지가 침투했다고 방송국 사내방송이 보도했다. 근거는 코겔 아래 있는 부사장 미하엘 하스의 책에 등장하는 '경력 쌓는 방법'이 종파입문서의 내용과 일치한다는 것이다."

사업에 해가 되는 이런 평판을 가능한 한 쉽고 철저하게 제거하는 것은 방송국으로서 마땅히 해야 할 일이었을 터이다. 그러기 위해서는 사이언톨로지에서 거리를 둘 뿐 아니라 이 종파와 그 침투 방법까지도 명시적으로 비방하는 것이 가장 좋은 방법이었으리라. 불행하게도 우리 의뢰인들과 내가 희생양이 된 것뿐이다.

당시처럼 격앙된 시기에는 쉬운 놀음이었다. 적의 이름이 언론 관련 분야의 전문가가 아니라 택시운전사나 경리였다면, 빌트모저 일당은 적을 털어버리기 위한 눈속임에 성공했을지도 모른다. 그렇다고 해도 그 성공이 오래 갔을 리는 없다.

내가 특히 프레트 코겔 사장의 역할을 불쾌하게 느낀 것은, 방송국 편집국의 공론과 비방이 TV 프로그램이라기보다는 망상에 가깝다는 사실을 알 만큼 충분히 나와 자주 만나왔고 나를 잘 알고 있었을 텐데도 그런 방송을 내보냈다는 점이다.

당시 내 아버지는 중병에 걸려 병마와 싸우고 있었다. 아버지에게 마지막 삶의 용기를 주는 일이 무엇보다 중요한 때였다. 아버지는 유감스럽게 간병인의 도움 없이는 생활할 수가 없었다. 어느 날 아침 간병인이 아버지에게 이렇게 물었다고 한다. "셸레 씨, 당신 아들이 정말 사이언톨로지 신자입니까?" 내 아버지는 공무원이자 신실한 가톨릭 신자로 한평생을 살아온 사람이다. 이 사건이 그를 얼마나 당황스럽게 만들었을지는 보지 않아도 충분히 알 수 있다.

SAT1에서 피해보상 방송이 전파를 탔지만 아버지는 그 방송을 볼 수 없었다. 명예훼손 방송이 나간 후 곧 세상을 떠났기 때문이다.

결론을 말해보자. SAT1와 빌트모저의 모호한 음모론은 종이로 만든 집처럼 쉽게 붕괴했고, 다른 매체의 진지한 주목을 끌 정도의 설득력도 갖지 못했다. 그러나 — 아마 의도했던 대로 — 당분간은 우리에게 상당히 큰 피해를 입힐 수 있었다.

6장

소문에
맞닥뜨리다

어떻게 다양한 소문이 생겨나고, 속도가 붙으며, 치명적인 명예훼손으로 이어질 수 있는가?

— 『아벤트차이퉁』의 사례

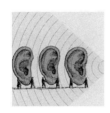

선정적인, 자극적인, 그리고 치명적인

스위스의 일간지 『노이에 취리허 차이퉁』은 2000년 여름 영국의 대중신문 『뉴스 오브 더 월드』의 반(反)소아성애 캠페인에 관한 기사를 실었다. 『뉴스 오브 더 월드』는 당시 49명의 아동성폭행범의 이름과 주소를 공개했다. 그들은 금고형을 마치고 석방되어 살고 있었다. 말했듯이 그들의 이름과 주소를 공개한 것이다.

사람들의 분노는 엄청났다. 소아성애자들 중 한 명과 이름이 비슷한 49세의 남자는 경찰에 보호를 요청했다. 심지어는 소아과 의사들 역시 수난의 대상이 되었다. 폭도들이 '소아과의사(pediatrician)'와 '소아성애자(pedophile)'를 미처 구분하지 못했기 때문이다. 그들의 자동차가 불에 탔고 집에는 소이탄과 돌이 날아들었다.

『노이에 취리허 차이퉁』은 상황을 가차없이 묘사했다. 소위 공격적인 '집단적 광기' 속에서 어떻게 개인이 도덕적 기준을 상실할 수 있는지가 극명하게 드러났다. 대중매체의 캠페인이 점화한 집단적 광기였다.

그러나 『노이에 취리허 차이퉁』 기사가 강조하고자 한 점은 약간 다른 데 있었다. 대중을 겨냥한 통속적 미디어산업의 실상을 부각시킨 것이다. 통속적 미디어는 소비자의 감정을 더욱 자극할 수 있는, 도덕에서 이탈한 사건들을 선호한다. 그들에게는 독자의 감정적 굶주림을 만족시키기는 것이 최고의 관심사이다. 따라서 폭력, 섹스 스캔들, 뇌물수수사건, 상해, 사고, 범죄 등 자극적인 주제들이 거침없이 등장한다. 이런 주제들은 스펙터클하게 포장되고 독자의 감정을 자극하여 슬픔, 분노, 격정, 질투를, 또는 기쁨, 감동, 연민, 혹은 쾌감까지 느끼게 한다. 『뉴스 오브 더 월드』는 분명 이 모든 것을 고려했을 것이고, 그래서 이미 형기를 마친 저 형사범들의 리스트를 공개했다. 하지만 이것이 소문과 무슨 관계가 있을까?

물론 아주 깊은 관계가 있다. 대중매체가 불붙인 마녀사냥 캠페인의 역병은 위에서 묘사된 사건처럼 그렇게 명약관화하지 않다. 대개는 머릿속에서 증식하기 때문이다. 독성분이 어느 정도로 퍼졌는지는 기껏해야 동창 모임이나 커뮤니케이션 포럼 등지에서만 볼 수 있다. 그런 곳에서 독자들(혹은 시청자들)은 서로 자신들의 당혹감을 확인하고 증오의 장광설을 내뿜으며 토론과 문책으로 갈증을 해소하곤 한다.

아니, 대부분의 스캔들 기사가 효과를 보는 것은 항상 우리가 직접적으로 보고 느끼기 때문만은 아니다. 소문은 오히려 드러나지 않는 곳에서, 인식하지 못하는 사이에 조금씩 우리를 전염시킨다. 대중매체가 유포한 소문의 경우에, 그리고 일부 매체가 의도적으로 내보낸 소문의 경우에 특히 그렇다. 그런 소문들은 각각의 (사진과 말에 의해) 준비된 감정의 공명판에 도달해 거기서부터 부지불식간에 사회적 유기체의 모든 가지들로 뻗어나간다.

이것은 '뉴스'로 통용되기를 요구하는 주장이라기보다는 공론(空論)과 추측, 즉 소문에 해당한다. 공론이란 독자로 하여금 진실이 무엇인지 생각하게 하고 능동적으로 소문과 접촉하도록 요구하기 때문이다. 소문은 사회 구성원들이 서로 합의하고 진실을 교환하며 무엇보다 도덕적인 기준을 평가하도록 부추긴다. 바로 그 때문에 비교적 오랜 토론 없이 곧바로 저장되는 '뉴스'보다는 '소문'이, 주목을 끌고자 하는 대중매체들의 경쟁에 더 적합한 것이다. 앞서 예로 든 이라크에서 체포된 인질 오스트호프 사건이 바로 그런 예이다(46쪽).

이렇게 독자 혹은 시청자에게 진실과 도덕에 관해 토론하도록 자극하기에 이상적인 또다른 소문의 한 종류는 소위 '혐의보도'이다. 혐의보도란, 형사사건 수사 절차에 관한 공식 보도를 말한다.

형사사건에서 중요한 것은 검찰측이 주장하는 혐의가 일종의 공론이라는 점이다. 물론 이 공론은 곧바로 조사되고 입증되어야 한다. 수사 절차의 개시로 이어지는 식의 (내부적) 공론은 이 단계에서는 엄밀한 의미에서 소문이 아니다.

그러나 중요한 것은 검찰의 추측만으로도 매년 수천 건의 소문이 홍수처럼 범람할 수 있다는 사실이다. 그것도 혐의 내용이 각종 매체의 편집국까지 침투하고 마침내 신문의 일면이나 TV 뉴스까지 도달한다면 소문은 걷잡을 수 없는 사태로 흐르게 된다. 이렇게 공공에 전달되는 순간부터 이제 검찰 내부의 한갓 '추측'은 사회 구성원들에게 껌처럼 씹히게 된다. 용의자는 유죄인가? 그는 어떤 벌을 받을까? 등등.

한번 이런 토론이 시작되면 그 다음에는 통제 불능이다. 당연히 처음에 보도된 뉴스와는 점점 더 멀어진다. 용의자들에 대해 사람들이 가지고 있는 그 동안의 경험과 기억이, 그리고 고정관념과 편견이 계속 뒤섞이기 때문이다. 토론에 참여하는 집단은 검찰이 조사를 마치기도 전에 벌써 결론을 내리게 마련이다. 나중에 사실무근이라는 검사의 결정이 내려지고 그에 따른 조치가 취해진다 해도, 공개적으로 혐의를 받은 사람의 추락한 평판은 되돌리기에는 너무 늦다. 부당하게 혐의를 받았던 사람은 이제 희생양이 되는 것이다.

명예훼손을 당한 희생양은 아무 생각 없는 보도 덕분에 소문의 미로게임에서 이리저리 던져지는 공이 된다. 결코 내버려두어서는 안될 경악스러운 결과이다. 전체 수사 절차의 90퍼센트 이상이 도중에 중단되는, 말하자면 용의자가 풀려나는 현상황을 고려한다면 말이다.

"기자들은 종종 검찰의 수사를 언급함으로써 자신들의 기사를 세련되게 만들고 싶어한다." 뮌헨의 검사장 안톤 빙클러는 『쥐트도이체차이퉁(SZ)』의 지면에서 이렇게 말했다. 특히 공명심에 불타는 저널리스트 중에는 직접 모호한 의혹이나 공론을 슬쩍 검찰에 건네주는 경우도 있다. 검찰이 수사를 개시하도록, 개시할 수밖에 없도록 하기 위해서다. 검찰이 수사를 개시한다면 이것은 다시금 자신의 (허무맹랑한) 기사에 더 큰 설득력을 실어줄 것이다. 독자는 검찰의 혐의가 수반되었을 때 신문기사에 더 큰 관심을 기울이고 공론에 더 큰 개연성을 두는 경향이 있기 때문이다.

『SZ』이 2006년 5월 9일 보도한 것처럼, 잡지 『포커스』는 그런 분야에서 특히 강점을 보여주었다.

최근 칼스루에 연방검찰총장은 슈타지(구동독의 비밀경찰 – 옮긴이)의 살인청부업자로 추정되는 남성에 대한 수사에 착수했다. 수사 과정에서 이 남성은 27명에 달하는 변절자들을 폭로했다고 한다. 검찰총장에게 정보를 준 사람은 이전에 슈타지의 소장으로 근무했던 『포커스』의 한 기자였다. 이 기자의 정보 제공으로 대규모 도청이 이어졌다. 킬러로 추정된 용의자는 은밀하게 활동하던 어느 수사관에게 소위 청부살인에 대해 털어놓고 결국 수갑을 찼다. 『포커스』는 이 사건을 머리기사로 다룰 만하다고 생각했다. 반면 수사에 착수하게 된 경위는 별로 주목받지 않았다.

나는 나 자신이 언젠가 혐의보도의 희생양이 될 수도 있다는 점은 한 번도 생각해 보지 않았다. 오히려 그런 상황에 처한 사람들을 성공적으로 변호한 적이 종종 있었다.

어느 여형사의 성급한 행동이 언젠가 내게 개인적으로 큰 불행을 초래한 일이 있었다(그녀는 유감스럽게도 경제법에는 별로 조예가 깊어 보이지 않는다). 주식 관련 법률에 대한 지식이 없는 어느 사업가 역시 한동안 검찰에 거짓 정보를 주어 혼란에 빠뜨린 적이 있었다. 하지만 내 개인의 명예가 땅에 떨어진 것은 누구보다도 어느 신문사 편집국장 덕택이다. 축구 황제 베켄바우어, 의사이자 사업가 뮐러 볼파트와 같은 명사의 이름으로 독자의 주목을 받으려는 신문사들의 다툼에서 경쟁 지면에 비해 자신이 약간이나마 우위에 있다고 생각하던 사람이었다. 뿐만 아니라 내가 뮌헨의 경쟁 신문 『타게스차이퉁(tz)』의 고정 칼럼니스트였다는 점도 그에겐 큰 걸림돌이 되지 않았다.

이제부터 뮌헨 일간신문 『아벤트차이퉁(AZ)』의 선정적 기사로 촉발된 스캔들을 비판하고자 한다. 그 전에 꼭 말하고 싶은 것은, 이것이 내 개인적인 명예회복만을 목적으로 하는 것이 아니라는 점이다. 이 사건은 공적인 혐의보도의 생성과 과정 및 결과를 생생하고 의미 있게 보여주고 있다는 점에서 매우 시사적인 사례이다. 무엇보다 한 가지는 분명하다. 우리 모두는 소문의 희생양이 될 수 있다는 사실 말이다. 대중매체가 내용 없는 의혹을 공공에 퍼뜨릴 의사를 가지고 있는 한 충분히.

아마도 내가 — 가족과 함께 — 경험해야 했던 일들과 우리가 거기서 얻은 교훈은 독자들이 이제 소문을 어떻게 피하고 어떻게 대처해야 할지에 도움이 될 것이다. 특히 나 개인적으로 분석하고 사유한 결과 분명히 깨달은 사실이 있다. 불확실한 공론이 나돌 때에는 신중하게 거리를 두고 보아야 하며, 공허하고 유해한 주장을 성급하게 유포하는 데 참여하지 말아야 한다는 점이다. 불확실한 공론을 믿고 무분별하게 행동하는 것은, 그 자신이 소문의 희생양이 되는 것만큼이나 위험하고 치명적인 일이다.

소문은 그렇게 시작되었다

2004년 9월 22일 수요일

그날 바이에른 주의 모든 신문 헤드라인은 뮌헨의 옥토버페스트(10월축제)가 장식했다. 그렇게 규탄받던 경제 위기의 흔적은 테레지아 초원 어느 곳에도 없었다. 천막이 가득 들어찬 초원은 축제를 즐기려는 방문객 행렬로 발 디딜 틈이 없었다.

사격클럽 막사 안에는 메르세데스 사장 울리히 코발레브스키, 영화

제작자 요제프 필스마이어 등이 모습을 보였다. 곡마장에서는 사교계 부인 아네테 슈넬 주최로 '여성 전용' 이라는 모토 아래 파티가 열리고 있었다. "헤이, 헤이, 베이비!" 멋지게 차려입은 숙녀들이 고성을 지르며 주변 남자들의 연모와 욕망의 시선을 즐기고 있었다. 어디선가 미하엘 발락(독일 국가대표 축구선수 – 옮긴이)이 후계자를 기다린다는 뉴스가 돌았다. 정말이지 진풍경이었다.

인근 풀밭 위에는 유명한 요리사 미하엘 캐퍼의 주점이 열렸다. 그곳에는 쾌활하면서도 은근히 고상하고 조심스러운 분위기가 감돌고 있었다. 매일 저녁 자신이 얼마나 술에 강한지를 증명하려는, 공명심에 불타는 저 일반 시민들의 모습은 찾아볼 수 없었다. 부자와 사교계 거물들, 그리고 그런 식의 유명세를 뽐내기 좋아하는 사람들은 오히려 나지막한 잡담을 나누며 그네들끼리만 요란하지 않게 박수를 치곤 했다. 캐퍼의 오리요리와 갖가지 백포도 샴페인을 평가하면서 말이다.

이때쯤이면 바이에른 주 전체가 고삐 풀린 무절제 상태에 돌입하지만, 이 예약 초과의 무대에서는 그런 모습을 찾아보기 어렵다. 단지 6리터들이 모에트&샹동 한 병이 900유로에 달한다는 사실만이 평소와 다른 축제의 증거라 할 만했다. 이 고가의 술은 초원의 요리사 미하엘 캐퍼가 손수 얼음 가득한 손수레에 담아 예약된 자리에만 배달하곤 했다.

늦여름의 따스함이 아직 남아 있는 이 9월의 저녁, 캐퍼 식당의 테이블에는 폭탄과 같은 헤드라인을 담은 뮌헨 『AZ』이 배달되었다. 뮌헨 최상류사회 사람들이 오랫동안 가장 즐겨 읽은 바로 그 신문이다.

"바이에른 닥터 파산. 뮐러 볼파트를 구한 베켄바우어의 돈."

신문을 읽은 방문객들이 이 충격적인 뉴스를 통해 알게 된 사실은 이러했다. '포뮬라 밀러 볼파트 헬스&피트니스' 사의 소유주인 유명한 정형외과 의사 밀러 볼파트가 15개월 전부터 경영난으로 고통을 겪어왔다는 것. 45만 유로에 달하는 재정 적자는 주식투자가들의 도움으로만 메울 수 있었는데, 여기 프란츠 베켄바우어라는 구세주가 등장했다는 것이다.

그렇다면 포뮬라사에 투자한 사람은 누구누구일까? 초원의 막사에서 이보다 더 흥미진진한 대화 소재는 없었다. 공론이 펼쳐지고 질투 어린 뒷담화가 오고갔다. 백만장자를 남편으로 둔 잉그리트 플릭, 사교계의 총아 롤프 작스, EM TV의 전 사장 플로리안 하파, 프란츠 폰 아우어스페르크 왕자, 베텔스만의 전 이사 몬티 뤼프트너, 여배우이자 할리우드 스타 엘케 좀머, TV 프로듀서 오토 레처, 이들 모두가 바이에른 닥터에게 주식투자를 했다.

그날 저녁 나는 몇몇 친구들과 함께 아무 생각 없이 뮌헨 헤르초크 공원에 위치한 내 집에 있었다. 아내 린디와 함께 우리는 '비즌 트로피'라는 골프대회에 참가할 준비를 하고 있었다. 72명의 뛰어난 아마추어 골프선수가 속해 있는 '보기골퍼협회'가 돌아오는 일요일 100여 명의 국내외 손님을 모시고 자선기금마련 골프대회를 개최할 예정이었다.

당시 나는 포뮬라 밀러 볼파트 헬스&피트니스사에 대해서는 완전히 무심한 상태였다. 물론 이 제약회사는 1998년 9월 내가 밀러 볼파트(우리는 그를 '바이에른 닥터'라고 불렀다)와 함께 세운 회사이기는 하다. 내가 2003년 6월 포뮬라사의 이사진에서 물러나야 했던 상황을 쉽게 받아들이지 못했다는 점은 인정한다. 어쨌든 내가 상당 부분 설립에 기여한 회사였기 때문이다. 회사는 2003년 초까지 매우 승승장구했고 연이어 많은 상품을 시장에 쏟아냈다. 2002년 12월 투자자들은 심지어 디트리히 마테쉬츠의 '레드 불(Red Bull)' 사와의 합병을 즐거운 마음으로 예상하기까지 했다.

"당신은 40년 전 과거를 연구하고 싶습니까, 아니면 40년 후 미래를 탐색하고 싶습니까?" 언젠가 우리 회사가 코카콜라사와 전략적인 합일점을 찾은 것 같다고 조심성 없이 말하자 디트리히 마테쉬츠는 사뭇 도전적인 어조로 그런 질문을 내뱉었다. 그때 코카콜라사는 우리와 제휴해 독샷(Doc Shot)이라는 혁신적인 피트니스 음료를 시장에 내놓을 생각에 들떠 있었다. "아니오. 물론 과거는 아닙니다." 내가 대답했다. 우리는 2002년 12월 코카콜라 대신에 레드 불과 함께 미래를 탐색하기로 결정했고, 레드 불과 함께 우리가 개발한 피트니스 음료 독샷을 출시했다.

그러나 이 사업은 2003년 늦봄 무렵 아주 곤란한 상황에 처하게 되었다. 우리가 거의 동시에 개발한 다른 상품들 중 하나인 접착제에 문제가 생긴 것이다. 유감스럽게도 생산 과정에서 큰 실수가 발생했고 제품을 시장에서 회수해야 하면서 폐업할 위기에까지 처했다. 하지만 45만 유로의 난관을 극복하는 일은 어렵지 않았다. 백만장자인 투자자들이 재빨리 간단하게 증자해 문제를 해결했다. 그 직후인 2003년 여름 나는 프란츠 폰 아우어스페르크 왕자에게 이사직을 넘기고 내 원래의 직업인 변호사로 돌아왔다.

말했듯이, 모든 일은 2003년 초에 일어났고, 2004년 가을 옥토버페스트까지 이어질 사안은 절대 아니었다.

외부 요인에 의해 발생한 위기를 극복하지 못할 만큼 우리 투자자들의 자금력이 부족하지는 않았다. 그러므로 저 수요일 저녁 발생한 모든 상황은 확실히 당시로서는 더 이상 아무 문제도 아니었다. 적어도 골프대회를 계획하고 있던 나와 내 친구들에게는. 그러나 즐거운 가을 축제 무대로 황급하게 쳐들어온 어느 신문 판매원이 베켄바우어의 소위 구원행위를 헤드라인으로 담은 신문을 팔기 시작한 것이다.

2004년 9월 23일 목요일

내가 『AZ』의 헤드라인을 접한 것은 물론 다음날 아침이었다. 내가 사무실에 도착하기 전에 사려깊은 내 비서가 벌써 신문을 내 책상 위에 놓아두었다. 잠시 회계자료를 꺼내보니 축구 황제 베켄바우어가 당시 실제로 기업의 '구원'에 어떤 기여를 했는지가 확인되었다. 총 4,500유로였다. 전체 증자액의 1퍼센트에 해당하는 금액이었다.

『AZ』의 기사는 전후 맥락을 파악하지 못했을 뿐만 아니라 많은 오류를 담고 있었다. 특히 화가 나는 것은, 1년이나 지난 이 위기를 대문짝만하게 일면 기사로 다루었다는 사실이었다. 시사적인 문제를 다루는 것에 가치를 두어야 할 일간신문으로서는 이해할 수 없는 행동이었다. 투자자가 저명한 인사라는 사실말고는 납득할 수 있는 부분이 전혀 없었다.

처음에는 어느 기자가 시사성이라는 규범을 망각하고 베켄바우어의 일을 감정적으로 받아들여 때늦은 기사를 쓴 게 분명하다고 생각했다. 그러나 천만의 말씀이라는 걸 며칠 뒤에 알게 되었다. 베켄바우어를 다룬 헤드라인은 오랫동안 준비한 캠페인의 서막에 지나지 않는다는 것을, 이 캠페인의 중심에서 곧 나 자신도 공격의 대상이 되리라는 것을, 그리고 괴물처럼 몰려올 언론의 허리케인, 그 중심에 나 자신도 서게 되리라는 것을 깨닫게 되었다. 변호사로서의 경력, 사회적 명성, 그리고 내 가족 모두에게 불어닥칠 폭풍이었다.

어떻게 해야 할까? 그렇게 엉성한 기사를 아무런 항의 없이 내버려 두어도 된단 말인가? 적어도 거기에 묘사된 회사의 위기는 내가 이사로서 포퓰라사의 운명을 책임지고 있던 시기에 일어난 일 아닌가? 더구나 나는 이 기업에 아직 몇 퍼센트의 지분을 가지고 있을 뿐 아니라 고문으로서의 임무도 가지고 있지 않은가?

특히 언론 관련 분야에서 이름을 날리던 변호사로서 나는 어떤 점을 어떻게 법적으로 비판할 수 있는지를 금방 알았다. 하지만 그 신문사 책임자에게 부작위(태만)를 해명할 것을 요구하거나 법정에서 가처분조치를 취하기 위해 내가 기사를 법적으로 해부할 시점은 이미 지나가 버렸다.

여러 해 전부터 나는 언론출판법 관련 소송을 축소해 오고 있었다. 큰 고통을 겪었던 시절의 기억이 너무 생생했기 때문이며, 언론출판법을 두고 티격태격해 보았자 임시방편식의 보상만 얻어낼 수 있을 뿐이라는 사실을 체험했기 때문이다. 물론 장기적으로 보았을 때 매체(특히 대중언론)와의 평화적인 공존을 모색하는 것이 분명 더 발전적이라는 통찰도 어딘가 작용하고 있었다.

왜 그런가? 몇몇 신문사 데스크의 비판 능력은 보잘것없다. 그들은 언론의 자유와 바보의 자유를 혼동하는 어리석음을 너무나 자주 저지른다. 이 일부 저널리즘계의 확신범들은 충분히 용납할 수 있는 부작위판결조차도 야만적인 복수욕의 대상으로 간주하곤 한다. 내 운명을 바친 대가로 얻은 분석에 의하면, 이런 행태에 대응하기 위한 적절한 수단은 단 한 가지뿐인 것 같다. 패배주의적으로 들릴지 모르지만 그것은 "If you cannot beat them, join them(그들을 이길 수 없다면 그들과 함께 하라)"이다.

그렇다고 그들에게 완전히 예속되려 한 것은 아니었지만, 나는 내 언론출판법 관련 투쟁정신을 얼마간은 포기하는 것이 낫겠다고 생각했다. 매번 위험한 상황이 벌어질 때마다 나는 해당 신문사 책임자들을 찾아내 조용히 대화를 통해 합의를 보려고 했다. 그런 결정을 내리는 것이 장기적으로 보아 이득이었고 크게 보아 내 의뢰인들을 더 만족시킬 수 있었기 때문이다.

어쨌든 그 목요일에 내 원래 의도는 『AZ』의 베켄바우어 헤드라인에 대해 조치를 취하자는 것이었다. 신문사 데스크에 전화해서 조용히 사무적인 용어로 사태를 만족스럽게 해결할 계획이었다. 아직까지도 똑똑히 기억하지만 『AZ』의 책임자들은 내가 개입했던 어떤 사건에서 결국 사태를 현명하게 직시한 적이 있었기 때문이다.

당시 사건의 중심에 있던 사람은 400미터 전 유럽챔피언이자 서울올림픽 동메달리스트로 현재는 TV 방송국 스포츠 프로그램 진행자인 노베르트 도벨라이트였다. 그에 관해서 『AZ』은 어느 날 일면 헤드라인으로 구속영장이 발부될 것이라는 뉴스를 실었다. 당시 도벨라이트(내 의뢰인이었다)에게는 따귀를 때렸다는 혐의로 손해배상 민사소송이 예정되어 있었다. 그러나 별로 중요하지 않다고 여겨졌던 소송절차가 신문기사가 나온 후 곧바로 개시되었다.

그 다음날 나는 『AZ』의 편집국장과 함께 양측 모두에게 평화로운 합의를 도출하는 데 성공했다. 신문은 내 의뢰인 도벨라이트의 동의 없이는 이 사건과 관련해 더 이상 어떤 보도도 하지 않겠다고 약속했다. 약정은 양측이 합의한 것이었다. 이런 약정은 어쨌거나 대중신문의 입장에서 보면 유리한 것이다. 소송절차가 개시되고 몇 개월이 지나면 신문사에 높은 금액의 위자료가 부과될 수도 있기 때문이다. 적어도 불법적인 추정보도가 문제시되면 신문사로서는 결국 지갑을 열 수밖에 없다.

말했듯이 이렇게 법정 밖에서 『AZ』과 합의를 한 일이 아직까지도 기억에 남아 있었다. 그 때문에 헤드라인 문제로 편집국장에게 전화하는 것이 건설적인 효과를 얻어낼 것이라는 데 일순간도 의심을 하지 않았다.

그러나 내 꾀에 내가 넘어간 셈이 되었다. 전화선 저쪽의 편집국장은 내 논거에 특별한 인상을 받은 것 같지 않았다. 그래서 나는 이미 활자화된 몇몇 소문들을 하나하나 글로 수정하지 않을 수 없었다. 물론 어떤 구체적인 언론출판법적 요청이나 협박이 있었던 것은 아니었다. 그저 『AZ』의 중역진에게 비판적 공개라는 그들의 관점을 다시 한 번 성찰해 보고 소문들을 심각하게 검증할 기회를 주고자 했던 것이다.

그러나 『AZ』 신문사를 향해 조심스럽게 작성한 내 해명 서한은 도리어 편집국장을 자극하는 결과를 낳았다. 신문사는 계속해서 일면 기사를, 그것도 바로 다음날 싣기 시작했다. 아니면 혹시 벌써 오래전에 결정되어 있던 기사였을까? 아니면 경쟁사인 『타게스차이퉁(tz)』에 대한 공격 개시였을까(몇 달 전부터 나는 매주 수요일마다 '법률상담'이라는 이름으로 『tz』에 연재 칼럼을 기고하고 있었다)?

어쨌든 베켄바우어 헤드라인과 관련해서 정당한 합의를 얻어내려는 내 노력에 『AZ』의 반응은 결코 건설적인 것이 아닐뿐더러 친절하지도 즐겁지도 않은 것이었다.

변호사 셀레는 호텔왕을 속였나?

바로 그 뒤엔 『tz』의 편집국장이 2004년 9월 23일 저녁, 내 휴대전화로 전화를 걸어 다음날 『AZ』의 일면 헤드라인 제목을 알려주었다.

> **뮐러 볼파트사**
> # 주식을 둘러싼 다툼
> # 사기라는 비난!
> 검찰, 전(前) 이사장 셀레 박사에 대한 수사 예정

이어서 7면에 기자가 붙인 제목은 이러했다.

> # 사기인가?
> ## 호텔왕이 스타 변호사를 고발하다

『tz』의 편집국장 카를 셰르만은 말했다. "먼저 우리한테 말씀하시지 그러셨습니까. 어쨌든 우리 신문을 위해서 법률 칼럼을 쓰시잖아요." 일단 나는 아무 문제가 없을 거라고 그를 진정시키면서, 만약 누군가가 무법자처럼 나를 고소할 생각을 하고 있다손 치더라도 내가 어떻게 사전에 보고를 받을 수 있겠느냐고 말했다.

그날 저녁 『tz』의 편집국장에게서 전화가 왔을 때, 우리는 이탈리안 레스토랑 '부온 구스토'에 있었다. 자선 골프대회에서 골퍼들에게 어떤 요리를 대접해야 할지 의논하던 중이었다. 부온 구스토에 가면 항

상 그렇듯, 우리는 이탈리아적인 자유분방함을 즐기고 있었다. 잿빛 일상을, 매일 반복되는 법률과의 씨름을 잊게 해주는 또 하나의 즐거움이었다.

전화통화가 끝난 직후 『AZ』 신문판매원이 다음 날짜의 신문을 들고 레스토랑에 들어왔다. 정말로 내 사진 옆에 '사기'라는 단어가 보였다. 당황하지 않을 수 없었다. 아니, 당황이라는 말은 완곡한 표현이다. 처음에는 기사를 도저히 진지하게 받아들일 수 없었다. 이런 식의 비방을 어떻게 이해하란 말인가. 어떻게 화가 나지 않을 수 있겠는가. 일단 『AZ』의 편집국과 건설적인 대화를 하려는 내 시도가 실패했다는 사실이 화가 났다. 명백히 정반대의 결과로 흘렀고, 해명을 얻어내는 대신 보복을 받은 것이다.

그러나 무엇보다 나를 화나게 만든 것은 그 기사가 터무니없는 거짓이라는 점이었다. 언론출판법을 이모저모 따져보며 이 경우는 어떨까를 생각했다. 수십만 부로 유포된 이 난센스가 상대적으로 빨리 사실무근으로 입증되리라는 점에는 의심의 여지가 없었다. 그렇다고 해서 이런 수준 이하의 행동을 그냥 내버려둘 수는 없는 일이다. 어쨌든 처음에는 화만 났지 의기소침하지는 않았다. 상대가 나의 법률적이고 인간적인 자질을 무시하거나 적어도 과소평가할 수 있다고 믿었다는 점이 화가 났다.

그러나 분위기는 눈 깜짝할 사이에 진정되었고, 동시에 내 결의도 더욱 확실해졌다. 이번 경우는 대화로 해결할 문제가 아니라고 결론지었다. 10년 이상 언론출판법 분야에서 성공적인 변호사로 이름을 날려온 내 법률적 자질을 상기해 냈다. 자신들이 잘 알지도 못하는 어느 변호사를 향해 『AZ』 편집국이 행한 파렴치한 공격은 도저히 이해할 수 없었고 심사숙고해서 대처해야만 하는 행동이었다.

나는 자문했다. 이런 상황에서 검찰이 일개 대중신문 기사에 대해 입장을 취했다는 것이 도대체 가능한 일일까? 그것은 신문에서 추측성 혐의보도를 하는 것과 마찬가지로 불법적인 것 아닌가? 이 지역에서 어느 정도 지명도를 가진 사람을 어쩔 수 없는 무방비상태에 빠뜨려 좌지우지하려는 것인가? 아니면 야망을 품은 어느 검사가 획책한 음모는 아닐까? 수사가 제대로 진행되지 않을 때 검사들이 언론에 일을 떠넘긴다는 소문을 얼마나 자주 들어왔던가? 헤드라인, 혐의, 소문. 이 모든 것은 어떤 식으로든 원고측 증인을 찾아내려는 희망 때문이다. 이것은 유감스럽게도 일종의 방법론이 되어버렸다!

사회학적인 연구에 따르면, 언론이 수사 및 형사재판에 관해 보도한 사건 중 58.2퍼센트에서 용의자의 이름까지 언급되었다. 완전히 불법적인 일이다. 매년 수사 대상 10퍼센트 이하만 유죄확정 판결로 이어진다는 사실을 감안할 때, 법률적 보호를 받지 못한 용의자들이 어떤 식으로 공개적 비난의 죄없는 희생양이 되는지를 어림잡아 볼 수 있다. 흔히 무죄를 추측한다는 인용이 들어가기는 하지만, 그렇다고 해서 언론의 보도로 인한 기본권 침해가 사라지는 것은 아니다.

그렇다면 이것은 음모일까? 『AZ』과 검찰의 음모?

모든 것이 우선은 질문에 불과했다. 결정적인 답도 없었고, 상황이 더 나빠질 것이라는 예감도 전혀 없었다.

2004년 9월 24일 금요일

다음날 아침 나는 서둘러 사무실로 향했다. 가는 도중 여러 번 신문 가판대를 지나갈 때마다 매번 똑같은 내 사진과 굴욕적인 헤드라인을 보아야 했기에 기분이 좋지 않았다. 수천 가지 생각이 들었고 불안감을 감출 수 없었다. 아니, 수사 때문에 불안한 것은 아니었다. 거기에 대해서는 이미 오래전부터 잘 알고 있었다. 심지어는 내 민사소송 상대(『AZ』은 그를 '호텔왕'이라는 웃기는 이름으로 불렀다)의 형사고발이, 이 형사고발 내지 검찰조사가 그에게 결국은 나의 무혐의를 입증해 줄 것이라는 희망도 있었다.

아니, S라는 사람의 말도 안되는 비난은 이미 잘 알고 있었다. 내가 포뮬라사의 주식을 팔면서 그에게 사기를 쳤다는 주장 때문에 내 쪽에서 반년 전부터 벌써 그를 고소할 생각을 하고 있을 정도로 잘 알고 있었다. 내 명예를 손상시키기 위해 내 주변에 험담을 하는 행동을 당장 중지하라고 고소할 생각이었다. 그런데 결국은 바로 그런 험담이 갖가지 형태의 소문으로 변질된 것이다. 그것이 나의 실수였을까. 그가 계속 헛소리를 하고 다니도록 내버려둔 내 잘못이었을까.

이 시점에서 내가 알지 못한 사실이 있었다. 오스트리아 출신의 부동산업자 S가 당시 어느 광고 에이전트의 도움으로 뮌헨 사교계에 자리를 잡으려 했다는 사실이다. 에이전트는 그런 의뢰를 받아들이기를 매우 주저했다고 나중에 내게 고백했다. "하지만 제가 어떻게 할 수 있었겠어요?" 매우 미안해 하며 그녀가 말했다. "그는 3년치 보수를 미리 지불했고 저는 집 문제로 돈이 필요했어요."

그녀가 해야 할 일은, 스페인에서 불투명한 사업으로 큰 돈을 벌었던, 앞서 말한 남자를 가능한 한 자주 언론 가십란에 등장시켜 뮌헨 사교계로 가는 길을 열어주는 것이었다. 그녀는 신속하고 정력적으로 임무를 수행했다. S가 내 아내 린디로부터 2003년 1월 포뮬라사 주식 1퍼센트를 얻으려고 애썼던 것도 앞으로 사교계 분위기를 만끽하고

자 하는 욕망 때문이었을 것이다. 사실 그는 우리에게서 더 많은 주식을 사고 싶어했지만 우리는 팔고 싶지 않았다.

나중에 나와 사이가 나빠지자 S는 이렇게 주장했다. "그 주식은 너무 비쌌습니다. 셸레 박사는 나를 속였습니다." 이것은 사실도 아닐 뿐더러 그럴싸한 근거도 부족하다. 만약 주식을 비싸게 파는 것이 내 의도였다면 나는 그에게 더 많은 지분을 매각했을 것이기 때문이다. S 자신도 1퍼센트 이상을 무조건 갖고 싶어한 마당에 어려운 일이 아니었을 것이다. 그걸 떠나서 2개월 전에 당시 회사의 고문이었던 몬티 뤼프트너와 뮐러 볼파트 박사, 그리고 프란츠 폰 아우어스페르크 왕자는 S가 매입한 가격보다 10퍼센트 높은 가격을 적정 주가로 간주하고 있었다. 무엇보다 S 자신이 이것이 사기라고는 절대 생각하지 않았을 것이다.

적어도 이 역시 뮌헨 사교계의 주목을 받으려는 선전행동의 하나였다는 것을 뒷받침할 만한 사실이 몇 가지 있다. 틀림없이 그는 흡족했을 것이다. 사교계의 명사가 되려는 욕망이 워낙 커서, 파티와 골프대회에 참석하는 것만으로는 뭔가 아쉬웠을 것이다.

아니, 어쩌면 나는 진지하게 걱정할 필요가 없었을지도 모른다. 형사고발이라는 술책은 너무 속이 빤히 들여다보이는데다가 그의 주장에 모순이 너무 많았기 때문이다.

하지만 일면 헤드라인이 어떤 영향을 미칠지, 특히 내 직업에 어떤 결과를 초래할지, 내 가족에게 어떤 당혹스러운 일이 닥칠지 생각하면 불안하지 않을 수 없었다. 사기꾼 변호사라니! 분명 다음날이면 모두가 잊어버릴 기사는 아니었다.

통속 저널리즘의 유명한 대표자, 『빌트』지 편집국장 카이 디에크만은 2005년 1월 26일 『쥐트도이체차이퉁(SZ)』과의 인터뷰에서 이런 종류의 저널리즘을 "살인 저널리즘"이라고 칭했다. 정말 맞는 말이다! 내가 느낀 바도 그렇지만 이건 정말 사람을 죽이는 기사였다. 어쨌든 나는 『SZ』에 이 인터뷰가 실린 바로 그날 베를린 지방법원에서 가처분조치를 받아냈다. 그것도 하필이면 바로 그 『빌트』 편집국에 소속된 또다른 살인 저널리스트의 기사에 대해서였다. 그것 역시 불법적인 추측 혐의보도였다. 그 사건은 당시 내 의뢰인이 당한 일이었다.

어쨌든 나는 프린츠레겐텐 광장에 있는 건물 2층의 사무실로 일초가 아쉬운 듯 황급하게 올라갔다. 이제 『AZ』 기사 전체를 조용히 따져볼 작정이었다. 기사를 읽자 다시금 감정의 격앙과 분노가 교차되며 나를 사로잡았다. 아드레날린 수치가 폭발적으로 높아져 이성적인 생각을 할 수 없을 정도였다.

끊임없이 전화벨이 울렸다. 『빌트』지의 헤르베르트 융, 『SZ』의 크리스티안 마이어, 『분테』 편집국의 슈테판 블라트 등등. 어떻게 할 생각이냐고.

나는 가능한 한 빨리 『AZ』의 기사에서 오류를 밝혀내 이런 혐의보도가 불법이라는 점을 분명히 해달라고 여러 언론에 정중하게 요청하기로 결정했다.

한편 함부르크에 사는 동료를 통해 『AZ』이 형사재판을 피하려면 부작위해명을 하라는 경고를 하게 했다.

상세한 서한을 작성했다. 이런 추측보도가 왜 불법인지, 『빌트』지 카이 디에크만 국장의 어휘를 빌려 말하자면, 왜 살인보도인지를 설명했다. 또 『AZ』은 2004년 9월 27일 월요일까지 부작위해명을 제출해야 한다고 전달했다.

그러나 당시 내가 이 신문사의 추적망상을 염두에 두지 않은 것은 결과적으로 유감스러운 일이 되었다. 얼마 후에 알게 되었지만, 그곳 사람들은 이제 정말로 나에게 집중하기 시작한 것이다.

이날부터 나는 사건에 대해 매일 기록을 남기기 시작했다. 극도로 우울한 이 체험을 어느 날 다시 떠올릴 수 있기를 바라는 마음이었다.

2004년 9월 24일 금요일
헤드라인이 나를 심하게 다루었다. 사기라는 비난. 아들 막시밀리안은 길거리에서 친구 로버트를 통해 이 사실을 알고 무슨 말을 해야 할지 몰랐다고 한다. 제바스티안은 일하다가 얘기를 듣고 마음이 상했다. 첫 번째로 골프대회가 취소되었다.
저녁에 잡지사 『분테』로부터 전화. "S가 1월부터 우리를 종용하며 당신을 파멸시키겠다고 말합니다. 수없이 서류를 보내옵니다. 그의 심문 기록까지요."
다른 한편 친구들의 격려하는 말이 내 어깨를 두드린다.
다시 『분테』 편집국장 슈테판 블라트의 전화. 그는 『AZ』이 개입해서 사태가 이미 공개된 마당에 그 역시 내 이름을 그대로 말하는 것 외에 다른 선택이 없다고 변명한다.

그날 일면 헤드라인보다 더 나쁜 것은 내 가족 중 한 명이 심하게 아프다는 소식이었다. 병원에서 내린 진단의 그림자는 치유불능의 명예훼손을 뛰어넘는 것이었다. 우리 모두는 가족의 건강이 무엇보다 우선이라는 점에 한마음이었다. 처음으로 무기력이 나를 엄습했다.

그 금요일에 나는 옥토버페스트의 소위 '신사들의 저녁'에 초대받았다. 그러나 이런 비보를 받고 나니 더 이상 축제를 즐길 수 없었다.

우리는 그 저녁을 가족과 함께 보내는 것이 더 중요하다고 생각했다.

2004년 9월 26일 일요일

보기골퍼협회가 골프대회를 위해 모임을 가졌다. 물론 나는 『AZ』 기사에 관한 말을 들었다. 하지만 일부 사람들은 위로의 말도 했다. 그렇게 해서 알게 된 사실이지만, 부동산업자 S는 이 바닥에서 그렇게 무조건 사랑받는 사람은 아닌 것 같다. 다수 사람들이 그와 가깝게 지내도 좋을지 의심스럽다고 말했다. 내 호기심의 매듭에는 오직 이런 질문만이 있다. 『AZ』의 카드는 무엇인가? 편집국장은 왜 거짓 보도로 드러날 소문을 그렇게 의도적으로 강조하며 떠들썩하게 퍼뜨리는가?

그러고 나서 이날 첫번째 충격적인 사건이 있었다. 누군가가 『AZ』 신문기사를 복사해서 골프클럽 주차장에 서 있는 모든 자동차에 끼워놓은 것이다. 그때까지 모르던 사람들까지도 자동차의 앞유리 사이에 끼워진 종이를 통해 사기혐의와 수사에 대해 알게 되었다. 미하엘 슈티히, 프란츠 클라머 등이 이날 나와 한 조에서 함께 경기를 했는지 아닌지는 상관없이, 외부에서 온 그들 모두는 이제 이중적인 의미에서 '사기꾼 셸레'라는 말을 접하게 되었다.

이런 행동은 적어도 전 프로테니스 선수 미하엘 슈티히에게는 '성과'가 있었다. 나중에 그가 밝힌 바에 따르면 그렇다. 하필이면 미하엘 슈티히에게! 그의 재단(財團)을 위해 우리는 골프대회를 개최했었는데.

이보다 나쁜 일이 일어날 수 있을까? 유감스럽게도 그랬다!

반복은 소문에 대한 믿음을 높여준다

같은 날 저녁 우리가 파울라우너 축제텐트 안에서 골프 손님들과 함께 우승자를 축하하고 있었을 때, 나는 『AZ』의 다음 공격에 놀라지 않을 수 없었다.

200명의 비즌 VIP들이 셸레 박사를 찾다

이번에는 악의적인 제목의 기사였다. 부제는 "곡마장에서 남자들의 동창모임의 탑 주제는 주식 분쟁", 이어서 "미하엘 셸레 박사는 동창모임에서 인기 일순위였다. 200명의 VIP 중에서 단연 탑이었다. 검찰이 사기혐의로 자신을 수사한다는 사실에 셸레는 무슨 말을 했을까? 그러나 그들이 기다린 답은 나오지 않았을 것이다. 적어도 그날 저녁에는."

이제 정말 캠페인은 시작되었고, 손님들 중 몇몇은 22시 30분 마지막 비즌(옥토버페스트가 열리는 초원 - 옮긴이) 마스(옥토버페스트에서 맥주 한 잔을 가리키는 단위 - 옮긴이)가 팔리기 전에 사라졌다.

옥토버페스트 기간 동안 내가 금주(禁酒)를 한 것은 사실 『AZ』의 공개적 명예훼손과 아무 관계가 없었고 오직 가족을 간호하기 위한 것이었지만, 이것마저도 내게 공공연한 악담과 조롱의 구실이 되었다. 즉 사람들은 미하엘 셸레가 도망쳤다고 말하고 다녔다.

『AZ』의 편집국은 불법적 혐의보도에 대한 내 경고 편지를 휴지통에 던져버린 것이 분명했다. 이어서 살인 저널리즘은 다음 라운드에 접어들었다. 그렇다면 나는 어떤 입장을 취해야 할까?

2004년 9월 27일 월요일
검찰총장 후버 박사와 통화해서 검찰의 정보정책에 대한 내 의견을 표명했다. 그는 사건을 접수하겠다고 말했다. 의지를 강하게 피력하기 위해 나는 다시 한 번, 매우 정중하게 내 입장을 서면으로 작성해 팩스로 보냈다. 이런 사건에서 검사는 침묵을 지킬 의무가 있으며 결코 수사 절차를 개시해서는 안된다는 점을 분명히 했던 연방법원의 중요한 판결들을 환기시켰다.

이것 역시 실수였을까?

명성에 사형선고를 내리다

2004년 9월 28일 화요일
검찰의 반응은 그리 오래 기다릴 필요가 없었다. 다음날 아침 9시 정각에 형사 두 명과 검사 한 명이 내 사무실에 나타났다. 내 사택 역시 공권력의 표적이었다.

공권력의 결집은 법적인 수색명령으로 표출되었다. 소위 기습수색이었다. 우리 모두, 비서들과 변호사들은 벼락을 맞은 듯 멍하게 서 있었다. 내 사적인 영역이 폭력적으로 침범당하는 것을 지켜보는 일은 우선 엄청나게 기분이 나빴다.

"당신들 대체 민사소송 서류는 읽어나 보았습니까?" 나는 여형사에게 물었다.

아니오. 그녀는 아직 받지 못했다고 말했다. 놀라지 않을 수 없었다. 앞서 말했듯이 부동산업자 S에 대해 내가 제기한 민사소송에서 모든 사실이 공식적으로 제기되어 있었다.

"2002년 만들어진 포퓰라사의 첫번째 임시결산표를 본 적이 있습니까?" 나는 계속 물었다.

아니오. 형사는 몰랐다.

"그렇다면 2002년 말 경제상황에 관한 롤란트 베르거의 보고서는요?"

그것 역시 몰랐다!

하지만 모든 서류는 그녀의 사무실에, 책상 위나 서랍 속 어딘가에 분명히 있을 것이다. 즉 잉골슈타트 지방법원 민사판사는 S에 대한 내 소송을 "수사 절차가 끝날 때까지 중단"하고 관련 문서를 검찰에 보낸 것이다. 그렇게 된 것에 대해 내 자신은 일단 매우 다행이라고 생각했다. 왜냐하면 민사소송의 서류들을 본다면 ― 우리 견해로는 ― S가 제기한 형사고발이 얼마나 부조리한지 똑똑히 알 것이기 때문이었다. 적어도 우리는 그렇게 기대했다.

검사는 이 고발이 그저 혐의에 불과한 것인지 아니면 수사 절차가 꼭 필요한 것인지를 결정하기 전에 먼저 신청서면과 기록에 담긴 논거들을 검토해야 했다. 또 단순히 가택수색을 명령하는 일은 없어야 했다. 더구나 변호사의 집을, 사법제도의 기관 중 하나인 변호사의 집을 말이다. 나는 확신했다. 민사소송의 서류와 기록을 알고 있는 사람이라면, 초기 혐의가 전혀 존재하지 않기 때문에 수사 절차가 불필요하다는 결론에 이를 것이라고.

하지만 혐의를 완전히 무위로 만들어줄 서류를 읽는 대신에 형사는 우선 가택수색을 함으로써 나에게 공권력의 능력과 권력을 맛보게 할 심산이었다. 놀라서 할 말이 없었지만 일단 협조적인 모습을 보여주는 것이 일처리를 빨리 할 수 있으리라고 생각했다. 그래서 가능한 한도 내에서 형사가 수사에 중요하다고 여기는 정보들을 주고자 노력했다. 마지막에는 서류의 일부를 직접 형사의 자동차까지 날라주기도 했다.

그러나 검사에게 다급하게 요청하는 일은 잊지 않았다. "『AZ』에서 이와 관련된 어떤 기사도 다시는 읽지 않고 싶습니다."

"그 점은 믿으셔도 됩니다." 검사는 의미심장하게 답했다.

사무실 문이 닫히자 이상하게도 나는 부담이 덜어지는 느낌마저 들었다. 내 협조로 검사가 모든 서류를 찾아내서 가져갔으니 이제 그의 눈도 번쩍 뜨이겠지.

"이 일은 가능한 한 빨리 처리해 주셨으면 합니다." 나는 이렇게 덧붙였다. "사기혐의로 검찰 수사를 받는다는 것이 공공연하게 알려진 이상, 앞으로 다가올 상황을 변호사로서 오랫동안 겪고 싶지는 않습니다."

『AZ』과 무자비한 동맹을 결사한 사람은 누구였을까? 단 이틀이 지난 후 내 인생 최악의 헤드라인을 선사한 사람은 검찰이었을까, 아니면 그 여형사였을까?

상류층 변호사 셸레 가택수색을 받다

뮐러 볼파트 주식 사기혐의인가?

제목 옆에는 두꺼운 하바나산 시가를 물고 있는, 실물보다 조금 나은 내 사진이 실려 있었다. 물론 가택수색의 세세한 상황 역시 "『AZ』독점 보도"라는 언급과 함께 실렸다.

2004년 9월 30일 목요일

이것은 살인 저널리즘의 최고봉이며 동시에 내게는 최악의 지점, 절대적인 최저 지점이다. 너무나 고의적이고 명명백백한 조작이다. 리히터 규모 10의 지진이다. 아내는 눈물을 쏟아냈다. 경련을 일으키듯 울었다. 우리는 산책했다. 『tz』의 편집국장은 전화를 해서 자신은 물론 계속 나를 돕겠지만 "당신이 『AZ』에 의해 범법자로 묘사되는 한 우리 신문에 법률 칼럼을 더 이상 쓸 수는 없다"고 말했다. 사무실에서는 보기 골퍼협회의 어느 이사가 보낸 팩스가 나를 기다리고 있었다. 이사직을 그만두라는 것. 그런 말을 팩스 한 통으로 전달할 수 있다니 너무 비겁하다. 그것도 거의 20년 동안이나 우정을 지켜왔던 그가.

성인이 다 된 내 아이들은 놀라고 걱정했다.

『SZ』의 전화 : "우리는 어쩔 수 없습니다. 우리 역시 이제 기사화해야 합니다." 나는 정중하게 보도하지 말라고 경고했다.

『빌트』 전화 : "새로운 사실 있습니까? 당신의 입장은요. 우리는 계속 보도해야 합니다. 유감이군요."

내 비서 하바는 침착했다. 하지만, 어쩌면 당연한 일이지만, 몇몇 친구들의 행동이 "역겹다"고 말했다. 이미 며칠 전부터 나도 그렇게 생각했다.

그러나 진정한 친구들도 있다. 생일을 맞은 랄프 지겔과 통화. "오늘 저녁 네 생일파티에 가도 될까?" 내가 물었다. "물론이지. 진심으로 초대한다. 우리는 네 편이야. 네가 힘을 잃지 않을지 걱정이 될 뿐이야."

저녁에 생일파티에 가는 중에 택시운전사가 내게 물었다. "오늘 『AZ』

에 당신 사진이 나온 것 맞습니까? 당신 셸레 박사 맞지요?" 비즌에서 있을 랄프의 생일파티에서는 무슨 일이 벌어질까?

2004년 10월 1일 금요일

랄프 필러의 위로 전화. 『SZ』의 기사는 객관적으로 사안을 지적하고 부동산업자 S의 비난을 상대적으로 부당하다고 설명했다. 프리츠 베퍼의 전화. 그는 내 편이라고 말하며 연대감을 표명한다. 가비 하파의 전화. 동정적이며 위로하며 힘을 주는 말들.

2004년 10월 2일 토요일

다시 옥토버페스트. 이번에는 가비 딕과 발터 딕의 초대였다. 그 자체로는 별로 즐겁지 않았지만 어쩔 수 없는 일이다. 그는 우리를 좋아했지만 현재 상황에서는 내게 더 이상 직책을 줄 수 없다는 것이다. 베르너는 의심스러워했다. 그는 뭔가 멍청한 일이 벌어지고 있으므로 분명히 이 비난 뒤에는 무엇인가가 있다고 말했다. 현재 경제부 차관은 언론 캠페인에 대해 화를 냈다. 디디는 아무 말도 하지 않았지만 그의 얼굴을 보면 무슨 생각을 하는지 알 수 있었다.

질문은 없었다. 그들 모두가 많건 적건 나를 동정했다. 동정은 필요없는데 말이다. 명예의 상실 또는 침해는 지인들의 동정에 의해 오히려 더 커지기 때문이다.

2004년 10월 3일 일요일

오랫동안 산책. 계속 같은 생각과 같은 대화. 옥토버페스트에 새로운 얼굴들이 등장했다. 미하엘 그라에터의 말, "아, 헤드라인의 왕이 오셨네." 내 이웃인 에스카다의 여사장, "대체 『AZ』이 무엇 때문에 당신에게 그러는지 모르겠어요. 기껏해야 일이천 유로 때문 아니냐구요!" 몇몇 다른 사람들은 말없이 고개만 끄덕였다.

저녁에는 페터 폰그라츠 주최의 파울라너 천막(페터 폰그라츠의 개인 사무실이기도 하다)에서 그의 아내 아라벨라와 마지막 춤을 추었다. 진짜 연대감을 느꼈다. 그는 유사한 일을 이미 겪은 적이 있다! 그러나 파울라너 사장은 대화를 피했다. 나를 향한 편견이 서서히 부각되고 있다. 분명히 느낄 수 있다.

2004년 10월 4일 월요일 『포커스』, "뮐러 볼파트가 셸레 이사와 떨어지다."

뉴스잡지 『포커스』에 실린 이 말 또한 거짓이었다. 2003년 6월에 포뮬라사의 이사직을 그만둔 것은 내 자의적인 행동이었기 때문이다. 하지만 그런 거짓 보도는 당연히 바로 다음 소문으로 이어졌다. "파트너인 뮐러 볼파트 박사까지 셸레가 유죄라고 생각한다." 천만의 말씀이다. 『포커스』의 기사는 고광택 인화지에 실린 살인 저널리즘이었다. '잉골슈타트의 호텔리어' (기사에서 부동산업자 S는 그렇게 언급되었다)는 『포커스』에 직접 등장해서 나를 비난했다. 반면에 내 시각으로 본 이야기는 완전히 무시당했다. 놀라운 일도 아니다. 사람들은 내게는 질문조차 하지 않았다.

다른 걸 다 떠나서 다음 이유에서 화가 났다. 최근에 나는 『포커스』가 유포한 거짓 소문에 관해 무효선언(철회선언) 판결을 얻어낸 적이 있었다. 편집국장 헬무트 마크보르트와 사적으로 한참을 대화한 끝에 당시 나는 그에게 철회선언을 『포커스』에 싣지 않아도 된다고 말했다. 그 대신 우리 쪽 사람 — 그가 누구인지에 상관없이 — 에 관한 기사가 어떤 식으로든 계속 실릴 경우에는 발행 전에 내게 그 내용(주장

혹은 추측)이 정확한지 질의해 줄 것을 약속하라고 요구했다. 저널리스트의 기본적인 윤리와도 부합하는 일이니 말이다.

마크보르트는 당연히 내 '타협 제안'에 감명을 받았다. 그리고 나는 그것을 신사적 합의로 간주했다. 저널리즘과 도덕의 측면에서 당연한, 악수로 도장을 대신하는 합의 말이다.

그런데 이렇게 배신당할 수가 있다니!『포커스』에 기사가 난 월요일, 나는 이렇게 기록했다.

> 우리는 안젤리나를 데리러 학교로 가야 했다. 캠페인이 시작된 이후로 안젤리나는 매일 아침 복통을 호소했다. 예민한 그 아이는 매우 고통스러워했다. 막시밀리안은? 그는 명랑함을 가장하며 문제를 슬쩍 회피하려 한다. 제바스티안은 두려워한다. 확실히 느낄 수 있다. 그리고 다른 식구들에게 이 상황은 참을 수 없는 심리적 부담을 준다. 우리는 우리 자신을 위해 충분히 할 일을 했지만 그럼에도 계속 질문을, 질문의 시선을 감당해야만 한다.
>
> 월요일 13시였다. 헤드라인 때문에 뮌헨의 '캐비어 크리에이터'사가 우리 보기골퍼협회와의 제휴를 취소했다. "현상황에서 그 일을 할 수 없습니다. 곧바로 증권거래소로 가겠습니다." 변명은 그러했다. 이 거래를 성사시켰던 아내 린다는 이후로 신경쇠약에 시달렸다. 아내는 폭포처럼 눈물을 흘렸고 더 이상 일할 수도, 무언가에 집중할 수도 없었다. 나는 그녀를 끌어안고 위로하며 처음으로 죄책감을 느꼈다. 왜 나는 내 가족에게 이런 일이 생기지 않도록 하지 못했을까? 모든 것이 굴욕적이었다.
>
> 부다페스트에 있는 안드레아스 크라스나이 박사의 전화. 그 역시 뮌헨의 비즌에 와서 『AZ』 기사를 보았다. 안드레아스는 우리의 동유럽 네

트워크에서 대단히 중요한 동료이다. 그곳에서 이미 중요한 몇몇 의뢰인을 우리에게 소개했다.

폭탄보다 더 효과적인 선전

2004년 10월 5일 화요일

우리는 계속 함부르크 언론위원회의 결정을 기다리고 있다. 2004년 9월 27일 최후통첩 시한이 지난 후로 직접 석간신문에 대한 가처분 명령을 함부르크 지방법원에 신청했다. 그러나 언론위원회는 업무가 과중했다. 정오 즈음에 마침내 해결 소식이 왔다. 함부르크 지방법원은 가처분조치와 함께 이번 캠페인을 불법으로 선언했다. 이 사건에서 추측혐의보도는 허용될 수 없다고 함부르크 재판장이 말했다. 나는 보도자료를 작성해 중요 매체, 친구들, 지인들, 의뢰인과 사업 파트너들에게 보냈다.

다음 할 일 ― 『AZ』에게 위자료를 지불하라는 고소 ― 은 준비 중에 있다. 나는 계속 흥분한 상태이고 변호사로서의 일상적 업무를 보는 것도 어려울 지경이다. 가끔씩 온몸이 떨리기도 했다. 하지만 상황이 훨씬 좋아진 것만은 분명하다. 그러나 내 보도자료의 수신인을 훑어보니 우리에게 사업상으로나 개인적으로 중요한 사람들이 얼마나 많이 이 인신공격의 눈사태를 경험했는지 분명히 알 수 있다. 계속 나를 변호해야 한다는 사실이 매우 고통스럽다. 고소를 준비하면서 매번 신문기사를 들여다볼 때마다 내 안의 모든 것이 곤두서는 것 같다.

첫번째 축하와 후원 메일이 들어왔다. 좋은 일이다. 이 두 걸음, 법률적 성공과 언론 보도자료가 얼마나 중요한지를 증명하는 소식이다.

언론인 하인츠 클라우스 메르테스의 지지. 저녁에는 독일 나이키 골프사 사장 볼프강 하스의 방문. 그는 '골프유럽'이라는 박람회를 개최하고 있다. 거기서도 말들이 많았다. 나는 그를 안심시켰다. 아직까지는 보기골퍼협회가 『AZ』 때문에 나이키의 스폰서를 잃는 일은 발생하지 않았다.

2004년 10월 6일 수요일

내가 가장 좋아하는 『tz』 칼럼이 『AZ』 캠페인 때문에 처음으로 지면에서 빠졌다. 돈 때문이 아니라 매우 슬픈 일이다. 프리츠 베퍼의 전화. '골프유럽'에 온 사람들이 그에게 유럽 PGA가 더 이상 우리와 함께 일하지 않겠다고 말했다고 한다. 그들 역시 『AZ』을 읽었다. 세상에, 이런 결과까지! 우리의 용감한 영국인 친구들조차도 충격을 받았다.

당분간 절정이 될 사건. 은행에서 편지가 왔다. 『AZ』의 보도에 반박하지 않는다면 1~2년 후에 만기인 대출금을 지금 당장 갚아야 한다는 것이다. 말도 안되는 요구이기는 하지만 정말 시사하는 바가 많다. 어쨌든 선동캠페인의 효과가 무엇인지를 여실히 보여준다. 이렇게 은행들까지 미친 행동을 한다면, 나는 곧 짐을 싸야 할 형편이다. 나는 그들에게 『SZ』 기사를 보냈다. 그 기사가 아마도 그들을 진정시키리라.

강직하기는 하지만 마찬가지로 피해를 입은 내 비서로부터 오늘 가장 멋진 말을 들었다. "저는 셸레 박사의 사무실에서 일할 수 있다는 것이 자랑스러워요." 그녀는, 파도에 휩쓸리면서도 부드럽고 강하게 자리를 지키는 바위와도 같다.

보도 이후 2주 동안 새로운 의뢰인은 단 한 명도 없다. 계약 해지와 계약 해지 위협만이 있을 뿐이다. 그리고 『AZ』 이야기가 세상에서 사라지기 전에는 나와 함께 공식적으로 일할 수 없음을 이해해 달라는 부탁만 반복된다. 나는 극도로 두려워졌다. 내가 사무실을 꾸려갈 수 있을지 자문한다. 꽤 많은 미회수금과 청구금이 아직 있다는 사실이 위안이

되기는 했다. 하지만 이 돈들을 언제 받을 수 있을지 누가 알겠는가. 집을 파는 것만은 할 수 없다.

2004년 10월 7일 목요일

도이체 극장에서 '팔코(Falco)'의 초연이 있었다. 어느 저명한 뮌헨 부동산업자가 농담처럼 내게 이렇게 말했다. "야, 당신 아직 한가해요?" 그의 말은 농담처럼 들렸다. 하지만 이날 저녁 뮌헨 사교계의 몇몇 사람들이 짧은 순간 나와 눈이 마주칠 때마다 말없이 비슷한 질문을 했다. 프리미어 행사에서 나는 '아겐투어 서비스플랜' 소유주도 만났다. "요즘 신문에서 당신을 자주 보게 되네요." 그는 이 말만 했다. 다시 나는 설명해야 했다. 사건은 점점 내 목을 죄어오고, 나는 좌절감만 느낄 뿐이다. 내가 아는 모든 사람이 기사를 읽었거나 얘기를 들었음이 분명하다. 이렇게 손상된 명예를 도대체 원상복구할 수나 있을까?

이렇게 기록하는 것도 신경을 소모시키는 일이다. 계속해서 기억을 떠올려야 하기 때문에 어떤 식으로든 슬픈 일이다. 무슨 일이 벌어졌는지, 한 사람에게 닥친 이런 굴욕적인 감정을 앞으로 얼마나 자주 체험해야 할지를 생각해 보면.

약 10년 전 사이언톨로지 캠페인 사건에서 나는 기록을 남기지 않아 나중에 후회했다. 사람들은 자신에게 현재 닥친 고통을 억압하려는 경향이 있다. 세부적인 것들은 어떻게든, 언젠가는 바라건대 잊을 것이다.

가장 중요한 의뢰인 중 한 명의 전화. 현재 동유럽에서 우리에게 업무를 맡긴 어느 건설회사이다. 수화기를 통해 본심을 억제하고 있음이 느껴진다. 『AZ』 사건에 대해서는 이야기하지 않았지만, 그것이 중대한 역할을 하고 있음을 느낄 수 있다. 그후에 어느 친구의 전화. 그는 믿을 만한 소식통을 통해 『슈피겔』이 기사를 계획하고 있음을 알게 되었다고 말했다. 두려움이 물밀듯 밀려온다. 무엇이 잠복해 있을까?

그렇다면 『포커스』는? 나는 헬무트 마크보르트에게 사적인 편지를 써서 부드러운 말투로 호소하고 제안했다. 그가 어떻게 반응했는지 한번 보자. 그는 아무런 반응도 없었다. 『포커스』의 짤막한 기사 역시 불법이라는 사실을 분명히 알게 되었음에도 불구하고 말이다.

우리는 엘마우로의 주말여행을 취소했다. 집안에서 가족과 함께 지내는 것이 더 큰 안정을 줄 거라고 생각했다. 린디는 집중해서 일을 할 수 없다고 하소연한다. 끊임없이 눈물을 흘린다. 나는 그뢴탈 레스토랑에 테이블을 예약하면서 내 이름을 말하는 것이 편치 않았다. 『AZ』 캠페인이 종양이라면, 그후에 온 일, 앞으로 닥칠 모든 일은 암세포가 전이되는 것과 같다. 물론 무죄를 직업적으로 확신하고 있으므로 위안이 없지는 않다.

그러나 또다른 확신이 슬그머니 다가오는 것도 사실이다. 즉 앞으로 오랜 시간 동안 내 명예는 폐허 상태 그대로일 거라는 확신 말이다. 우리 가족이라는 것을 자랑스러워했던 내 혼혈인 아내에게는 참을 수 없는 일이리라. 그녀는 벌써 오늘 인터넷으로 고향으로 가는 마지막 비행기를 찾아보았지만, 그 생각을 다시 포기했다. 가장 나쁜 것은 이 의기소침함을 표현해서는 안된다는 사실이다. 다른 사람의 눈에는 허약한 태도로만 보일 것이다. 그래서 집에 머물면서 계속 와인을 마신다. 내일은 더 많은 햇빛이 우리 마음속에, 그리고 무엇보다 우리 아이들에게 비추기를 소망하면서. 현재로서는 어쨌든 일시적인 명예훼손이라기보다는 영원히 끝나지 않을 명예의 죽음처럼 보인다.

내 자신은 심리적으로나 물리적으로 완전히 기진맥진 상태이다. 슐라이허 박사에게 여러 번 주사를 맞으며 기운을 회복하려 하고 있다.

2004년 10월 10일 일요일
몇 년 전부터 꽤 좋은 친구 사이로 지내온 작곡가이자 가수 볼프강 암

브로스와 함께 저녁에 뮌헨의 바 '슈만'에서 시간을 보냈다. 사고를 당했던 볼프강은 바로 얼마 전에야 어느 정도 회복된 상태이다. 무의미한 말들, 농담, 그리고 심각한 주제들이 우리 대화에 번갈아가며 등장했다. 어떤 식으로든 나는 그가 『AZ』의 헤드라인들을 접하지 않고 소문의 미풍이 인접 오스트리아로 불어가지 않기를 바랐다. 하지만 어떤 경로를 통해서인지 『AZ』이 유포한 의혹들은 그의 귀에도 들어갔다. 볼프강 암브로스 같은 사람은 비열한 헤드라인에 절대 좌지우지되지 않을 것이다. 우정에 관해서라면 절대로. 하지만 그는 캠페인의 외적 효과를 평가하는 데에는 현실적인 태도를 보여주었다.

"미하엘, 정말 좋지 않은 일이야. 그냥 내버려둘 수 없어. 아주 중요한 전쟁이야. 어쩌면 당신에게 가장 중요한 전쟁이라고." 말투는 학교 선생님처럼도, 비난에 가득 찬 것처럼도 들리지 않았다. 그는 소위 친구라고 주장하는 다른 일부 사람들처럼 내게 거리를 두지 않았다. 반대로, 그는 내 평판을 진심으로 걱정하고 내가 소문을 빨리 없애버리기를 바라고 있었다.

노벨상 수상자 카를 프리드리히 폰 바이츠재커가 뭐라고 말했더라? "라디오의 발명은 원자폭탄의 발명보다 인간에게 더 큰 책임감을 부여한다. 선전은 폭탄보다 더 심각한 효력을 발휘하기 때문이다." 처음으로 나는 이 현명한 문장이 무엇을 의미하는지 깨달았다.

소문의 미풍은 끝없이 불고

그렇다면 끔찍한 사건은 다 지나가버린 걸까?

오, 아니다. 아직도 일은 끝나지 않았다. 그것도 가장 괴상한 국면으로 접어들었다. 한 유명한 사교계 여성의 생일축하 파티에 참석한 손님들 중 한 명이 이제 셀레 박사 일행을 받아들이는 것이 불가능하지 않느냐는 말을 퍼뜨리고 다녔다. 아직도 나와 "어울리고 다니는" 사람은 ─ 그의 예상에 따르면 ─ 뮌헨 사교계에서 더 이상 대접받지 못할 것임을 염두에 두어야 한다는 것이다.

2004년 12월 4일 토요일

딱 2개월이 지났다. 수사를 지휘하는 형사반장의 기분 나쁜 편지를 읽었다. 편지를 그대로 옮겨보겠다.

존경하는 셀레 씨,
뮌헨 제1검찰은 Az. 316 Js 47577/04 건의 돈세탁 혐의로 당신에 대한 수사를 개시합니다. 따라서 2004년 12월 15일 수요일 09:00시에 뮌헨 경찰청 청사로 나와 증언해 주시기 바랍니다. 위 기일에 출두하지 않는다면 (……) 당신에게 허용된 권리를 이용하지 않겠다는 뜻으로 간주하겠습니다. 그런 다음 수사 서류는 관할 검찰청으로 송부됩니다. 검찰청에서 다시 한 번 소환이 있고, 소환이 이행되지 않을 경우 강제 구인명령이 발부될 수 있습니다…….
─ 형사반장

『AZ』의 살인 헤드라인이 실린 후 나는 당연히 신문사 편집국 직원들의 비난의 대상이 되었다. 그런 사실을 잘 알고 있기 때문에 나는 보기골퍼협회의 크리스마스파티 하루 전날인 저 금요일에 절대로 편안한 밤을 보낼 수 없었다.

"돈세탁 혐의를 받은 변호사"라는 것이 다음 헤드라인의 문구일 터였다. 다시 한 번 하바나산 시가를 물고 있는 내 사진이 양념처럼 실릴 것이다. 그래서 니콜라우스 축일(12월 6일) 전날 밤을 나는 결코 즐거운 기분으로 보내지 못했다.

주말은 어떻게든 견뎌냈지만 머릿속에는 끊임없이 돈세탁 의혹에 대한 생각으로 가득 차 있었다. 어떻게 그런 일이 가능하단 말인가? 누가 그런 식의 혐의를 씌울 생각을 해냈을까? 누군가가 그런 멍청하고 파렴치한 비난을 제기한 것만으로 어떻게 검사는 즉각 공식적인 수사 절차를 개시한단 말인가? 초기 혐의가 존재하는지 아닌지를 입증하기 위해 보통 그렇듯이 소위 '사전수사 절차'를 시행할 수는 없었나?

분명히 그럴 수 없었다. 적어도 내 사건에 있어서는. 결국 돈세탁 혐의는 사기혐의로 나를 수사했던, 하지만 분명히 계속 수사의 결실을 내지 못했던 바로 그 검사로부터 만들어진 것이기 때문이다. 젊고 힘 좋은 사람임이 분명했다. 12월이 되자 유감스럽게도 주체 못할 정도로 많은 시간과 에너지를 다른 사건에 허비하는 것이다.

그는 엄청나게 낭비적이고 무가치한(적어도 내 관점에서 보면) 이 수사가 의도한 목표에 도달하지 못했기 때문에 매우 유감스러워했을 것이다. 그가 형사소추한 용감한 피고의 관점에서도 유감스럽기는 마찬가지다. 그가 취한 수사 절차를 나는 물론 특별한 관심을 두고 추적해왔다. 그는 조사 가능한 모든 서류를 미리 검토한 후에 수사 절차를 개시할 것인지 기소를 제기할 것인지 결정했어야 함에도 불구하고 그렇게 하지 않았다. 나는 내 사무실과 사적 공간을 수색하도록 지시한 그 형사소추인의 자질을 한번 알아보고 싶었다.

어느 날 『SZ』에 그의 수사 업무에 관한 코멘트가 실렸다. 그것을 읽고 나는 기운이 다 빠지는 것 같았다. 이 검사의 추적망상을 더 이상 정확할 수 없을 만큼 잘 표현하고 있는 기고였다.

"그는 때로는 프랑크 F.(가명)를, 때로는 프랑크의 동생인 로베르트 F.(가명)를, 결국에는 심지어 프랑크의 제수까지도 체포하도록 지시했다. 나중에는 라이프치히의 파트너 노베르트 L.과 기스베르트 R.(가명)까지도. 그럼으로써 관할 법원의 공판에서 더 나은 교훈을 얻었다. 사법부는 프랑크 F.에게 집행유예를 선언했다. 왜냐하면 피고는 검사가 묘사한 것처럼 중범죄자가 아니기 때문이었다. 검사는 수사 과정에서 심지어 노베르트 L.의 부인이 감옥으로 보낸 편지들을 '마취제 및 독극물법 관련해서 부가적 자료로' 조사하겠다고 협박하기도 했다. 이유는 향기가 나는 편지를 읽을 때 냄새 때문에 메스꺼움을 느낄 것이기 때문이라고 한다."

그러니까 이 '나의' 검사는 노베르트 L. 씨와 로베르트 F. 씨만 수사하고 뒤진 것이 아니었다. 그는 이제 '나의' 사기뿐만 아니라 '나의' 돈세탁 사건에도 관여하고 있는 것이다. 이 자리에서 전부를 지적하는 것은 그 자체로는 의미가 없을 것이다. 어떤 식으로든 『AZ』과 관계가 없다면 말이다. 하지만 중요한 것은 신문기사와 검찰수사가 연장선상에 있었다는 사실이다.

2004년 12월 7일 월요일, 나는 처음으로 상세하게 돈세탁 의혹에 관한 이야기를 들었고, 왜 내가 법수호자의 눈에 그런 범행을 저지른 자로 비쳤는지를 알게 되었다. 어쨌든 형법전서에 따르면 최소 형벌이 징역 3개월이고 최대는 징역 5년이었다. 그러니까 결코 사소한 문제가 아니었다.

걷잡을 수 없는 의혹과 소문

1. 2003년 12월 23일, 그러니까 약 1년 전에 나는 '글로브골퍼 네트워크'사 회사 계좌에 현금 3만 유로를 입금했다. 회사는 내 아내가 소속된 곳으로 자선단체인 보기골퍼협회의 매니지먼트회사였다. 그런데 이것이 돈세탁이라는 것이다!

2. 어쩌면 내가 더 많은 액수의 돈을 '세탁' 했을지 모른다는 추측이 돌았다. 2004년 6월 14일 3만 5,400유로의 돈을 — 마찬가지로 현찰로 — 바이에른 지방은행의 내 개인 계좌에 입금했기 때문이다.

3. 마지막으로 수사관은 돈세탁 목적이 아니라면 내가 왜 2004년 8월 13일 4만 6,000유로에 달하는 송금을 받았는지 추궁했다. 웃기는 질문이다. 내게 돈을 보낸 그 독일인은 조사해 보면 분명히 알 수 있는데 말이다.

형사소추인의 시각에서 보면 필시 큰 액수였을 거라는 점은 인정한다. 그러나 양심적이고 원칙적인 검사라면 먼저 조사해 보아야 한다. 3가지 질문에 대한 답은 다행스럽게도 하나도 빠짐없이 문서로 작성되었다.

1. 3만 유로는 내 개인 계좌에서 빼내 새로 설립된 회사 계좌로 입금했다. 자본금 명목이었다. 더 질문이 있는가? 없다.

2. 3만 5,400유로 현금은 자동차를 팔아서 받은 돈을 입금한 것으

로, 나중에 리스회사로 이체했다. 더 질문이 있는가? 없다.

3. 4만 6,000유로는 가구와 모터보트를 팔아 얻은 돈이다. 계약서가 있다. 더 질문이 있는가? 없다.

그렇다면 이제 어떻게 되었을까? 양심적인 검사는 포기를 몰랐다. 주식매매 사건이나 위의 돈세탁 건에서 사기를 입증할 확실한 증거가 없다면, 분명히 다른 어떤 것을 캐내라고 지시할 것이다.

크리스마스 직전 형사반장에게서 전화가 걸려왔다. 유감스러운 일이지만 자신은 어쩔 수 없다고 말했다. 돈세탁 관련해서 계속된 혐의 신고가 있었다는 것이다. 마찬가지로 답변을 할 수 있겠냐고 물었다.

"이해하시겠지만 몇 가지 질문을 드려야 합니다." 은행이 한두 건 신고했다고 한다.

"팩스로 질문을 보내주세요. 곧바로 답변하겠습니다." 나는 약간 흥분된 목소리로 대답했다.

이 바이에른 지방은행의 행동은 이해할 수 없었다. 도대체 이 위험한 의혹과 소문을 유포하는 이유가 무엇일까? 불쾌감을 참을 수 없었다. 그러나 당시 내가 알지 못한 사실이 하나 있었다. 정보를 — 소위 단도직입적으로 — 검사에게 보낸 것은 바이에른 지방은행이 아니었다. 오히려 그 반대였다. 수사관청이 은행측에 계좌 내역을 공개하지 않는다면 압수수색을 실시하겠다고 협박했던 것이다. 내가 입금했거나 이체했던 것은 우스울 정도로 작은 액수였다. 송신인 혹은 수취인의 실명을 확인할 수 있었고, 대개 독일 내부에서의 거래였다. 다음의 계좌 거래 내역이 수사관의 리스트에 있었다.

04년 10월 25일 2,320유로

04년 10월 26일 3,770유로

04년 11월 2일 3,000유로

04년 11월 10일 1,914유로

04년 11월 19일 2,500유로

문제는 금방 해결되었고 돈세탁 혐의는 사라졌다. 1,914유로는 정원의 나무계단 수선을 위한 것이고, 2,320 유로와 3,770유로는 광고대금, 3,000유로는 제휴 보상금, 2,500유로는 의뢰인의 사례비였다.

나무계단 수선 대가로 한 독일 회사에서 다른 독일 회사로, 즉 한 독일은행 계좌에서 다른 독일은행 계좌로 1,914유로를 지불하는 것이 어떻게 돈세탁 의혹을 불러온다는 말인가? 한번 생각해 보라. 이것이 처벌 가능한 일인가?

나는 매우 친절하고 이성적인 바이에른 지방은행 고객 상담원에게 이 사건에 관해 말하고 고객 한 명을 그렇게 해서 잃어버리고 싶었느냐고 예의바르게 질문했다. 그러자 은행 이사진에서는 격렬한 항의의 폭풍이 일어났다. 은행은 뮌헨 검찰청에 그간에 벌어진 일들에 대해 심한 항의를 표하는 서한을 보냈다. 은행측에서 그렇게 얼마 안 되는 액수 때문에 혐의를 제기한 사실은 결코 없었고 오히려 수사관들에게 압력을 받아 어쩔 수 없이 공개했다는 것이다. 사건은 갑자기 아주 다른 차원에서 첨예화했다.

내 담당인 클라인 씨가 사과와 함께 설명한 바에 따르면, 물론 3만 유로, 3만 5,000유로, 4만 5,000유로에 대한 최초의 혐의신고는 자신이 휴가 중일 때 실제로 검찰측의 문의도 없었는데 은행 '특수부'가 알아서 시작한 일이었다. 그는 이 사고에 깊은 유감을 표하며 잘못된 행동이었음을 인정했다. 하지만 자신이 바꿀 수 있는 것은 아무것도 없다고 말했다.

그러나 이 모두가 『AZ』과 무슨 관계가 있을까? 아주 간단하다. 이 모든 것을 야기한 것은 신문사의 '살인 시리즈'였다. 은행 '특수부'에서 몇몇 직원들이 신문에서 내 '사기'에 관한 기사를 읽었고, 내가 합법적인 거래를 하고 있는지 조사하기 위해 쓸데없이 내 모든 계좌를 일일이 검토했던 것이다. "몰래 더러운 짓을 하는 사람은 필시 더 많은 것을 숨기고 있다"는 모토에 충실하게 말이다. 예를 들어 돈세탁 같은 것을.

은행가에서 소위 내 사기에 대한 『AZ』의 보도는 분명 혐의 이상의 것이었다. 그들로서는 곧이곧대로 믿을 수밖에 없는 입장이었을 것이고, 그래서 이렇게 대규모 업무를 시작하게 된 것이다. 부분적으로는 6개월, 부분적으로는 심지어 1년을 거슬러 올라가 샅샅이 뒤진 것이다. 결국 이 '불투명한' 업무에 관한 은행의 은밀한 신고는 어느 양심적인 검사의 책상 위까지 도달했고, 검사는 이 시점에서 주식 사기에 관해서라면 성과를 얻을 일이 별로 없다고 생각해 방향을 틀었을 것이다.

그러나 여기에 무임승차를 원하는 여인이 또 있었다. 그녀는 용의자인 셸레 변호사로부터 모종의 이익을 얻을 수 있다고 생각했다. 2004년 여름 내가 쓰던 포르셰를 샀던 그녀는 이제 와서 무조건 구매가격에서 1만 1,500유로를 되돌려받아야 한다고 주장했다. 그녀는 내게 사기를 당했다고 법원에 신고했다. 자기 주장을 뒷받침하기 위해서 심지어는 ― (나를 대상으로 한 수사에 관한) 신문보도를 떠올리며 ―

내 악평과 내 범죄적 에너지를 법원에 알리기 위해 노력했다.

고장난 포르셰?
변호사 셸레에 대한 소송

그 여성이 사기혐의로 나를 형사고발했기 때문에 검찰은 다시금 수고를 하지 않을 수 없었다. 그녀는 어느 대중신문을 도구로 삼아 얼마 후 이와 관련된 기사를 내보내게 하기까지 했다. "뮌헨 스타 변호사 미하엘 셸레에게 좋은 소식은 아니다. 사기혐의로 그에 대한 수사가 진행 중이다."

긴 기사에는 내 사진과 함께 비아냥거리는 듯한 사진 설명이 양념처럼 덧붙여졌다. "미하엘 셸레 박사와 아내 린디 여사는 세련된 뮌헨 사교계 인사들과 함께 즐기고 있다." 친구 한 명이 친절하게도 전화를 해서 그 세련된 사교계에서 그 동안 떠돌고 있는 소문을 알려주었다. 뮌헨 형사재판소에서 장기적으로 내 사기사건을 다룰 법정을 예정하고 있다는 소문이었다.

이 신문기사 역시 법원판결에 의해 금지되었다. 또 이와 관련한 수사 절차 역시 얼마 후에 개시되었다.

하지만 두 건의 수사(돈세탁 혐의와 자동차 판매와 관련된 사기혐의)가 『AZ』의 음모캠페인이 없었다면 존재할 수 없었다는 점을 나는 확실히 주장할 수 있다.

『AZ』의 헤드라인이 압력을 행사했음이 명백하다. 즉 검찰로서는 일종의 초읽기와 수사 성공에 대한 압박이 생긴 것이다. 만약 결국 수사의 결과가 단지 수사를 시작했다는 것 외의 다른 어떤 의미도 없다면, 검찰로서는 어떻게 스스로를 정당화할 것인가? 어느 수사 직원이 어느 대중신문과 협력해서 공개적인 명예훼손의 공범이 되었다는 사실을 어떻게 설명할 것인가? 그 동안 다양한 형태를 띠고 소문으로 퍼졌던 혐의가 부당한 것으로, 사실무근으로 폭로된다면?

형사반장이 12월에도 계속 유죄의 증거자료를 찾는 동안, 우리는 단 하루도 살인적인 헤드라인과 그 결과에 직면하지 않고 보내는 날이 없었다. 여기 내 일기의 일부만 인용하겠다.

페스트처럼 번져나가다

2004년 12월 8일

몇 주 전부터 나는 기록을 남기는 데 더 이상 신경쓰지 않기로 했다. 물론 거의 매일 『AZ』의 헤드라인이 준 엄청난 피해를 걱정하며 보내기는 했지만 말이다. 지난 주말 사업상 친구가 우리 집에 손님으로 왔다. 그는 세계적으로 유명한 여행사 소속으로 우리 보기골퍼협회와 함께 긴밀하게 일하는 에이전시의 사장이다. 그에게도 『AZ』이 자료를 보냈다. 누가 보냈는지는 알 수 없다. 핵심적인 내용들이 그에게로 넘어갔다. 그 역시 경악스러운 반응을 보였다. 다분히 이해할 수 있다.

린디는 불면의 밤을 보내고 있고 우리 둘은 천천히 그러나 확실히 신문 보도의 결과가 부부간의 화목에도 해를 끼칠 수 있겠다는 점을 깨달았다. 당연한 일이지만 몇 주 전부터 린디는 우리 두 사람이 더 이상 아무 걱정 없이 웃을 수 없을 거라며 슬퍼했다. 오늘 아침에야 나는 개인적으로 검사를 찾아갈 생각을 잠깐 했다. 서류를 열람하고 우리 입장을 전달한 후 빨리 수사를 시작하라고 재촉할 생각이었다. 결국 수사 절차가 개시된 다음에야 공식적인 처벌이 결정되고 감형도 가능하기 때문이다. 하지만 정신을 똑바로 차리자. 냉정한 머리를 유지하자. 물론 쉬운 일은 아니다. 사건은 참을 수 없는 구역질을 일으키며 신경조직을 갉아먹고 있다.

나중에야 나는 수사를 오랫동안 기다려야 했던 이유를 알게 되었다. 형사반장은 여러 번 '호텔왕' S에게 주식 구입 전에 받았던 사업계획서를 요청했지만 받지 못했다고 한다. 결국 — 1년이 지난 후 — 사업계획서를 받은 후에야 검사는 내 진술이 자명한 사실이라는 점을 알았다. S는 주식을 사기 전에 회사의 재정상황에 대한 정확한 설명을 들었다. 그는 시작한 지 얼마 안된 이 사업이 자금을 필요로 한다는 사실을 보고서를 통해 읽기까지 했다. 그러니까 그는 형사고발의 핵심 지점에서 수사관청을 감쪽같이 속인 것이었다.

저 기억할 만한 날에 한 가지 더 나쁜 사실을 깨달았다. 사람이란 계속해서 경멸을 받으면 절대로 좋은 일을 할 수 없다는 것이다. 나에 대한 소문들은 페스트처럼 번져나갔다.

2004년 9월 우리는 '국제 SOS 아이마을' 대표 게오르크 빌라이트의 방문을 받았다. 그의 조직은 2006년 월드컵을 앞두고 FIFA와 함께 '2006년을 위한 6개 마을'이라는 제목의 프로젝트를 계획하고 있었다. 보기골퍼협회의 다양한 이벤트 수입으로 이 프로젝트에 재정적인 원조를 하겠다는 우리 제안은 열광적인 호응을 얻었다. SOS 아이마을 사람들은 1999년 우리 협회가 뵈르터 호수에서 특이한 자선투어를 개최해 얻은 수입으로 그 조직을 성공적으로 보조했던 것을 잘 기억하고 있었다.

당시 보기 골퍼&프렌즈는 수많은 지인들의 도움으로 전 독일 총리 게르하르트 슈뢰더가 후원하는 투어에서 많은 성금을 모았었고, 당시 대표였던 그쉴리서 박사는 나중에 자랑스럽게 이렇게 말하기도 했었다. "보기골퍼의 대규모 지원 덕분에 우리는 코소보 프리슈티나에 SOS 아이마을 첫번째 집을 운영할 수 있었습니다. 그곳에는 비참한 상황 속에 살아가던 3세 이하의 고아 혹은 기아 10명이 우리 직원 4명에 의해 보호받고 있습니다."

SOS 아이마을의 새로운 대표와 대화를 나눈 후에 이미 우리는 2005년 첫번째 자선 이벤트 기획에 몰두해 있었다. 그런데 이 12월 8일에 최종적으로, SOS 아이마을 측으로부터 더 이상 우리의 재정적 지원에 관심을 갖지 않는다는 사실을 통보받고 경악한 것이다. 이 조직 책임간부들의 생각은 이러했다. "골프는 SOS 아이마을과 어울리지 않는다."

우리는 다시 한 번 캐물었다. 자선기금을 거부하겠다는 이유로 이런 '설명'을 수용할 수 없었고 결국 여기서도 유감스럽게 살인 저널리즘이 입장을 선회하게 된 근거임이 틀림없다는 것을 깨달았다. 그렇지 않으면 어쨌든 SOS 아이마을이 꽤 많은 자선기금을 거부할 명분은 없기 때문이다.

그 때문에 아이마을 측의 설명은 믿음이 가지 않았다. 더구나 단 1~2개월 후에 다른 조직이 SOS 아이마을을 위해 골프투어를 개최했다. 골프클럽 베르크크라머호프는 이 이벤트에서 아이마을을 위해 1만 2,000유로를 모금했다.

2004년 12월 16일

앞서도 말했듯이 일기를 쓰는 일이 쉽지 않다. 모든 경험을 다시 철저히 되새기는 것, 다시 한 번 하루에 일어난 여러 가지 괴로운 체험을 돌이켜보는 것이. 오늘은 우선 이발사가 있었고 엊그제는 막시밀리안의 국제학교 학급 친구의 부모들이 있었다. 그들 역시 헤드라인을 읽었다. 『빌트』나 『분테』 혹은 『포커스』가 아니다. 『AZ』 기사를 읽은 것이다. 모두 외국 국적을 가진 이 부모들은 길가 상점에서 내 초상화와 대문자로 나온 이름을 보고 그냥 지나칠 수 없었을 것이다. 이 사람들은 신문을 사기까지 했을 것이다. 그렇지 않다면 평소 독일 일간신문을 절대 읽지 않을 사람들이 말이다. 물론 제3자로부터 헤드라인을 읽어보라는 얘기를 들은 사람들도 있었을 것이다. 예를 들어 잘츠부르크의 공인회계사 에델바허 박사가 그렇다. 그는 프란츠 베켄바우어의 세무사로부터 정보를 들었다.

덧붙여 말하자면 분명히 형사반장은 바로 그 프란츠 베켄바우어의 주식이 사기혐의에 결정적인 기여를 했으리라고 생각하고 있었다. 왜 그런 추측을 했는지 그 이유는 말해주지 않았다. 적어도 검사로부터 베켄바우어를 심문하라는 지시나 조언을 받지는 않았다.

하지만 이 나라에는 물론 '스타'를 기꺼이 개인적으로 만나고 싶어 하는 많은 사람들이 있다. 그래서 '황제' 베켄바우어는 힘겨운 스케줄에도 불구하고 형사를 위해 시간을 내야만 하게 되었다. 그것도 형사에게 예를 들어 자신은 언론을 통해서야 회사의 재정적 어려움을 알게 되었지만 아들이 자신의 모든 일을 대신했기 때문에 자신은 실제로 아무런 정보도 알지 못한다는 식의 설명을 하기 위해서. 완전히 불필요한 이런 증인심문은 내게 고통 그 이상이었다. 왜 실제 사업과는 아무 상관도 없는 프란츠 베켄바우어가 하필이면 나를 향한 의혹에 그토록 심하게 시달려야만 했는가?

몇 달 후 나는, 베켄바우어가 사건의 증인으로 심문을 받으면서 보좌 역할을 해줄 변호사를 선임했다는 이야기를 들었다. 그가 이 일로 변호사에게 몇천 유로나 써야 했다는 소식은 나를 수치심에 어쩔 줄 모르게 했다. 더 존경스러운 것은 베켄바우어가 나와 몇 번 만났지만 한 번도 나를 비난하는 듯한 모습을 보이지 않았던 것이다. 그 반대였다. 그는 예전이나 마찬가지로 정말 정중하게 나를 대했고 놀랍게도 한 번도 편견을 갖지 않았다. 경탄할 만한 일이다!

명예훼손은 어쩔 수 없이 존경심의 상실로 이어졌다. 당연히 나 자신의 가치에 대한 믿음에도 상처를 입었고 서서히, 그러나 확실히 자존심은 좀먹어갔다.

이전에는 당연히 나를 초대했던 사람도 갑작스럽게 없어졌다. 친구처럼 지냈던 의뢰인들조차 20년간의 좋은 협력관계를 떠나기 시작했다.

공식적인 정정조차도 흔적을 남긴다

2004년 12월 18일 토요일

그 자체로 말하자면 나는 일기를 쓰는 것을 중단하고 싶었지만, 종이에 남겨야 하는 사건이 있었다. 망각해서는 안될 일이기 때문이다.

강림절 기간 중 처음으로 전 가족이 시내로 나간 날이다. 크리스마스 선물을 사고 성탄절을 즐기기 위해 여기저기 상점을 돌아다녔다. 결국은 후겐두벨 서점에서 하인리히 뵐의 베스트셀러 『카타리나 블룸의 잃어버린 명예』를 샀고 이날 밤 다 읽어버렸다. 어떤 식으로든 성탄절 스트레스를 푸는 데는 유익했다. 스트레스가 꽤 줄었다. 하지만 한편으로는 거리를 뒤덮은 인파가 부담스럽게 여겨지기도 했다. 나이 때문일까? 아니면 심리적 상태 때문일까?

백화점 한가운데에서 갑자기 한 남자가 내게 다가왔다. 챙이 넓은 모자에 선글라스를 쓴 요란한 차림새의 남자였다. 내가 이 차림새의 주인공을 알아보는 데는 한참이 걸렸다. "수사는 어떻게 되어갑니까? 일은 다 끝난 겁니까?" 질문 공세가 쏟아졌다. 나는 당황해서 뭐라고 말해야 할지 몰랐다. "무슨 말씀을 하시는지 모르겠네요." 검은 선글라스 뒤편으로 나는 그의 눈에 놀라움이 깃든 것을 짐작할 수 있었다. "네, 제가 『AZ』 신문에서 읽은 이야기 말입니다. 알고 계시죠, 뮐러 볼파트요." 그때 나는 빈정대는 대답을 할 필요를 처음으로 느꼈다.

"아니오. 끝난 일은 아무것도 없습니다. 저는 아직 도망 중입니다."

더 이상 아무 말 없이 나는 그를 지나쳐 건물 밖으로 빠져나왔다. 그 남자는 학위를 받은 상인이자 공인회계사 및 세무사였다. 그는 예전에 몇 번이나 내게 의뢰인을 보내곤 했다. 마지막으로 그를 본 것이 아마도 2년 전이었을 것이다. 이 사건은 어떤 징후를 잘 보여주고 있다(그 때문에 나는 아무런 기교도 없이 순진하고 즉각적으로 생각을 표현한 그 사람에게 고마움을 느끼고 있다). 나를 알고 있는 많은 사람들이 나를 볼 때 처음으로 드는 생각은 '수배 중인 범죄자'라는 것이었다. 가택수색 보도로 정점을 이루었던 『AZ』 캠페인 이후 석 달이 지났다. 아직은 치유되지 않은 상처에 소금을 뿌리는 것과 같은 일상이다.

『AZ』 헤드라인이 없었다면 나를 보고 사람들은 무엇을 연상할까? 나도 모르게 이런 의문이 들었다. 특별히 어려운 사건에서 사람들이 믿고 자신들의 고객을 보내곤 하는, 성공한 변호사? 매주마다 뮌헨 일간신문에 자신의 능력을 공개적으로 알리는 법률가? 공익을 목적으로 하는 골프 협회 회장으로 인정받는, 뮌헨 사교계의 일원?

말하기 어렵다. 모두 추측일 뿐이다. 그러나 저 헤드라인 기사가 없었다면 나에게서 수배 중인 범죄자를 연상하지는 않았으리라는 것만은 확실이다.

때로는 직접적으로 때로는 은밀하게 끊임없이 반복되는 이 대치 상황을 무시하고 쫓아내버릴 수가 없다.

소문연구가 카퍼러는 거짓 소문이 야기한 지속적인 연상의 위험을 적절하게 분석했다. 또 이런 측면에서 공식적인 정정보도의 문제점도 함께 연구했다.

공식적인 정정은 그것을 믿는 사람들에게조차 흔적을 남긴다! 어느 패스트푸드 레스토랑 주인은 자신의 식당에서 쥐뼈가 나왔다는 소문이 돈 후 단골손님들까지 오지 않은 경험을 했다. 그는 손님들이 음식을 먹을 때 쥐고기를 먹는다는 생각이 머릿속에 돌아 식욕을 잃기 때문에 식당을 찾지 않음을 확신했다. 그럼에도 불구하고 손님들이 이 소문을 믿는 것은 아니다!

어떻게 그런 일이 가능한가? 가능하다. 생각이란 우리가 믿지 않을 때에도 우리에게 영향을 준다. 우리는 생각과 연관된 불쾌한 감정과 감각을 모두 느낄 수 있다. 그런 느낌은 잠재의식 속에서 우리의 의심을 뛰어넘는다. 어떤 견해를 공식적으로 취소할 경우조차 그런 견해는 부정적인 연상과 굳게 결합해 있다.

인간의 사고는 종종 컴퓨터와 비교되곤 한다. 물론 우리의 뇌와 컴퓨터는 근본적인 차이가 있다. 컴퓨터에 저장된 정보들은 언제라도 지워버릴 수 있는 반면 인간의 정보처리는 누적적인 방식으로 진행된다. 한번 알게 된 것은 적어도 일정 기간은 계속 알고 있다. 그러므로 공식적인 정정은 결코 정보를 완전히 소멸시키지 못하며 부가적인 제2의 정보로 저장될 뿐이다. 인간의 뇌는 정보를 더하기만 할 수 있기 때문이다. 따라서 소문과 싸우는 일은 이런 본질적인 사실에서 출발해야 한다. 공식적인 정정은 이런 이유에서 많은 경우 비생산적이기까지 하다. 이에 대해서는 이 책의 마지막 장에서 더 자세히 설명하겠다.

2004년 12월 22일

형사반장과 통화하다. 그녀는 매우 친절했다.

"사기혐의에 관한 수사를 종료하도록 신경써 줄 수 없으십니까? 신문보도의 영향은 재앙과 같아요. 목숨이 위험할 지경입니다."

그녀는 놀란 듯했다. "이렇게 시간이 흘렀는데 독자들이 아직도 그 일에 신경쓴다고는 생각하지 않는데요." 그녀의 대답은 유감스럽게도 현실과는 동떨어진 것이었지만 스스로는 확신에 차 있는 것 같았다. "저역시도 이 사건을 이제 접으려고 해요. 하지만 현재 검찰에 출두할 날짜를 받지는 않았어요."

내가 말했다. "저를 위해서 다시 한 번 그 사람과 통화해 주실 수 있습니까? 혹시 기회가 허락한다면 함께 얘기를 나눌 수 있을까 하고요."

그녀는 내 부탁을 받아주었다. 가능한 한 빨리 나와 대화를 하라고 검사에게 요청할 것이다.

정오 즈음 옛 친구인 어느 부동산업자를 만났다. 그전부터 만나자고 말했지만 그는 차일피일 미뤄왔다. 그 이유가 무엇이었는지는 만나자말자 알게 되었다. 그는 동아프리카 세이셸 군도에 최고로 아름다운 땅을 가지고 있었다. 몇 년 전부터 그 땅을 팔려고 했지만 그러지 못했다. 땅을 매수하고 개발하여 사업체를 운영할 사람을 내가 중개해 줄 수 있을 것 같아 만나자고 한 것이다. 어쨌든 돈벌이가 되는 사업이므로 시간을 내서 한번 이야기하려고 했다.

"하지만 자격증을 상실한 것 아닌가?" 그의 첫마디였다. 나는 당황해서 말을 잃었다. "자네도 알다시피 뮐러 볼파트 사건 때문에 말이야." 이 말을 하면서 책상 위에 놓인 『AZ』을 가리켰다. "여기 그렇게 쓰여 있는데."

어떤 사람한테는 도망 중인 수배자요, 어떤 사람한테는 변호사 자격증을 잃은 꼴이다. 이런 상황에 닥친 나에게, 어떻게 보면 공동 책임자이기도 한 여형사반장이 이제 나쁜 일은 모두 지나가버렸고 더 이상 영향을 끼칠 것은 없다고 말한다면 내가 어떻게 시니컬하지 않을 수 있겠는가.

셔츠제왕 혹은 쓰나미

알프스 키츠뷔엘로 14일간 여행을 떠나기 위해 짐을 꾸렸다. 크리스마스를 눈 속에서, 가족과 친구와 함께 보내기 위해. 그곳의 경치는 고요하고 평화로웠다. 하지만 이렇게 휴식을 취하면서도 몇 가지 당혹스러운 사실을 깨달아야만 했다.

2004년 크리스마스 / 새해

이 시기에 키츠뷔엘이 뮌헨의 교외나 다름없다는 것을 우리는 잘 알고 있었다. 그리고 이 휴가지의 사교적 분위기를 구경꾼으로서 한 번 체험해 보는 것도 상당히 매력적일 것이라고 생각했다. 여느 해라면 항상 인근 지역을 휴가지로 택하곤 했다. 우리가 즐겨 찾던 곳은 티롤 지방의 정수를 느끼게 해주는 작은 도시 엘마우였다. 7년 동안 우리는 거기서 농가주택을 빌려 머물렀다. 뤼베찰 고원지대(뤼베라고도 불린다)의 게르트 잘벤모저와 평생 친구 사이가 되기도 했다. 게르트는 우리 아들 막시밀리안의 대숙부이며 엘마우는 우리에게 제2의 고향이나 마찬가지였다.

그러나 이번만은 키츠뷔엘을 택했다. 이 스키도시의 특별한 매력은 분명히 어느 정도 예술적인 건물들에 있다. 인형의 방처럼 보이는가 하면 동화 속의 숲 같은 느낌도 나는 풍경이다. 수많은 대표적 뮌헨 명사들에게 이곳이 매력적인 또다른 이유는, 그들이 고국에서보다 더 많이 서로를 만난다는 점이다. 그러나 그들 중 몇몇은 확실히 스키보다는 거드름피우고 잘난 척하는 데 더 큰 관심을 갖는다.

누가 언제 누구를 어디로 초대했는가? 날씨나 슬로프의 상태보다 더 중요한 문제는 그런 것이다. 휴가가 시작되기 몇 주 전에 '존베르크 슈튀벨'이나 '스판델' 같은 레스토랑에 자리를 예약하지 않은 사람은 휴가 기간 내내 절대로 이 멋진 식당들의 경치를 즐길 수 없다.

마치 칵테일파티의 잡담에 감독 역할을 하듯, 키츠뷔엘에도 배포된 뮌헨 『AZ』은 크리스마스 다음날 중대한 대화 소재를 제공했다. 세계의 모든 언론이 동남아시아를 덮친 쓰나미의 재앙에 관해 연일 일면 기사를 보도하는 와중에 『AZ』에게는 유명한 셔츠회사 사장(오토 케른) 부인의 미스터리한 죽음이 분명 더 중요했던 것 같다. 밤에 키츠뷔엘에서 택시로 오빠에게 가고 있던 이 젊은 부인의 불행한 죽음은 크리스마스 다음날 『AZ』 지면을 장악했다. 해일보다도, 수많은 사람들의 상상할 수 없는 고통보다도, 인류 역사상 최대의 자연재앙보다도. 적어도 『AZ』에게는 그러했다. 소문을 양산하기에는 이상적인 소재였다.

쓰나미 재앙, 허영에 들뜬 칵테일파티, 그리고 셔츠제왕 부인의 '진짜' 사인에 대한 미미한 호기심 속에서 우리는 소란스러운 14일을 보냈다. 바이에른주에서 온 이러저러한 지인들과 마주치기도 했다. 결국에는 사람들로 붐비는 알프스 슬로프를 피하지 않을 수 없었다. 엘마우나 셰파우의 스키월드에서 스키를 타는 편이 확실히 더 나았다.

긴장을 해소해 주는 스키와 즐거운 분위기의 파티를 위한 최고의 조건은 다 갖추어져 있었지만 여기 티롤에서 그런 기대는 바보 같은 짓이었다.

사실 뮌헨 사교계는 한때 헤드라인을 만들었던 수많은 탈선행위를 용서하고 잊어버리기는 한다. 보리스 베커, 프란츠 베켄바우어, 로베르토 블랑코가 결혼생활에서 저지른 과실은 수다의 무기창고에 오래 저장되지 않았다. 사교계 칼럼니스트들과 파티 개최자들은 그런 가십을 일종의 윤활제라고 생각하고 고마워하기까지 한다.

그러나 변호사의 경우는 다르다. 그들이 가장 좋아하는 읽을거리인 뮌헨 『AZ』에서 수배중인 사기꾼으로, 기피 인물로 묘사된 이 변호사. 뮌헨 사교계에서 아무것도 잃은 것이 없었던 변호사 말이다.

표어는 다음과 같이 명백하다. "『AZ』에 실렸다면 들어와라. 실리지 않았다면 나가라. 법적인 비난을 받았다면 영구 추방이다."

예전 뮌헨에서는 그러했다. 적어도 몇몇 사교계에서는 그러했다. 그러나 『AZ』은 시간이 지나면서 점차 사교계 모임에서조차 따돌림을 당하고 현저한 손해를 입었다. 예전 편집국장 뢰트겐 지휘하의 선정적 저널리즘이 너무 무분별했기 때문이다.

어쨌든 셸레 변호사는 살인 헤드라인 이후 3개월 동안 계속 대화의 소재를 풍부하게 공급했다. 적어도 그가 어디서든 나타나기만 하면 이야깃거리가 되었다. '리글리 유로파'사 사장 슈테판 판더의 생일파티에서건, 특허권 변호사 베른트 프로비터의 크리스마티파티에서건, 혹은 보석상 뮐바허의 신년파티에서건 마찬가지였다. 모두 내 소중한 친구들이었음에도 불구하고 말이다.

대부분 뮌헨에서 온 이곳 손님들은 무엇보다도 내 인사 방식에 조심스럽게 반응했다. 드러내놓고 적대감을 보이지는 않았지만 가끔씩 억지로 꾸민 듯 친절하게 말하고 이어서 뒤에서 속삭이는 소리가 들렸다. 마치 양 옆에 죽 늘어서서 매질을 하는 사람들 사이를 지나가는 듯한 기분이었다. 그들 중 누구라도 '이 변호사'와 ― 갖가지 이유에서 ― 담판을 지을 사람이 갑자기 나타날 것 같았다.

그런 만남과 경험은 어찌되었건 새로운 느낌이기도 했다. 도대체 그런 식의 근거 없는 험담을 우상화하는 이유는 무엇일까? 진정한 동기가 무엇일까? 이게 도대체 정상적인 상황인가?

그렇다. 정상적이다. 예법에는 들어맞지 않음에도 불구하고 모두가 험담을 하고 다닌다. 심리학자들의 연구에 따르면, 성인의 대화 중 약 60퍼센트가 그 자리에 없는 사람들에 관한 것이라고 한다. 말 그대로 진화심리학자인 리버풀 대학 로빈 던버(Robin Dunbar) 교수는 심지어 험담이 "사회를 결합해 주는 접합제"라고 주장했다. 이런 주장의 토대는 ― 듣고 놀라겠지만 ― 유인원에 관한 연구이다. 원숭이들은, 진화한 인간 종족과 마찬가지로, 그들의 일족을 특히 친밀하게 결합하는 능력이 있다. 모든 원시 연구자들이 동의하는 바, 서로 이를 잡아주는 행동은 신뢰를 창출하고 동물들을 서로 연결해 준다.

로빈 던버의 이론에 따르면, 인간에게 험담은 원숭이가 이를 잡아주는 행위와 마찬가지라고 한다. 험담을 유발한 감정이 부정적일수록 오히려 무엇인가를 배웠다고 생각한다. "원숭이가 내 이를 잡아준다." 특히 자극적이고 부정적인 험담을 듣고 경탄의 표현으로 할 만한 말이다. 험담은 인간을 서로 더욱 친밀하게 연결시켜 준다. 아닌가?

수다가 소문과 중요한 평행관계에 있다는 점은 아주 분명하다. 수다에 적극적으로 참여하는 것은 집단에 적극 참여하는 것이기도 하다. 수다를 떠는 집단은 항상 합의를 추구한다. 이것은 다시금 합의할 준비가 된 참여자들에게 순응적 태도를 강요한다. 그런 식의 의사소통 과정에 적응하다 보면 결국 자기 자신의 의견에도 영향을 미치게 된다. 그에 따른 결론은 이렇다. 이런 집단역학(group dynamics)은 개개인이 수다를 떨거나 험담을 할 때 자신이 생각하고 믿는 것과 정반대를 말한다는 것이다. 결국 우리는 심지어 우리 자신의 확신을 의심하고 우리의 의견을 바꾸기 시작하기도 한다. 그것을 야기한 것도 오로지 '강요된' 합의일 뿐이다. 어쨌든 우리는 집단에서 고립될 위험을 피하고 싶은 것이다.

과학자들과 심리학자들의 주장이 옳다면, 왜 대중 언론이 확인되지 않은 스캔들에 관한 수다와 험담, 특히 소문을 독자들에게 정기적으로 공급하는 데 집착하는지도 설명할 수 있다. 그렇지만 내게는 아직 답해지지 않은 질문이 있다. 왜 뮌헨 『AZ』과 같이 한때 명망 있던 일간신문이 몇몇 사람들에게만 알려진 일개 변호사를 '사기꾼'으로 만들면서 수다와 험담의 대상으로 선택했는가 하는 점이다. 하지만 이에 관해서도, 중요한 서적들을 읽으면서 알게 된 것이지만, 전문가들의 답은 완전히 설득력 있는, 어쨌든 일리가 있는 설명을 해준다.

주목을 받고 더 많은 부수를 찍어내려는 열망은, 지난 몇 년간 계속 부수가 감소하고 있던 뮌헨 『AZ』에게 목표이자 동시에 방법론, 아니 목적 그 자체였다. 이런 종류의 '성공'을 얻어낼 열쇠는 독자의 감성에 호소하는 데 있다. 도덕적인 분노와 질투심을 끌어내고 남이 잘못되는 것을 즐기게 만드는 일, 이런 것들은 주목을 받으려는 경쟁에서 중요한 요인인 것이다.

하찮기 그지없는 민사상 대립(완전히 무명인 부동산업자와 나 사이에)은 그 자체로는 전혀 긴장감을 유발하지 못하지만 논조와 첨부된 사진들로 인해 감정이 실리게 된다. 논란의 소지가 많은 속된 어휘, 불완전하고 무차별적이며 일방적이고 과도한 표현, 불안을 야기하는 질문과 의도적으로 강조된 설명 등으로 인해 사안은 완전히 다른 형태로 변하게 된다. 독자는 이런 형태가 틀림없는 사실이라고 속게 되고 분명한 감정적 입장을 취해야 할 필요성을 느낀다. 결정적인 것은, 사실에 의거한 정보 대신에 어떤 감정적 자극이 보도를 지배한다는 점이다. 모토는 이렇다. 감정이란 선동적 대중매체산업을 돌아가게 만들고 부수를 상승시키는 윤활제라는 것이다.

이미 진실로 확인된 뉴스보다는 소문이 그런 역할에 더 잘 들어맞는다. 소문은 그 자체의 평가, 공론, 해석을 위한 놀이공간이다. 소문은 긴장을 유지하고 획득하며 그럼으로써 계속되는 이야기에 흥미를 갖게 한다.

마이클 잭슨이 겪은 한 사건을 생각해 보라. 1979년 그는 패밀리그룹 잭슨파이브를 떠나 솔로 가수로 경력을 쌓기 시작할 무렵 내 고객이기도 했다.

소문은 결코 없어지지 않고 대화의 소재로 남을 뿐만 아니라 감정을 자극하는 저널리스트들에게 계속 공론을 양산하고 더 많은 사건들을 추측하고 발굴할 기회를 제공할 것이다. 여기에는 심지어 무죄선고조차 아무런 도움이 되지 못했다.

모든 것은 2006년 1월 30일 다음과 같은 헤드라인이 입증해 주었다.

"함부르크로 비밀 입국. 마이클 잭슨은 이 독일인에게 무엇을 원하는 것일까?"

그리고 기사 위에는 다음과 같은 글이 실려 있었다.

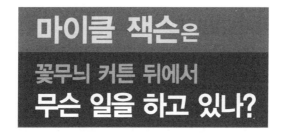

하루 뒤 같은 신문기사 제목이다.

"잭코가 독일인 친구와 함께 베네치아에서 곤돌라를 타다. 팝의 제왕과 젊은 남자가 연인의 도시에서 하는 일은 무엇일까?"

1997년 마이클 잭슨이 TV 프로그램 '내기할까?'에서 알게 된 23세의 청년을 방문한 것은 교양 없는 추측이나 유도질문들과 함께 그가 소아성애자라는 소문을 가열시키는 계기가 되었다.

『AZ』의 관점에서 볼 때 내 '사건'도 이런 식의 '감정 자극 저널리즘'에 적합했다. 기존 규범에서 벗어났음을 보여주는 사건이야말로 감정을 건드리고 마음의 폭풍을 격렬하게 일으키는 데 최고로 적합한 법이다. 한편에는 지금까지 전과도 없고 뮌헨에서 이름을 떨치는 변호사이자 일간신문의 칼럼니스트가 있고, 다른 한편에는 사기, 가택수색, 그리고 아무것도 모른 채 속아넘어간 '호텔왕'이 있다. 거의 고전적인 메커니즘이라 할 만하다.

마리오 그뮈르(Mario Gmur)는 저서 『공적인 인간』에서 그런 메커니즘을 이렇게 설명했다. "일상성을 표출함으로써 역설적으로 비일상적인 차원이 드러난다. 즉 일상에서 벗어나는 형태를 지시하는 동시에 일종의 기대치, 호기심, 혹은 논란을 유발하는 생각 등을 조종한다. 그러기 위해서 예컨대 이런 비일상적 형태가 야기할 수 있는 것들을 암시하곤 한다."

기본권으로 보장된 언론의 자유가 이런 종류의 보도에도 통용되어야 하는가? 원칙적으로 그렇다고 모두가 한 목소리로 말한다. 그러나 인간의 존엄성 역시 기본권으로 보장되어 있다. 이 두 기본권이 긴장 관계에 있는 영역에서 갈등이 발생한다. 그럴 때 법원이 분쟁을 해결해야 한다.

조금은 망설이면서도, 나는 인간 존엄성을 보장하는 기본권의 편에 서야 한다고 생각한다. 우리 공동체를 지탱하는 기둥들, 즉 민주주의, 법치국가, 언론자유 등은 '봉사하는' 기본권이며, 그런 기본권들의 도움으로 궁극적으로는 개개인의 존엄성을 보호해야 한다고 믿기 때문이다. 이런 평가는 계몽주의 이래 언론과 매체의 자유의 발전에 지속적인 영향을 끼쳤다. 시민의 자유를 대표하고 수호하는 기관으로서 국가에 문제를 제기하고 실상을 조사하는 것, 그리고 필요하다면 이를 공적으로 알리는 것이야말로 언론의 역할이다. 이런 관점에서 볼 때 원래 언론의 자유에서 우선적으로 중요한 것은 매체들로 하여금 (때로는 정부의 의사에 맞서면서까지) 정보를 알리고 아무 방해 없이 비판을 제기할 수 있는 자유를 주는 것이었다. 기본법의 아버지들은 매체와 시민 사이의 갈등을 기이한 예외로만 간주했었다.

그러나 지난 몇십 년 간 매체의 역할은 근본적으로 변화했다. '제4의 권력'이라는 명칭으로 충분히 표현될 수 있듯, 매체는 더 이상 국가에 대한 시민의 대변자가 아니라 때로 정당과 정부보다 더 큰 능력을 가진 권력자가 되었다. 독일 언론자유의 아버지 중 한 명인 빌헬름 훔볼트(Wilhelm Humboldt)는 프로이센의 언론검열 폐지에 관한 입장을 표명하면서 출판과 시민 사이에는 어떤 무력적 평등도 존재하지 않으며 이런 이유로 계속해서 국가가 언론을 통제해야 한다고 주장했다. 그러나 언론이 의사표명의 자유를 보장하는 기관이라고 간주하기 때문에 언론통제의 중요성을 주목하지 못한다는 것이다. 그리고 나서 훔볼트는 이렇게 말한다. "따라서 우리는 언론과 저널리스트들이 그들의 시민적, 인간적 의무에 따라 행동한다고 믿어야만 한다."

매체 책임자들의 행동과 결정에서 경제적 경쟁이라는 기준은 무시할 수 없다. 시청률, 부수 등 말이다. 따라서 기본법이 보장한 다른 가치들, 예컨대 인간의 존엄성 같은 것이 편집국 여기저기에서 다른 형태로 해석되거나 심지어는 무시되는 일도 다반사이다.

오로지 판매부수나 시청률 때문에 벌어지는 일은 아니다. 오늘날에는 유감스럽게도 기자 자신의 노동계약 때문에, 일터를 '확고하게' 만들기 위해서, 혹은 승진하려는 욕망에서 그런 일이 일어나기도 한다.

그렇다면 어떤 결과를 낳을 수 있을까?

독일연방정보국(BND) 스캔들이 그 답을 잘 보여주었다. 절대적인 일급비밀만을 자랑하듯이 다루던, 『포커스』의 어느 저널리스트가 연방정보국의 정보원으로 폭로되었다. 문제는 적개심이었다. 연방정보국이 제공한 독점적 정보에 대한 반대급부로 그는 정기적으로 동료들을 미행했다. 해당 저널리스트는 이런 종류의 적대적 행위를 '정보 거래'라고 주저 없이 표현했다. 물론 그는 이 '정보 거래'의 도움으로 『포커스』에서 특별히 평가받는 '조사 저널리스트'로 승진하는 데 성공했다. 『프랑크푸르트 알게마이네 존탁차이퉁』이 보도한 사실은 이렇다.

"풀라흐에 있는 연방정보국 근처에 회사가 있는데다 『슈피겔』의 경쟁지로서 특히 수많은 비밀세계 이야기들을 독점하려는 소망은 마침내 뮌헨 잡지(『포커스』)의 편집국에 연방정보국 정보원들이 끊임없이 오가는 결과를 낳았다."

여기서 수많은 사실, 사실, 사실이 오히려 반 이상은 수많은 소문, 소문, 소문을 낳았음이 확실하지 않은가?

2004년 12월 31일 금요일
우리는 위장염을 앓고 있다. 키츠뷔엘 시내로 잠깐 여행을 했다. 린디가 입을 옷을 하나 찾을 수 있을까 해서였다. 부티크에는 손님이 몇 명 없었지만, 그 중 한 사람이 아는 체를 하며 우리에게 다가왔다. 우리는 그녀의 이름을 모른 채로 정중하게 인사했다. 그녀는 전형적인 질문으로 인사를 했다. "요즘 어떠세요?"
"고맙습니다." 위장 상태가 실제로 서서히 좋아지고 있었기 때문에 이렇게 덧붙였다. "점차 좋아지고 있습니다."

"신문들이 그렇게 악의적인 보도를 일삼더니 이제 완전히 끝났나 보군요. 그 사람들 정말 비열하다고 생각해요." 나는 궁금했다. "특히 누구를 말씀하시는지요?" "아, 『AZ』 말이에요. 전 다 읽었거든요."

오늘까지도 우리는 그 여성이 누구인지 알 수 없다. 당황스러운 그 만남은 오랜 시간 동안 우리 뇌리를 떠나지 않았다.

보도, 소문, 편견

2005년 1월 1일

가족과 함께. 저녁에 아이들과 함께 페터 빈터의 레스토랑 '하넨호프'에 갔다. 파티의 소음도 칵테일잡담도 없이. 크리스마스 분위기로 장식한 레스토랑은 아주 조용했고, 손님들 몇 명은 신년의 숙취와 싸우고 있는 듯 보였다. 페터 빈터는 직업 때문이기도 했지만, 손님이 들어올 때마다 매우 기뻐했다. 우리가 들어갔을 때에도 그랬다. 하지만 이전에 보여주었던 친절, 진심 어린 기쁨은 별로 혹은 전혀 느낄 수 없었다. 어쩌면 내가 너무 예민해져서일지도 모르겠다.

바로 옆자리에 여배우 카타리나 야콥과 그녀의 남자친구가 앉아 있었던 것은 우연이었을까? 오트프리트 피셔와 함께 TV 연속극의 주인공 역을 맡은 카타리나는 우리에게 따뜻한 인사를 보냈다. 어림잡아 4년 만에 다시 보는 얼굴이었다.

"이리 오세요, 잠깐만 우리와 함께 앉아보세요." 그녀는 친절하게

청했다.

"어머니는 안녕하신지요?" 나는 정중하게 카타리나의 어머니이자 살아 있는 여배우의 전설 엘렌 슈비어스의 안부를 물었다.

"잘 지내세요. 방금 순회공연에서 돌아오셨어요."

"네? 그분 연세가 어떻게 되셨죠?"

"예, 75세에요. 하지만 아직까지 한 번도 쉬지 않으세요."

"믿을 수 없군요. 그때 우리가 찾아뵈었을 때, 그러니까 슈타른베르크 호숫가에서……."

"찾아오시다니요? 어머니를 위해 대신 소송까지 제기해 주셨잖아요."

"시간이 많이 흐른지라 정확히 기억이 안 나네요. 그때 일은 어떻게 되었나요? 알고 계십니까?"

"잘 기억하고 있죠. 선생님이 승소하셨어요. 그때 우리에게는 매우 중요한 일이었죠."

"언론 관련 사건 아니었나요?"

"물론이죠. 그리고 정말 잘 해결하셨어요."

"네, 네. 그때 저는 거의 언론 문제만을 다루었죠."

"저도 기억하고 있어요. 그때 협회도 만드셨지요. 무슨 이름이었죠?"

"페어프레스였습니다."

"맞아요."

"하지만 언론출판법 분야는 10년 전에 완전히 그만두었습니다."

"왜요? 대체 왜 그러셨죠?"

이제 내가 몇 년 동안 마음에 품어왔던 것을 설명했다. 내 직업생

활의 이런 에피소드가 곧 망각 속에 묻히기를 얼마나 바라는지. 사이언톨로지 사건에 관해서, 내 옛 파트너 위르겐 바른케 박사에 관해서 이야기했다. 그는 예전 기사당(CSU) 부총재이며 연방장관이었다. 또 축구단 'TSV 1860 뮌헨'의 전(前) 단장 카를 하인츠 빌트모저에 관한 이야기도 했다. 빌트모저는 내가 축구단을 사이언톨로지식으로 변화시키려고 획책한다며 나를 비난했다. 가톨릭과 개신교 교회에서 날아들어온 각종 서한들과 종파의 대표들 얘기도 했다. 나를 사이언톨로지 신자로 만들려고 안간힘을 썼던 TV와 언론매체들에 관해서도 말했다.

"카타리나, 그때 우리는 직업이나 전문성이 언론출판법에 얼마나 위험한 것인지를 알았답니다. 잊어버릴 줄 모르는 저널리스트가 상당수예요. 비판 능력조차 없는 사람들도 많지요. 몇몇 저널리스트들은 재판의 참패를 자신들의 방식으로 메우려고 단호한 자세를 취합니다. 누가 사이언톨로지 신자라며 공공연하게 폭로하는 일은 금지되어 있었어요. 우리가 한 일은 이런 폭로 문제로 사이언톨로지파 한두 명을 대리했던 것에 불과했죠. 그저 단순한 변호 업무를 수행한 것뿐인데도 우리에게 돌아온 대가는 컸어요. 그것도 승소한 개개 사건마다 대가를 치러야 했지요. 결국은 내 자신까지 그들의 개인적인 적이 되었을 정도였어요. 곧 몇몇 저널리스트들이 일치된 행동으로 나를 사이언톨로지의 배후조종자로 만들었어요. 증거도 없이 아주 손쉽게 말이에요."

카타리나 야콥은 내 말을 끝까지 집중해서 경청했다. 헛기침도 하지 않았고 중간에 끼어들지도 않았다. 하지만 그녀의 시선, 그녀의 눈, 그녀의 몸짓은 단순한 관심과 호기심만을 표출하지는 않았다. 완전히 아연실색한 것 같았다.

"정말 이해하지 못하겠어요. 그렇다면 선생님은 사이언톨로지 신자가 아니란 말이에요?" 그녀는 물었다. 대답을 기다리고 있다는 듯 잠시 침묵이 흐른 후 그녀는 이렇게 덧붙였다. "당시에는 확실하다고 생각했어요. 모두가 당신이 거기 소속이라고 말했거든요." 이 말은 나를 비난하거나 경멸하는 것처럼 들리지는 않았다. 단지 변호사 미하엘 셸레에 대한 선입견을 바꾸고 새롭게 정립하기가 몹시 어려운 듯했다.

사이언톨로지 소문은 생겨난 지 10년이 지났지만 아직까지도 사람들에게 단순한 의혹 이상의 것이었다. 카타리나의 경우 그것은 자기 어머니에게 중요한 승소를 선사했던 변호사에 대한 기억에서 상당 부분을 차지하고 있었던 것이다.

갑자기 나는 베를린 출신 옛 친구인 토르스텐 발터 박사가 했던 말이 생각났다. 우리가 사이언톨로지 혐의에 맞서 걸었고 예외 없이 이겼던 일련의 소송들이 끝난 후에, 그는 내게 이렇게 말했다. "미하엘, 네가 할 수 있는 일은 없어. 그냥 똥을 밟은 거나 마찬가지야. 그 똥을 치워버릴 수도 없잖아."

연초를 맞이해서 참으로 우울하지만 새로운 깨달음을 얻었다. 그러나 꼭 실망해야 할 필요가 있을까? 10년 전에는 사이언톨로지 신자였고, 이번에는 『AZ』 덕택에 사기꾼이란 말인가? 그렇다면 10년 후에는 어떤 일이 벌어진 것인가?

이제 모든 것을, 정말 모든 것을 추슬러야 할 시간이 되지 않았나? 한번쯤 당시 어떻게 그리고 왜 그런 악의적인 소문이 유포되었는지 숨김없이 밝힐 때가 아닌가? 왜 내가 기사당 대공(大公)들 사이의 고

래싸움에서 새우등이 터지는 꼴을 당해야 했나? 카를 하인츠 빌트모저 회장의 방만한 행태를 꾸짖을 시간이 되지 않았나? SAT1 방송국, 혹은 더 정확히 말해서 그 전(前) 사장 프레드 코겔의 불행한 역할을 떠올리는 게 당연하지 않은가? 벤크 박사라는 이름의, 완전히 맹목적인 종파 대리인에게 연루된 사건을? 당시 내가 그런 비난을 받은 것은 상당 부분이 자칭 사이언톨로지 사냥꾼 레나테 하르트비히 덕분 아닌가? 또 결국 나는 때로는 미심쩍고 때로는 불법적이기도 한, 검찰과 매체의 연합 또한 조명해야 하지 않은가?

"고마워요, 카타리나, 이렇게 솔직하게 이야기해 줘서. 큰 도움이 되었어요." 헤어지면서 나는 이렇게 말했다.

두 사람은 호텔 바로 향했고 우리는 두 시간 가량 더 테이블에 앉아 대화를 머릿속에 떠올렸다.

"린디. 우리가 경험한 일은 이미 어떤 식으로든 센세이션을 일으켰지. 하지만 요즘 나는 더 지독한 사건 이야기를 들었어. 이름 없는 소박한 사람들이지만 당사자들에게는 상상할 수 없는 결과를 낳은 믿을 수 없는 이야기지." 그리고 나는 데겐도르프 근교에 사는 어느 가장 이야기를 시작했다. 그는 아무런 죄도 없이 감옥살이를 하고 여론의 처벌까지 받았다.

당시, 2003년 10월의 어느 밤, 바이에른주 프라우에나우에서 4개월 반 된 라우라라는 아기가 죽었다. 자고 있던 아기의 아버지가 안고 있는 중에 죽었다고 한다. 검찰은 부검을 지시했다. 법의학자는 감정을 한 결과 라우라가 의도적으로 목이 졸려 죽었다는 결론을 내렸다. 아버지는 조사를 받기 위해 구금되었고 딸의 장례식에조차 갈 수 없었다. 그는 경찰을 동반해서라도 장례식에 참석해 자식과 이별하기를 간절하게 원했다. 검사는 아파서 열이 나고 칭얼거렸던 딸이 TV를 보는 데 방해가 되었기 때문에 아버지가 목을 졸라 죽였다고 주장했다. 검찰은 이것이 일단은 추측에 불과하다는 점을 인정했지만, 아버지가 평정심을 잃어버려 그 일이 벌어진 것이라고 강조했다. 수사관들은 서둘러 연방공화국의 모든 매체에 전자메일을 보내 '수사 성과'를 알렸다.

그런 경우는 여론의 관심을 받는다. 보도, 소문, 편견…….

물론 그 아버지가 버림을 받은 것은 아니었다. 어린 라우라의 어머니, 가족 전체, 이웃들, 모든 친구들이 그의 편을 들었다. 그들은 그가 무엇인가를 했다는 사실을 단지 믿을 수 없었고 믿고 싶지 않았다. 란스후트 출신의 어느 변호사가 새롭게 투입되었다. 두번째로 감정을 위임받은 아이젠멩어 교수는 능력이 입증된 전문가였고 정밀조사를 시작했다. 그리고 그의 감정에서 의심의 여지없는 결론이 나왔다.

아이는 폭력적으로 죽음에 이르지 않았다는 것이다. 아이는 폐와 기관지에 심한 염증이 생겨 사망했다는 것이다. 작은 심장은 그저 뛰기를 그만둔 것일 뿐이었다. 폭력에 의해 사망했다고 추측하게 만든 '압점'들은 아버지가 딸을 소생시키려고 노력했을 때 생겨났을 것이다. 남자는 이 감정이 발표된 즉시 석방되었다. 나중에 이 사건을 담당한 법정 역시 남자의 무죄를 의심하지 않고 무죄판결을 내렸다. 검사는 연방재판소에 재심을 요청했지만 아무 성과 없이 끝났다.

반면에 여론에서는 라우라의 아버지에게 오랫동안 처벌을 내렸다. 진정으로 트라우마를 낳을 만한 경험이었다. 자기 아이가 죽고, 죄 없이 감옥에 가며, 장례식에도 참석할 수 없었고, 무기력하게 여론의 심판까지 받은 것이다.

나는 나지막하게 말했다. "그런 식의 일은 나라면 절대로 이겨낼 수 없을 거야. 하지만." 그리고 우리는 같은 생각을 하고 있는 듯 서로를 바라보았다. "반대로 사람들은 무조건 무엇인가 해야 할 때가 있지, 아닌가?"

영국과 미국 사람들은 '신년 결의(New Year's Resolution)'라는 말로 새해를 위한 좋은 결심을 한다. 그런 결심을 우리는 그 저녁에 했던 것이다. 『AZ』의 명예훼손 캠페인이 거기에 어느 정도 기폭제 역할을 했다. 『포커스』의 피상적이고 무비판적인 보도가 부차적인 추진력을 주었다. 분명히 아직까지도 남아 있는 사이언톨로지 혐의는 내 결심의 불꽃을 활활 타오르게 만드는 연료나 마찬가지였다. 나는 지금까지 명예훼손과 '살인 저널리즘'의 진행과정을 인식하지 못하거나 평가절하 해온 사람들에게도 판단에 도움을 주기 위해 소문의 원인과 예상되는 과정, 그리고 그 재앙과 같은 결과를 조명하겠노라고 단단히 결심했다.

그러나 무엇보다도 나는 다른 사람들이 공론에 대해 더 많은 비판적 거리를 두도록, 의사소통에 있어 너무 많은 인간적인 오류가 있음을 — 적어도 그 오류가 영구적인 위험의 근원임을 — 알도록, 그리고 우리 모두가 특정한 감정상태를 근거로 얼마나 무의식적으로 사실을 호도하며 뉴스를 잘못된 방식으로 저장할 수 있는지를 깨닫도록 만들고 싶었다.

바로 다음날 나는 내 기억을 글로 남기기 시작했다. 소문에 대해, 내가 직접 겪은 저널리즘의 편견에 대해, 나로 하여금 결국 페어프레스를 설립하게 만들었던 스펙터클한 언론출판법 관련 사건들에 대해 말이다. 실제로 1월 2일 나는 스키를 집 한구석에 치워버리고 글을 쓰기 시작했다. 과거에 속한 일들이 이제 생생한 현실이 되었다.

또 나는 소문의 원인과 결과, 유언비어, 음모론에 관한 몇 킬로그램이나 되는 책들, 석·박사 논문들을 연구하기 시작했다. 그즈음 수사관들은 사기와 돈세탁 혐의로 촉발된 셸레 사건을 밝혀내려 애쓰고 있었다.

언젠가는 진실이 눈앞에 펼쳐질 것이라는 사실을 알고 있었다. 또 언젠가는 검사와 형사반장이 내게 불리한 증거자료를 찾기 시작할 것도 알았다. 내 혐의를 벗겨줄 증거자료를 찾는 일만은, 내가 받은 인상으로는, 형사반장은 결국 한 번도 실제로 시작하지 않았다.

1유로 주식을 둘러싼 격렬한 분쟁

법정은 호텔리어 XX로부터 사기혐의로 고소당한 변호사 미하엘 셸레의 무혐의를 선고하다

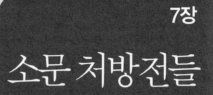

7장

소문 처방전들

왜 소문은 싸워 이기거나 완전히 없애버리기 어려운가?

하지만 그럼에도 불구하고 가끔은 약하게 만들 수 있는가?

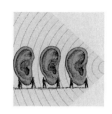

소문, 맞서 싸울 수 있는가

소문을 막을 수 있는가?

거짓 소문의 유포를 막을 가능성은 있는가?

거짓 소문을 만들고 퍼뜨린 사람의 책임을 묻고 고소할 수 있는가?

소문의 당사자에게 어떤 전략을 추천할 수 있는가?

질문은 네 개지만 답은 그 이상으로 많다. 소문은 언제 어디서나 존재하고 앞으로도 계속 존재할 것이다. 사람에게는 자신의 모자란 지식을 추측으로 채우고, 방향 설정 능력 부족과 불확실성을 공론(空論)으로 감소시키며, 공격성을 진정시키려는 욕구가 너무 크기 때문이다. 그리고 오류투성이의 기억과 여러 가지 (선택적인) 지각은 우리에게 우리 환경, 일상적인 사건들, 영상이나 뉴스 등을 항상 객관적으로 올바로 기록할 수 없게 만든다. 따라서 우리는 항상 오해의 여지없이,

실수 없이 서로 의사소통할 수는 없다.

소문의 생성은 거의 시스템 내재적인 것이다. 서로 의사소통하는 개인들의 지성이나 교양과는 상관없이 결코 저지할 수 없다. 소문을 막기 원한다면, 우리는 인간 상호간의 의사소통 자체를 '차단'해야 할지도 모른다.

물론 때로는 소문의 영향력과 수명을 감소시킬 수는 있다. 그러나 보편적으로 통용되는 처방전 따위는 존재하지 않는다. 소문이 생겨나고 그 내용이 바뀌는 데에는, 그리고 관계자들이 소문을 진지하게 받아들이고 유포시킬 의향을 가지는 데에는 너무나 다양한 원인과 근거가 있기 때문이다.

소문의 당사자에게 추천할 수 있는 처방으로는 우선 침묵이 있다. 이것은 예를 들어 정치가가 선호하는 반응으로, 헬무트 콜 전 총리가 그랬던 것처럼 사태를 그냥 내버려두는 것이다. 유명인사들 중에는 침묵을 선호하는 사람이 많다.

TV에 출연하는 의사 안체 K. 퀴네만 박사는 내게 이런 글을 써 보낸 적이 있다. "거짓 소문으로 인해 부당하게 헤드라인을 차지한 사람은 더 이상 헤드라인의 먹잇감이 되지 않기 위해 저항할 것 같지만 실제로 아무런 저항도 하지 않는 경향이 있습니다."

내 동료 프리츠 베퍼는 이런 지혜로운 말로 나를 위로하기도 했다. "나에 대해 뭔가 부정적인 말이 신문에 나올 때면, 나는 항상 '내일 이 종이로 죽은 생선을 돌돌 말아버려야지' 하는 생각을 합니다."

게르하르트 슈뢰더는 다른 처방전을 알고 있다. 그는 거의 모든 의혹 공론에, 모든 허위 비방에 사법적 조치로 맞서 싸웠다. 그러나 최근 일어난 가즈프롬(Gazprom) 사건에서는 그다지 성공적인 결과를 맺지 못했다. 독일연방 총리 시절 그는 어느 회사의 연방계약 수주를 승인했는데, 총리직에서 물러난 후 하필이면 바로 그 회사의 고문으로 초빙되었다는 내용의 주장이 떠돌았던 사건이다. 이 주장은 유포가 금지되기는 했지만, 그가 총리 시절에 이 회사를 총애했다는 소문은 사라지지 않았다.

평판이 나쁜 사람일수록 의혹의 냄새는 사라지지 않고 여러 가지로 변형되어 소문의 주제로 선호된다. 간혹 "침묵은 금이다"라는 통속적인 속담이 들어맞는 경우도 있다.

거짓 소문, 혹은 소문의 눈사태를 불러올 수 있는 불확실한 허위 의혹보도가 맞대응을 할 만한 가치가 있는지 없는지의 문제는 각각의 상황에 따라 신중하게 고려해서 결정해야 한다. 여기서는 그런 결정을 내릴 때 참작해야 할 몇 가지 기준만을 나열해 보겠다.

소문이 진실인가? 세부적으로 실제 사안을 포함하고 있는가?

소문의 핵심이 사실에 들어맞거나 사실일 가능성이 충분하다면 신중한 유보자세가 필요하다. 너무 성급하게 공식 부인을 하는 것은 이중으로 피해를 입는 부메랑이 될 수 있다. 그러므로 처음에는 의혹을 하나하나 따져보는 것이 좋다. 소문이 사실무근이거나 적어도 믿음이 별로 가지 않는 공론으로 판명되는 경우에는 공식적으로 사실을 해명하면서 부인을 하는 것이 좋다. 공식 부인은 가능하다면 설득력 있는 (외부) 인사의 도움을 받는 것이 중요하다.

거짓 소문을 처음 만들어낸 사람이 알려진 사람인가, 아닌가?

부주의 때문이 아니라 의도적으로 소문이 생겼다면 특히 주의를 기울여야 한다. 그러나 원칙적으로 출처를 알지 못할 경우에는 대응하기가 어렵다. 출처를 알지 못하면 소문을 만든 사람의 저열한 동기를 비난할 수 없기 때문이다. 동기를 비난하는 것은 주도권을 쥐고 소문의 정체를 폭로하고 변화시키는 전제조건이다. 소문의 출처를 모를 때에는 일종의 상징적인 행위로서 불특정인을 대상으로 고소하거나 공개현상금을 걸어서 소문 유포자들을 체포하는 방법이 있다. 예컨대 80년대 초 프록터&갬블(P&G)사가 사용했던 방법이다.

반면 소문의 원조와 배후조종자를 알고 있다면 일이 훨씬 쉬워진다. 소문으로 인해 명예가 훼손되었고 소문을 구성하는 사실 주장을 반박할 수 있다면, 반대조치를 취할 경우의 수가 다양하다. 하나 혹은 모든 가능성을 고려해서 결정 내리기 전에, 질문을 해볼 필요가 있다. 소문이 중대한 것이고 수명이 길어서 계속 반복될 우려가 있는가? 그렇지 않다면 그냥 수동적인 자세를 취하는 편이 낫다. 공식 부인함으로써 소문을 더 확산시킬 위험이 있기 때문이다. 그대로 내버려두면 소문은 수면 위로 떠올랐을 때와 마찬가지로 빠르게 사라질 것이다.

물론 수명이 길고 피해가 지속적일 우려가 있다면 내 추천은 달라진다. 그런 경우에는 어떤 조치를 취할 것인지 따져볼 필요가 있다.

첫번째로 추천할 수 있는 것은 소문의 진실성을 의심하고 소문을 무력화할 수 있는 조치들이다. 즉 가처분조치(부작위해명 요청), 피해보상 내지 위자료 청구소송, 그리고 이 조치들이 성공을 거둘 경우 사실을 사람들에게 알리는 것이다.

덧붙여 소문의 동기와 배경을 어느 정도 타당성 있게 찾아낸 경우라면, 그런 파렴치한 행동을 점잔빼며 다루어서는 안된다. 소문을 듣는 사람은 허위 정보를 감정과 함께 저장한다는 사실을 명심해야 한다. 뉴스(소문)에 대한 믿음을 철저히 뿌리뽑기 위해서라면, 우리의 명예를 훼손할 수 있는 감정까지 완전히 제거해야 한다.

부주의나 오해로 인한 거짓 소문인가?

이 경우에는 오해를 해명하고 제거하는 데 특별히 조심성을 발휘할 필요가 있다. 교사 같은 어조는 절대 피해야 한다. 비난만 내뿜고 잘난 척하는 것보다는 거짓 정보와 그로 인한 소문에 이해심을 표하는 것이 소문을 들은 사람들로 하여금 자신의 말을 경청하고 의견을 변화시킬 의향을 갖게 만들기가 쉽다.

공식 부인, 어렵고 때로는 비생산적인 일

거짓 소문을 격퇴하기 위해 가장 사랑받고 적어도 널리 알려진 절차는 공식적으로 부인하는 것이다. 그러나 공식 부인은 흔히 문제의 소지가 있고 때로는 비생산적이기까지 하다. 왜 그러한가?

소문은 사람이나 사물, 사건에 관한 것이다. 소문은 우리에게 도달하는 순간 이미 평가를 받는다. 적어도 우리의 감정을 자극하거나 다른 이유(예컨대 매체에 유포되고 있다는 이유)에서 중요하게 여겨지는 한 그것을 평가하지 않을 수 없다. 이렇게 평가하는 순간 우리는 소문을 우리가 믿는 단순한 사실인 동시에 개인적인 의견으로도 머릿속에 저장한다. 소문은 계속해서 개인적인 감정으로 남게 된다.

공식 부인이 성공하기 위해서는, 소문과 연결된 사실 주장과 수신자에게 유발되는 감정, 이 두 가지를 제거해야만 한다. 여기서 사실 주장 자체를 반박할 수 없다면 고난의 시작이다. 당신이 사도마조히즘 같은 성생활을 하지 않는다고, 사이비종교에 공감하지 않는다고, 지불불능 상태가 아니라고, 아내를 방치하거나 학대하지 않는다고, 빚으로 살아가지 않는다고 하더라도 어떻게 독자나 시청자에게 이것을 믿게 만들 수 있겠는가?

당신이 은행 통장을 탁자 위에 올려놓거나 당신 아내가 선서를 대신할 만한 보증으로 당신 편을 들어준다 할지라도, 소문 수신자는 이미 감정을 실어 소문을 저장했기 때문에 여전히 반대 논거를 펼칠 것이다. 그는 다른 은행이나 다른 채권자가 있을 거라고, 당신 아내가 회유에 못 이겨 선서를 대신하는 보증을 했을 거라고 말할 것이다. 어쨌든 당신은 정당한 자료나 증인 진술을 가지고도 소문을 반박할 수 없다.

소문에 대한 믿음을 심각하게 뒤흔들기 위해서는 단순한 공식 부인 이상의 것이 있어야 한다. 당신은 수신인이 소문을 믿을 수밖에 없게 만든 이유를 공격해야만 한다. 당신은 감정적인 차원에서 소문을 물리쳐야 한다. 왜 그러한가?

공식 부인은 당연히 소문을 뉴스로 받아들인 사람들에게 도달해야 한다. 오로지 사실에만 집중한다면 승산이 별로 없어 보인다. 왜 그러한가?

인지적 불협화음에 관한 레온 페스팅거의 이론에 따르면, 일반적인 소문 수신자는 자신의 확신과 모순되는 뉴스는 배척하는 경향이 있다. 우리는 실제로 어떤 사람이나 사안에 관한 우리의 견해가 흔들리거나 완전히 반박당하는 것을 원하지 않는다. 오히려 우리가 전부터 가지고 있는 선입견과 의견을 확고히 해줄 것을 찾고 싶어한다. 그 때문에 단순히 사실만을 가지고 공론을 반박하거나 무력화하는 공식 부인은 수신자의 눈과 귀에 띄기 힘든 법이다.

이러한 작업에는 동시에 대가가 따르게 된다. 1장에서 세계적인 회사 프록터&갬블이 통일교를 후원한다는 거짓 소문에 관해 말한 적이 있다(41쪽). 프록터&갬블은 당시 광범위한 공식 부인 캠페인을 통해 거짓 주장에 맞섰다. 소문을 알고는 있었지만 믿지 않던 미국 시민들 가운데 적어도 83퍼센트가 공식 부인을 기억할 수 있었다.

그러나 소문을 믿거나 적어도 그럴싸하다고 생각했던 미국인 중에서는 단 54퍼센트만이 회사의 공식 부인을 듣거나 읽었다고 기억할 수 있었다.

가장 유감스러운 것은 거의 50퍼센트의 미국 시민들이 프록터&갬블의 공식 부인 캠페인을 통해 소문의 존재 자체를 처음으로 알게 되었다는 사실이다.

공식 부인 캠페인이 그런 치명적인 결과를 낳은 이유를 기억심리학자들은 이렇게 설명한다. 공식 부인을 통해 처음으로 소문에 관해 알게 된 모든 사람들이 설사 공식 부인 때문에 소문을 믿게 되지는 않는다 할지라도, 적어도 그 사람들은 앞으로 프록터&갬블이라는 이름을 들으면 바로 소문에 관해 연상하게 될 것이라는 사실이다. 그것만으로도, 믿음과는 상관없는 연상만으로도 통일교에 회의적이거나 거부감을 가진 모든 시민들에게 불쾌감과 당황스러움을 유발한다. 믿을 마음이 전혀 없는 단순한 연상이 적어도 이따금은 매번 반복되는 기억으로, 즉 불쾌감으로 이어지는 것이다.

그 밖에도 복잡한 내용을 가진 소문의 경우 공식 부인이 세세한 몇몇 부분만을 효과적으로 입증하고 반박할 수 있다면, 사실상 별로 쓸

모가 없다.

시합을 조작했다는 의혹을 받은 얀젠 심판은 자신의 결백을 맹세하기 위해 언론 앞에 어려운 발걸음을 했다(28쪽). 사실 그가 눈물을 애써 참고 낭독한 대부분의 논거는 이미 모두에게 알려져 있었다. 그럼에도 불구하고 참석한 기자들 다수는 얀젠을 둘러싼 소문을 여전히 믿었다. 그가 낭독한 세세한 증거는, 그러니까 소문이 믿어지고 유포되는 데 아무런 걸림돌도 되지 못했다. 왜 그러한가?

소문은, 계속 사라지지 않고 존재하는 한, 핵심에서 벗어한 세부사항을 쉽게 다룰 수 있다. 소문은 충분한 적응력을 가지고 있기 때문에, 자기와 모순되는 세부사항이 길을 막아서면 마치 시냇물처럼 우회로를 '직접 찾는다'. 모든 것을 지배하는 소문의 힘은 (감정을 기반으로 하는) 믿음욕구이기 때문이다. 그래서 예를 들어 법원이 마이클 잭슨에게 무죄를 선고했지만 독자 및 시청자들은 그가 아동학대자라는 믿음을 버리지 못했다. 사족을 붙인다면, 수많은 법률가들의 견해가 그러했듯이, 법원에서 결정된 사건에 관해서 마이클 잭슨은 필시 무죄였다. 그러나 다른 사건들에 관해서는 혐의를 둘 만한 계기가 적지 않게 있었다. 비록 이것들이 결코 유죄판결로 이어지지는 않았지만.

그렇다면 공식 부인은 언제 어디서나 효과가 없는 것인가?

우선은 수신인에게 믿을 의향이 더 클수록, 공식 부인으로 소문의 토대를 흔드는 일은 더 어렵다. 수신인의 감정이 더 많이 작용할수록 소문을 믿을 의향은 더 커진다. 그럴 경우에는 오로지 현실만을 대상으로 한 전략을 써서는 안된다. 즉 소문이 확고한 감정, 의견, 인상 등을 유발한다면, 그것은 감정이나 의견을 유발한 (허위) 사실과는 거의 무관하다. 소문연구가 카퍼러에 따르면, "사실을 반박한다고 해서 필연적으로 감정과 인상이 제거되지는 않는다."

감정과 의견을 무력화하기 위한 또다른 확실한 수단은 예를 들어 소문 유포자들의 저열한 동기를 폭로하는 것이다. 소문을 사회적으로 받아들일 수 없는 것으로, 혐오감을 느낄 만한 것으로 드러냄으로써 목표를 달성할 수 있다. 그래서 계속해서 소문 유포에 참여하는 모든 사람이 각각 소문에서 손을 떼게 만든다. 이것이 성공하면 소문은 다른 정체성을 얻게 되고 소문을 유포하는 사람은 범죄자가 된다.

이런 전략으로 토마스 고트샬크는 상대적으로 빨리 사이언톨로지 소문을 말살할 수 있었다. 『슈테른』지의 지원 덕분에 그는 명예훼손자의 동기를 여론에 효과적으로 폭로했다. '아쿠트' 방송 책임자들은 프로그램 폐지를 앞두고 엄청난 스캔들을 폭로하고 싶어했다. 방송국에 의식적으로 해를 끼치거나 방송국 역사에서 탐구적인 영웅으로 자리매김하기 위해서 말이다. SAT1 방송국 입장에서 보면 폭로 스토리는 단연코 정당했다. 토마스 고트샬크가 당시 경쟁 방송국 RTL의 앵커맨으로, SAT1 방송국이 단지 꿈만 꾸었던 시청률을 확보하고 있었기 때문이다.

이보다 더 저열한 동기는 있을 수 없다. 이렇게 저열한 동기가 없었더라면 당시 시청자와 독자들은 비교적 단기간에 SAT1이 유포한 소문을 음모의 쓰레기통에 기꺼이 던져버릴 수 없었을 것이다. 그랬더라면 선동적인 언론의 쓰레기통에서 계속 할리우드 스타들에 관한 음흉한 정보들을 주워서 즐겁게 먹어치웠을지도 모른다.

그러나 결정적인 것은 토마스 고트샬크가 방송국의 동기를 빠르게, 게다가 『슈테른』처럼 명망 있는 매체에서 폭로했다는 점이다. 그래서 소문은 새로운 정체성을 얻을 수 있었다. 처음 생성되고 유포될 때에는 고트샬크가 "독일 TV 시청자들을 배신"했다는 평가가 있었지만, 나중에는 방송이 "독일에서 가장 사랑받는 진행자를 배신"했다는 새로운 정체성을 확보할 수 있었던 것이다.

소문의 정체성

어쩌면 나 역시 뮌헨 『아벤트차이퉁(AZ)』과의 사건에서 비슷한 기회가 있었을지도 모른다. 만약 그렇게 폭넓은 매체의 힘을 빌려 범인의 동기를 폭로할 수 있었다면 말이다. 『AZ』은 매출 하락에 신음했을 것이고, 수사 절차가 개시된 후 다시 내 정기 칼럼을 실은 『타게스차이퉁(tz)』은 판매부수 다툼에서 경쟁 신문을 크게 앞지를 수 있었을 것이다.

원래의 배후조종자 S의 동기를 폭로할 수 있었다면 처음부터 소문에 다른 정체성을 부여할 수 있었을지도 모른다. "셸레가 호텔왕에게 사기치다"는 소문이 "부동산업자가 평판 좋은 어느 변호사에게 복수하기 위해 매체와 수사관청을 속이다"로 변할 가능성은 매우 충분했다.

시사적인 인물 토마스 고트샬크에게 당시 『슈테른』이 기꺼이 제공했던 식의 그런 발판이 내게는 없었을 뿐이다. 그러나 본능적으로 나는 공론을 무력화하고 주장된 사실을 반박하는 것만이 전부는 아니라고 느꼈다. 적어도 소문의 정체성을 변화시키는 것 역시 중요했다. 소문을 불러온 사람의 저열함과 무책임성을 비난하고 법적인 심판을 받게 하는 것이야말로 꼭 필요한 일이었다. 나는 소문을 뒤에서 조종한 사람의 범죄적 에너지를, 그 악의적인 동기와 파괴적인 의도를 남김 없이 폭로하기로 확고히 결심했다.

처음부터 내 목표는 확고한 사법적 결정뿐만이 아니었다. 공식 부인과 마찬가지로 부작위판결만으로는 충분하지 않았다. 더 필수적인 것은 위자료 청구소송에서 이기는 것이었다. 그럼으로써 주장의 근거 박약, 주장을 퍼뜨린 사람의 불법성과 무엇보다 후안무치함을 만천하에 드러낼 수 있기 때문이다. 분명히 말하지만, 그렇게 했을 때에만 나에 관한 뿌리깊은 소문과 견해에 새로운, 완전히 다른 정체성을 부여할 수 있었을 것이다.

내가 이 책에서 그런 전략에 대해 하나하나 솔직하게 나열한다면, 독자들은 극단적인 경우에 어떤 노력이 필요하며 예상되는 어떤 반격을 이겨낼 수 있는지에 대해 큰 도움을 받을 수 있을 것이다.

명예훼손에 대한 위자료

나는 수년 동안 수많은 의뢰인을 확보해 온 변호사로서 여러 저서와 신문 칼럼의 저자였고 명예훼손 시리즈가 시작되기 전에는 뮌헨에서 사회적인 명망을 가지고 있었다고 자부한다. 때문에 나는 의혹 및 의혹에서 비롯한 소문에 맞서 싸우기로 굳게 결심했다.

싸움은 꼭 필요한 것이었지만, 엄청난 에너지와 신경과 상당한 시간 소비를 대가로 치러야 했다.

이 시점에서 『AZ』에 대한 가처분조치는 이미 받아놓은 상태였다.

하지만 본격적인 전쟁은 이제부터 시작이었다. 더욱이 이제 나는 왜, 어떻게 소문이 생겨난 것인지, 왜 사람들이 소문을 믿고 유포시켰는지를 알아야 했다. 또 이 소문을 어떻게 다룰 수 있는지에 온 힘을 기울여야 했다.

2006년 2월 21일 화요일 9시 정각, 함부르크행 비행기는 다행히도 자리가 남아 있다. 나는 이번 여행에서 무슨 일을 해야 할지 생각의 나래를 펼쳤다. 정오 무렵이면 함부르크 고등법원 138법정에 들어서서 언론부에 내 의견을 피력할 수 있을 테지. 『AZ』이 중대한 범죄적 행동을 저지른 대가로 위자료를 지불해야 함을 관장 판사들에게 지적할 것이다.

비행기가 활주로를 서서히 달릴 때, 나는 거의 1년 반 동안 계속된 사법전쟁을 기록한 두 개의 꽉 찬 파일을 넘기기 시작했다.

머릿속에서 시간은 과거로 돌아갔다. 『AZ』 헤드라인이 준 인상 때문에 나를 피했던 몇몇 사람들의 반응을 생각했다. 그들은 내가 '견실함 부족' 때문에 이런 사태에 이르렀다고 생각하는 경향이 있었다.

그 중에 미하엘 슈티히도 있었다. 우리는 자선투어를 개최해 그의 재단을 위해 무시할 수 없는 금액을 모을 수 있었는데, 그는 우리 보기골퍼협회 회장 앞으로 다음과 같은 편지를 보냈다. "셸레 박사님이 성자의 명성을 가지고 있지 않다는 점을 당신은 모르셨던 모양입니다. 제 재단을 위해 투어를 열기 바로 전에 어느 뮌헨 일간신문이 셸레 박사님의 사기 의혹과 관련된 헤드라인 기사를 실었더군요." 그는 사람들이 내게 "선량하고 견실한 인간으로서의 특별허가증을 교부"할 수는 없을 거라는, 주목할 만한 결론에 도달했다.

하필이면 미하엘 슈티히가, 종종 자신도 별로 마음에 들지 않는 소문의 희생양이 되곤 했던 그가 말이다. 하지만 아무리 소문의 당사자가 된 적이 많아도 의혹보도에 항상 면역성이 있는 것은 아니다. 심지어는 그런 사람일수록 자신이 도덕의 사도가 되어야 한다고 믿는 법이다. 미하엘 슈티히는 자신의 판단을 퍼뜨리는 데도 열심이었다. 자신의 재단이 우리가 조직한 자선골프투어와 더 이상 아무런 관계도 없다는 주장을 빠뜨리지 않았다.

물론 투어 수입으로 이벤트 비용이 지불되어야 했기 때문에, 그의 재단이 거둬들인 기금은 '단' 5,000유로에 불과했다. 미하엘 슈티히의 이런 논거는 고전적인 메커니즘을 따른 것이다. 즉 해로운 (거짓) 주장은 공공연한 의혹을 암시함으로써 신빙성을 획득한다. "이미 많은 오물을 뒤집어써 본 사람은 자신이 겪은 것과 유사한 사례에 대해 부정적인 의견을 개진하거나 되풀이해서 말함으로써 위안을 얻는다"라는 모토를 기반으로 한 것이다.

소문연구가 카퍼러는 그런 연출의 심리학을 다음과 같이 설명한다. "어떤 사람의 죄를 더 굳게 확신하면 할수록 사람들은 그가 더 많은 죄를 저질렀을 것이라고 비난하게 된다." 미하엘 슈티히는 나의 ─『AZ』에 ─ 공론화한 범죄행위를 암시함으로써, 우리 협회의 자선투어가 자신의 재단에 더 이상 아무런 관계가 없게 된 것이 모두 내 책임이라는 점을 시사했다. 당시 전(前) 프로테니스 선수 슈티히에게는 그렇게 단순한 사안이었다.

우리는 이렇게 명예가 훼손된 것에 매우 실망하지 않을 수 없었다. 이 자선투어와 관계한 사람들은 무보수로, 그것도 수백 시간을 일했다. 반면 미하엘 슈티히는 5,000유로의 성금을 자신의 재단에 가져갔고, 상당한 홍보 효과를 거두었으며, 심지어 1,000유로 정도는 개인적인 수입으로 챙기기도 했다.

노련한 사업가들도 소문으로 인해 손해 입을 상황이 생기는 것을 방치하지 않는다. 뮌헨에서 꽤 유명한 렌트카 세일즈우먼이 있었다. 그녀는 2004년 좋은 조건으로 내게 자동차 임대계약을 해주었다. 그런데 임대가 시작된 지 1년이 지난 어느 날 밤 갑자기 계약 '취소'를 통보했다. 나를 내 동생과 혼동했다는 변명을 하면서. 게다가 이제 1만 3,000유로의 돈을 추가로 지불하라고 요구하기까지 했다. 웃기는 것은 그녀가 바로 3일 전에 "친애하는 미하엘"이라는 호칭으로 나를 부르면서 그녀의 단체에 성금을 보내준 것에 감사를 표했다는 사실이다.

물론 나는 의미 없는 이 계약 취소 편지를 받은 후 그녀와 통화를 했고, 그녀가 지금 어떤 상황에 빠져 있는지를 알게 해주려고 노력했다. 그러나 그녀가 쓴 단어와 논거를 보니 이제 그녀가 얼마나 소문을 확신하고 있는지 여실히 알 수 있었다. 정말 너무하다는 생각이 들었다. 나는 말없이 전화를 끊었다. 그녀의 반응은 오래 기다릴 필요가 없었다. 단 5분 만에 이메일이 왔다.

"수화기를 그렇게 꽝 내려놓고 다시 전화하지 않으시는군요. 저는 이제 『빌트』지에 전화할 거예요."

정말 이상한 것은, 적어도 걱정스럽게 생각되는 것은, 공적인 삶을 사는 사람들의 경우이다. 그 자신도 항상 어떤 식으로든 소문 때문에 피해를 입고 사는 그런 사람들이 꼭 언론을 이용해 이익을 취하려 한다는 사실이다. 아마도 공개적인 낙인찍기가 얼마나 폭발력이 강한지를 '정상적인 삶을 사는' 시민들보다 더 잘 알고 있기 때문일 것이다.

그런 폭발력이 얼마나 무서운 결과를 낳을 수 있는지 그들 자신이 고통스럽게 체험했기 때문일 것이다.

렌트카 회사 역시 공공연한 소문 때문에 2003년 초 어려움에 처한 적이 있었다. 당시 사장은 "자본시장을 조작하려는 명백한 의도로" 회계장부를 위조했다는 비난을 받았다고 내게 직접 말했다. 즉각적인 입장표명에도 불구하고 한번 신뢰를 잃고 나니 주가 하락은 피할 수 없었다.

언제나 그런 법이다. 렌트카 세일즈우먼은 지체 없이 자동차를 가져갔다. 그러나 며칠 후에 사법 절차를 통해 그녀는 형법상 부작위해명을 제출해야 했고, 앞서 주장했던 1만 3,000유로에 대해 어떤 요구도 하지 않겠다고 진술했다. 물론 갖가지 소문이 계속 돌아다니는 것은 여전했다.

전염병처럼 퍼지는 소문의 병원균은 친구나 동료도 성하게 남겨두지 않는다. 예를 들어 『AZ』 캠페인이 시작될 무렵에는 아직 내 든든한 아군이었던 동료 프리츠 베퍼마저 9개월이 지나자 이렇게 끝없는 의혹 때문에(수사 절차는 이 시점에서 아직 개시되지 않았다) 우리 보기골퍼협회의 명성에 해가 가지 않을까 걱정하는 것 같았다.

그가 우려하는 것은 충분히 당연했다. 하지만 그렇다고 해서 내가 물러나야 한단 말인가? 그것은 나를 사회적으로나 사업적으로 파멸시키려고 명예훼손의 불을 지핀 저 방화범에게 기름통을 배달해 주는 꼴 아닌가?

마침내 프리츠 역시 그런 인식에 도달했던 것 같다. 결국 수사 절차가 개시되자 그는 마음의 부담을 덜고 누구보다도 먼저 나를 축하해 주었다.

내가 탄 비행기는 함부르크 공항에 착륙하기 위해 고도를 낮추고 있었다. 내 머릿속은 다가올 재판에 대한 생각으로 가득 찼다. 함부르크 지방법원 언론부는 1심 판결에서 『AZ』의 보도를 불법이며 불공정한 것이라고 결정하기는 했다. 하지만 판사에 따르면 "의도적인 행동도, 단순히 부주의한 행동도" 아니라는 것이다. 그 때문에 1심에 따르면 "위자료를 청구할 만한 불가피한 필요성"은 없다는 것이었다. 나는 이에 만족하지 못했고 항소를 제기했다.

6장의 사건 묘사를 기억하고 있는 사람이라면 말도 안된다고 놀랄지도 모르겠다. 그러나 독일연방공화국에서는 언론매체에 대한 위자료 청구의 측정 잣대가 세계적으로 특히 엄격하다는 사실을 알아야 한다. 법률가이자 파트타임 저널리스트로서 나는 그런 제한적인 사법행위가 원칙적인 정의를 박탈해서는 안된다고 생각한다. 왜 그러한가?

언론의 특권

허위 의혹보도는 과거에도 현재에도 모든 매체에 존재한다. 수위를 넘지만 않는다면 법적으로 허용되기도 한다. 그것도 그럴듯한 이유로 말이다. 명확한 법률규정은 없지만 사법당국은 혐의보도 허용치를 계속해서 정의내리고 있다. 물론 그때마다 보편적인 (개인의) 인권과 언론자유 사이의 지속적인 갈등이 문제가 된다.

연방헌법재판소(BGH)는 그 인권과 언론자유라는 두 헌법적 가치가 자유민주주의의 기본질서와 기본법의 본질적인 구성 성분임을 여러 번 강조했다. 연방헌법재판소는 심지어 명예를 훼손하는 언론출판물조차도 기본법 2조 5 I항에 의거해 보호받을 수 있다고, 즉 언론자유의 기본권에 해당한다고 말한다. 나중에 거짓으로 드러날 경우에도, 출판될 당시 이미 진실성이 의심스러운 경우에도 그러하다고 한다. 연방헌법재판소에 따르면, 그렇지 않은 경우 언론은 기본법 2조 5 I항에 의해 헌법적으로 보장된 공공의사형성의 과제를 수행할 수 없다는 것이다.

사실상 독일연방공화국에서 여론을 주도하는 혐의보도가 없다면 그렇게 많은 스캔들이 매번 사회를 시끄럽게 만들 수 없을 것이다. 물론 연방헌법재판소가 강조했듯이 언론의 이런 특권은 공적인 관심사에 관한 보도일 경우, 그리고 확실한 규정이 엄수될 경우에만 유효하다.

그러므로 '시대사적 인물'이 '시대사적 의미'가 있는 범법행동을 했다는 의혹을 받고 있는 경우라면, 그런 의혹과 나아가 수사 절차에 대한 추측보도가 허용된다.

물론 그런 경우에도 수사 절차를 보도할 때 용의자가 의심의 여지 없이 유죄라는 인상을 주어서는 안된다.

언론의 주의의무를 규정할 때에는, 주관적인 관점에서 인간이 오류를 범할 수 있으며 따라서 저널리스트 역시 실수할 수 있다는 점을 고려해야 한다. 연방헌법재판소가 결정했듯이, 이런 배경에서 정당한 관심사를 인지했다는 근거를 지적함으로써 거짓 보도조차도 용서를 받을 수 있다. 그러므로 본질적으로 중요한 것은, 언론이 (때로는 공개해서는 안될) 소식을 전하면서 매번 충분히 신중하게 조사하고 당사자의 입장을 충분히 고려했는지를 따져보는 일이다.

거짓 보도가 있을 경우 언론사에게 위자료를 요구할 수 있는가

연방독일 법원들은 '불가피한 필요성'이 있을 때에만 그렇다고 답한다. 그러나 위자료를 청구하기 위해서는 거의 극복할 수 없는 장애물이 있다. 왜냐하면, 심각한 인권침해가 있을 경우에만, 저널리스트들에게 심각한 귀책이 증명되는 경우에만, 다른 조정 가능성이 없을 경우에만 위자료 청구가 가능하기 때문이다. 매체가 오류를 수정하고 예를 들어 해명 또는 반론을 싣거나 공개적인 사과를 할 경우 위자료 청구는 종종 거부된다.

함부르크에서 내 재판이 있기 꼭 1년 전에 예를 들어 토마스 안더스는 자신의 전 파트너 디터 볼렌에게 위자료를 얻어내려고 했으나 실패했다. 디터 볼렌은 『무대 뒤에서』라는 자신의 책에서 이전 파트너 안더스가 "약간의 손장난으로" 예산 일부를 착복했다는 거짓 주장을 퍼뜨렸다. 그 대중음악계의 대스타는 이와 관련해서 "범죄적 에너지"가 엿보인다고 말했다. 법원은 볼렌에게 그것을 비롯해서 다른 몇 가지를 주장하는 것을 법적으로 금지했다. 그러나 위자료는? 베를린 판사는 '노(No)'라고 판결했다. 볼렌이 전 파트너에게 부당한 일을 한 것은 사실이지만 "위자료가 불가피하게 필요한 방식은 아니기" 때문이라는 이유였다.

2006년 2월 21일 11시 30분, 함부르크 법원으로 가는 길이었다. 택시 창밖으로 보이는 것은 불쾌하기 짝이 없는 질척질척한 풍경이었다. 이것도 저것도 아니었다. 눈도 아니고 태양도 아니고. 영상 6도의 추운 보슬비가 내렸다. 우리 기분을 대변하는 것 같았다.

현지의 동료 니엔하우스 변호사와 나는, 명예훼손 캠페인이 있은

지 몇 달 후에 자리에서 물러나야 했던 『AZ』 전 편집국장 뢰트겐이 과연 법정에 나타날지에 관해 이야기를 나누었다. 법원은 뢰트겐과 그의 대리인 토르스텐 프리케, 그리고 기자 베에츠를 소환했다. 『tz』 칼럼니스트 셸레에 대한 스캔들 보도가 편집국장의 기획에 의한 것이라는 주장이 제기되었기 때문이다.

뢰트겐이 책임지게 될 소문의 원인은 — 이례적인 일이 아니다 — 경쟁이라는 동기였을 것이다. 개인적으로 나는 확신했다. 그러나 뢰트겐이 인정할까? 그의 대리인이 대체 기억을 떠올리려고 할까? 베에츠 기자가 저널리스트로서의 그 같은 후안무치를 고백할 수 있을까?

우리는 별로 기대하지 않았다. 12시 정각 함부르크 고등법원 민사 제7부 담당판사 라벤 부인이 재판을 개정했다. 그 사이에 베를린으로 거처를 옮긴 뢰트겐은 역시 참석하지 않았다. 재판보고서는 이렇게 작성되었다. "의장은 증인 뢰트겐이 오늘 참석하기 어렵다고 전해왔음을 알립니다."

뢰트겐의 대리인 토르스텐 프리케는 고용주 『AZ』에 조금도 피해를 주지 않으려는 기색이 역력했고, 『tz』과의 경쟁 상황이 보도에 어떤 역할도 할 수 없었다고 주장했다. 셸레 박사가 거기서 매주 정기적으로 (한 면 전체에 해당하는) 칼럼을 썼다는 사실을 뢰트겐이 전혀 몰랐기 때문이라는 것이다.

당시 『AZ』 지방부 데스크로 시리즈 기사를 썼던 베에츠 기자조차 놀라워할 정도로 얼토당토않은 주장이었다. "나는 우리 신문사의 동료가 그 칼럼을 알지 못했다는 것은 결코 있을 수 없는 일이라고 생각합니다."

베에츠가 진술한 바에 따르면, 더구나 베에츠 자신이 회의에서 바로 그 점을 고려해야 한다고 지적했다고 한다. 또 "편집국장은 당사자가 『tz』에 칼럼을 가지고 있다면 더 나을 것이라고 말했습니다. 이것은 적어도 기사를 공표하는 데 걸림돌이 될 이유는 아니라는 것이죠. 이런 방식으로 일거양득을 노릴 수 있다고 했습니다." (의미에 따라) 그리고 결론적으로, "반대로 『tz』이 그럼으로써 문제를 떠안게 되는, 우리로서는 유리한 부수효과가 있다는 것입니다. 그럼으로써 『tz』이 골치를 썩는다면 우리에게는 득이 되는 부수효과로 여겨졌습니다."

법기술의 측면에서 보았을 때 베에츠의 고백은 살인 시리즈의 원인을 입증하지는 못했다. 즉 경쟁사에 대한 시기가 무엇보다 중요한 동기였다는 점을 밝혀주지는 못했다. 그러나 어쨌든 더러운 짓이었다. 이 더러운 짓은 고상한 법률용어로 다음과 같이 (발췌) 확정되었다.

"원고가 2만 유로의 위자료를 청구하는 한 항소의 근거가 있다.

여기서 이의신청 대상이 된 보도 때문에 원고는 상당한 피해를 입었고, 실명을 사용한 의혹 제기 때문에 공공 앞에 비난의 대상으로 세 번 묘사되었다. 이것이 특히 심해진 것은, 보도 두 개가 해당일자 신문 일면 헤드라인으로 실렸고, 두 개의 헤드라인, 그리고 각각의 기사와 관련해서 신문 안쪽 면에 원고의 초상이 발견되었기 때문이다. 원고가 유죄라는 비난과는 아무 상관없이 그런 식으로 강도 높게 피해를 준 것은 자명하다.

계속해서 원고의 혐의가 풀렸음에도 불구하고 이렇게 의식적으로 편향된 보도와, 거기서 발생한 원고의 현저한 사회적 매장과 관련해서 위자료 청구는 불가피해 보인다."

이런 종류의 소송에서는 당연히 일반적인 일이지만, 법원은 재판에서 양자 간의 조정을 독려했다. 하지만 시인하건대 나는 너무나 감정적이었고, 법원의 요구가 부당하다고 생각해서 다음과 같은 말로 조정을 거부했다.

"나는 이 일이 내게 얼마나 큰 가치가 있는지에 관해, 나를 심하게 괴롭힌 사람과 타협할 수 없습니다. 나는 단지 법정에서 판결을 내려 주기를 요청할 뿐입니다. 2만 유로든 3만 유로든 관계없습니다. 판결과 판결의 근거를 수용할 것입니다. 이해해 주시기 바라며 법정 판결의 근거 제시를 청합니다."

그 동안 내게는 판결되어야 할 금액이 얼마인가보다는 쓰레기 저널리즘에 대한 서류상 파산선고가 더 중요했다. 이 순간 누군가가 이 판결에서 확정한 금액의 열 배를 어느 토끼사육단체를 위해 쓸 수 있겠냐고 묻는다면, 나는 그렇다고 답할 것이다. 솔직하게 고백하건대, 내게는 이 순간 내 영혼의 상처에 대한 재정적인 보상보다는 『AZ』의 형사처벌이 더 중요했다. 내가 전혀 부끄러워하지 않아도 될 아주 고전적인 정서상태였다.

재판 일정 후에 나는 베에츠 기자와 함께 맥주를 마셨다. 기자는 아마도 이번 활약으로 퓰리처상을 받고 새로운 일자리도 구할 수 있으리라 기대했던 것 같다. 그는 재판과 판결, 내 처지에 깊은 인상을 받았던 모양이다. "많이 배웠습니다." 마지막으로 이렇게 고백하며 오후의 일에 매우 유감스러워했다. 어쨌든 법정에서 보여준 그의 정직함은 내게 최후의 확신을 가져다주었다. 당시 『AZ』의 편집국이 어떻게 돌아갔는지에 관한 확신 말이다. 선동적 스캔들을 주로 다루는 저널리즘의 대변자들이 어떻게 새로운 희생양을 찾아내는지 말이다. 또 사법적 조치로 소문에 맞서는 것은 충분히 가치가 있다는 확신이

기도 했다. 물론 그렇게 잔인한 의혹보도와 그로 인해 생긴 소문 및 사회적 매장을 떠올려본다면 2만 유로의 위자료는 너무 겸손하다고 생각했다.

하지만 다른 한편 언론변호사로서 나는 독일에서 위자료 판결이 아직 항상 예외적이라는 사실을 알고 있었다. 따라서 판결 자체만으로도, 근거 제시를 수반한 사법적 인가만으로도 상당히 만족했다. 또 이번 법원 판결로 『AZ』이 물질적인 피해보상까지 해야만 한다는 점이 확실해졌다. 참석자 모두에게도, 신문사에게도 한 가지만은 분명했다. 즉 보도로 인해 내게 발생한 명예훼손과 수입의 손해는 각각 별도로 지불되어야 한다는 점이다.

소문의 원흉과 책임자를 알고 있으며 ― 매우 중요하다 ― 권리보호보험의 지원이나 보장을 알고 있는 사람이라면 걱정할 필요가 없다. 이제 나는 매우 구체적인 추천을 해주려 한다.

권리보호보험의 보증(상환)이 없었더라면 나는 법률가로서 소모적이고 비용이 많이 드는 소송을 가능한 한 감행하지 않았을 것이다. 『AZ』에 대한 내 두 건의 소송, 즉 가처분조치 신청과 위자료 소송은 법원 수수료를 포함해서 2006년 2월까지 총 약 3만 5,000유로가 들었다.

그렇다고 해서 소문이 언제 어디서 떠돌아다니건 무조건 법정 소송을 하는 것이 유용하고 중요하다고 주장하는 것은 아니다. 때로는 침묵이 나은 경우도 있다. 그러나 『AZ』 사건이 예시적으로 증명해 주는 것처럼, 적어도 어느 정도 명예를 회복하고자 한다면 다른 방법이 없다는 것이다.

물론 소문을 막는 더 우아한 대응도 있다. 예를 들어 토마스 고트샬크가 여러 매체를 통해 방어한 것은 큰 효과를 낳았고, 종파 가입에 관한 공개적인 추측성 주장을 그 씨앗까지 말려버릴 수 있었다. 축구 선수 제바스티안 슈바인슈타이거의 대응도 마찬가지로 효과적이었다. 언젠가 그가 도박 스캔들에 연루되었을지 모른다는 억측이 여론에 퍼진 적이 있었다. 뮌헨 검찰의 명확하고도 일관된 공식 정정은 독일 언론계 전체를 움직여서 엄중한 질타를 낳았다. 위조된 히틀러 일기 사건 이래로 더 이상 없을 정도의 가혹한 질타였다.

해당 언론기관에게는 달갑지 않은 일이었겠지만, 동전의 이면인 슈바인슈타이거에게는 매우 다행스러운 일이었다. 의혹은 바람처럼 사라졌고 소문은 비난의 화살 뒤에서 산발적으로만 나타났다. 그의 매니저는 심지어 슈바인슈타이거의 인기가 이 일 때문에 더 올라갔다고까지 단언했다.

두 사건은 그 밖에도 소문연구가 카퍼러의 또다른 흥미로운 주제를 확인시켜 준다. "임의의 모든 개인에게 임의적인 모든 것을 속여서 곧이듣게 할 수 있다고 주장한다면 그것은 거짓이다. 어떤 인물들은 매우 강력한 긍정적 이미지를 가지고 있어서 그들에 대해 부정적인 인상을 전달하고자 하는 사람들이 오히려 불신을 받기도 한다. (……) 이미지는 따라서 소문을 방해하거나 소문에 호의적으로 작용할 수 있다. 즉 보호막 역할을 하거나 반대로 공격의 목표가 된다."

그러므로 아마도 고트샬크나 슈바인슈타이거라는 이름의 사람은 언론에 확고한 발판을 갖고 있으며, 그의 적, 즉 소문을 일으킨 장본인을 알 수 있고, 이상적인 경우라면 소문을 지어낸 동기까지 알 수 있다. 그러나 소문의 원흉이 알려지지 않은 경우라면, 소문에 대한 싸움은 돈키호테가 풍차를 상대로 한 그 전설적인 싸움과도 같은 것이다.

사기혐의의 종말

그러나 캠페인의 바람이 들지 않는 곳에서 나를 향해 독자적 사기 사건을 꾸며내 내 명예를 훼손한 사람을 문책하는 일이 아직 남아 있었다. 앞에서 언급했던, 내게 포르셰를 구입했던 여성 이야기이다. 그녀는 내 범죄적 에너지에 대한 소문이 확실하다고 생각했다. 소문연구가 카퍼러의 인식에 따라 본다면, 그녀는 공격당한 내 이미지를 자신의 목표를 이루기 위한 수단으로 이용하고자 했다.

그녀가 신청한 수사는 오래전 개시되었다. 『빌트』지 역시 2006년 6월 13일 민사소송에서 구두 심리가 열렸을 때, 성급하고 불충분한 보도에 대해 이미 사과했다.

여판사는 분명한 어조로 말했다. 포르셰를 구입한 여성이 제기한 비난과 주장은 모두 거짓일 뿐만 아니라 심지어는 상식에 어긋나는 부분도 있다고 말이다. 판사가 말한 의미대로, 그것은 "형법적으로 중대한" 사안이었다. 원고는 항고를 취하하라는 합당한 조언을 받았다.

의심의 여지가 없다. 오히려 그녀에게 의혹이 있었다. 사기소송은 셸레 박사가 제기해야지 그 반대는 아니라는 것이다. 법원은 포르셰 매수자의 행동이 형사처벌이 가능한지를 밝히기 위해 검찰에 소송을 위임할 것을 숙고했다.

한번 상상해 보라. 나에 대한 『AZ』의 캠페인에 자극받은 그녀는, 1만 1,500유로의 피해보상소송을 낼 수 있다고 생각했고, 사기혐의로 형사고발을 제기했으며, 『빌트』지를 그 도구로 삼았다.

결과적으로 이제 내 무죄가 관청에서 확정되었을 뿐 아니라 내 명예를 훼손한 그녀는 이후에 어쩌면 피고석에 설지도 모르게 되었다.

그러나 내 지인들 사이에서 상당한 일부가 여전히, '내' 사기 사건들에 대해 뮌헨 형사법원에서 독립적이고 장기적으로 법정 하나가 임대되었다는 인상을 가지고 있었다. 2006년 6월의 승소에도 불구하고 말이다. 자동차 매수자가 야기한 이 소문 역시 이후에 다른 정체성을 가질 수 있게 될지 아닐지는 아무도 모를 일이다.

그렇다면 나는 그녀가 『AZ』의 바람막이에 기대어 그렇게 후안무치하고 불법적으로 사기 의혹을 제기한 것은 오로지 자기 이익을 채우려는 의도였을 것이라고 희망할 뿐이다.

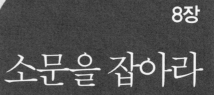

8장

소문을 잡아라

공개된 거짓 소문에 대한 투쟁을 조직화하려는,
그러나 좌초된 시도

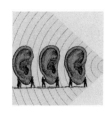

소문에 대한 조직적 투쟁

법정의 방청객은 판사의 판결을 듣는다. 당신 이웃은 아침식사를 하면서 저널리스트의 판결을 듣는다. 따라서 당사자에게는 신문 헤드라인이 판사의 음성보다 훨씬 더 큰 영향력을 행사하게 된다.

— 베아테 메르크 박사, 바이에른주 법무부 장관, 2005년 10월 21일

베아테 메르크 박사의 말은 사건의 핵심을 정확히 말해준다. 하지만 판사의 판결이라는 관점에서만 그러한 것이 아니다. 강력한 의혹의 소지가 있는 선입견이나 소문에 관해서도 마찬가지이다.

이제 페어프레스(공정언론)에 대해 설명하기 전에, 그리고 1990년 몇몇 참여적인 시민들이 특히 소문의 생성과 공개적 유포에 조직적으로 투쟁하려는 시도를 어떻게 기획했는지를 설명하기 전에, 나는 우선 선입견을 없애고자 한다. 내 개인에 관한, 지금도 여전히 몇몇 언론사 편집국에 떠돌고 있는 선입견을 말이다.

나는 과거도 지금도 저널리스트의 반대편이 아니다. 오히려 나는 현재까지도 직접 저널리즘 활동을 하고 있다. 그것을 믿지 않는 많은 동료들을 위해, 그리고 이 짧은 자서전적 부연에 관심을 가질 독자들을 위해, 나는 정말 손에 땀을 쥐게 했던 개인적인 경험을 짤막하게 기록하고자 한다.

내가 저널리즘에 호기심을 가진 것은 1966년부터 1967년까지 미국의 고등학교를 1년 동안 다녔을 때였다. 그곳에서 나는 저널리즘 강의를 신청했고 일주일에 한 번씩 나오는 학생신문에 기자로 활동했다. 우리는 레이아웃에서부터 편집 구성에 이르기까지 모든 것을 배웠다. 모든 것이라니 무슨 말이냐고? 그 짧은 시간 동안 전수받을 수 있는 모든 것이었다는 말이다. 학생들에게도 추천할 만한, 커뮤니케이션 분야에서 정말 유익한 경험이었다.

법학도 시절에는 대학 공부와 병행해서 1년 동안 중학교 영어 교사로 학생을 가르치는 분에 넘치는 행운을 얻었다. 처음으로 한 교사 직무가 학생신문 창설이었는데, 동료 교사들 역시 열광적인 지지를 보내주었다.

당시 나는 뮌헨 하젠베르클에 있는 페트라르카 학교에 재직했다. 이 경험은 놀라울 정도로 긍정적이었다. 흔히 '노동자구(區)'라는 명칭으로 놀림을 받았던 그 동네 아이들이 엄청난 독창력을 발휘하며 열심히 일에 매달렸기 때문이다. 같은 시기에 나는 자유기고가로서 일간지 『베스트팔렌블라트』에 기사를 쓰기도 했다. 어느 날 나는 자극적인 임무 하나를 받았다.

은행 강도의 인질극 — 법률가가 되려는 사람들을 위한 현장교육

부업 기자로서 나는 법 역사에 길이 남을 은행 강도 사건의 증인이 되었다.

1971년 8월 4일, 동(東)베스트팔렌 지역 고향신문의 어느 기자가 기숙사로 전화를 걸었다. 대학 시절 나는 그를 위해 계속해서 소소한 소식을 써서 전해주곤 했다.

"프린츠레겐텐 가의 도이체방크 근처에 가봐주세요. 인질을 잡고 있는 은행 강도가 있어요. 아직 아무 일도 없는 모양이에요. 목격자의 소식이 꼭 필요해요."

실제로 독일에서 인질극을 벌인 최초의 은행 강도 사건이었다. 뮌헨 전체의 시선이 보겐하우젠구의 현장으로 쏠린 것 같았다. 기자증을 가지고 도이체방크 바로 맞은편에 있는 캐퍼 레스토랑으로 달려간 나는 거기 2층에 앉아 사태의 추이를 지켜보았다. 태어나 처음 경험하는 범죄사건이었다.

범인들, 경찰, 심리학자, 검사들을 만나지는 못했다. 그러나 다음에 일어날 일이 무엇인지에 대한 소문이 무더기로 돌았다. 은행 안에 누가 있는지는 아직 파악되지 않았다. 강도도 인질도 누군지 몰랐다. 잠시 후 캐퍼 레스토랑의 음식이 그쪽으로 운반되었고, 은행 문이 조심스럽게 열렸다. 팽팽한 긴장의 연속이었다. 잘루시(안에서는 밖을 내다볼 수 있지만 밖에서는 안을 볼 수 없는 창문—옮긴이) 너머 그림자로 사람들이 움직이는 모습을 얼핏 알아볼 수 있었다. 그리고 건물 앞에는 아마도 도주차량으로 사용될 자동차 한 대가 서 있었다. 한참 동안 아무 일도 일어나지 않았다.

당시 경찰국장 슈라이버는 보이지 않았지만 당연히 어딘가 현장에서 경찰심리학자 게오르크 지버의 조언을 받고 있었을 것이다. 두 사람에게는 완전히 새로운 경험이요 준비되지 않은 도전이었다. 명석한 두뇌로 유명한 게오르크 지버는, 이 책에서 이야기했듯, 20년 후 내 인생에서 중요한 역할을 담당하게 될 터였다. 하지만 그 시점에서는 물론 알 수 없는 일이었다.

갑자기 사건이 긴박하게 진행되기 시작했다. 은행 강도들 중 한 명이 도주차량에 오르려고 하는 순간에 — 벌써 인질 여성 한 명이 눈이 가려진 채 조수석에 앉아 있었다 — 총성이 울렸다. 당시 느낌으로는 끝없이 계속되는 듯한 총성이었다. 캐퍼 레스토랑 2층에서 지켜보던 사람들은 자리를 박차고 일어나 목을 길게 빼고 창밖을 내다보았다. 어디선가는 글을 써내려가는 움직임이 분주했다.

나는 바닥에 엎드렸다. 치명적인 위험이 내 저널리스트적 열망을 억압했다. 고함소리와 비명으로 거리는 아수라장이었다. 총소리가 수그러들자 나는 용기를 내서 다시 의자에 앉았다. 그때 경찰이 창문을 넘어 은행 안으로 들어갔다. 도주차량에는 인질이 쓰러져 있었다. 부상을 입은 것이 확실했다. 모두가 같은 생각을 했다. 언제 이 불쌍한 처녀가 이 상황에서 풀려나 의사의 치료를 받을 수 있을까? 강도는 아직 살아 있을까? 그는 자동차 옆에서 등을 바닥에 댄 채 누워 있었다.

그후 몇 분은 몇 시간과 같았다. 결국 어떤 의사가 조수석 문으로 들어가 축 늘어진 인질을 구출해 냈지만 너무 늦었다. 그녀는 총상을 입고 죽어 있었다. 경찰의 총이었을까, 아니면 강도의 총이었을까? 많은 것이 오늘날까지도 불분명하다. 또다른 강도는 바로 체포되었다. 그는 나중에 종신형을 선고받았다.

이 나라에 새로운 유형의 범죄가 도입된 것이 분명했다. 이 사건은 얼마 후 입법자들이 형법에 이 새로운 사실요건을 추가하도록 하는 단초가 되었다. 난생 처음으로 기록한 범죄사건 보고에서 나는 아마도 인질이 피를 흘리고 있었을 비극적 시간이 짧지는 않았음을 언급했다. 확신하건대 범죄의 경과나 여론은 경찰 교육을 개선하고 전략과 전술을 바꾸게 하는 계기가 되었다.

그런 여론형성 과정에서 나는 부수적이나마 역할을 수행할 수 있었고 유익한 교훈을 얻었다. 법률가가 되려는 학생으로서 이미 기본권에 대해 배웠고, 물론 언론의 자유도 익히 알고 있던 나로서는 이중적인 의미에서 깊은 인상을 받은 현장교육이었다. 그런데 이런 종류의 체험이 또 있었다.

올림픽 선수촌에서의 인질극

꼭 1년 후인 1972년 9월 5일, 올림픽 기간 중 이스라엘 올림픽 대표팀이 숙소에서 습격당한 일이 있었다. 팔레스타인 '검은 9월단' 소속 테러리스트들에 의한 인질극은 바로 내 근처에서 발생했다. 올림픽선수촌 이스라엘 거주 블록은 내가 올림픽 기간에 일하던 라디오 방송국 기자실 옆이었다. 한때 퀴즈달인으로서 유명세와 사랑을 한몸에 받았던 로베르트 렘브케로부터 나는 급박한 임무를 받았다. 총 96개의 라디오 방송국 사무를 조직하고 정비하는 일이었다.

이번에도 소식을 원한 것은 내 고향신문이었다. 당시 ZDF 방송국의 행정고문이자 올림픽 책임 TV위원회의 위원으로 임시적으로 위기극복위원회 일에 관여했던 내 아버지는 한스 디트리히 겐셔 내무장관 주변 인사들이 무기력한 절망상태에 빠져 있음을 목격했다고 한다.

그러나 우리는 아무것도 보지 못했고, 이따금씩 소문만 들었다. 그 중 하나는 인질과 인질범들이 퓌르스텐펠트브루크의 어느 작은 공항으로 보내졌다는 것이었다. 나중에 사실로 입증된 소문이었다. 부업 저널리스트로서 나는 다른 선택을 할 수 없었다. 나는 자동차에 올라타서 재빨리 퓌르스텐펠트브루크로 갔고, 그곳에 도착한 후 얼마 떨어지지 않은 곳에서 폭발소리를 들었다. 인질극의 종말은 잘 알려져 있는 그대로 끔찍했다. 인질들 중 11명이나 사망했기 때문이다.

이에 대한 여론은 테러 위험에 맞서 대대적인 대책을 수립해야 한다는 것이었다. GSG 9(대테러 전용으로 조직된 국경경찰 소속 특공대 – 옮긴이)의 탄생 시점이기도 했다. 이 조직은 5년 후 모가디슈 국제공항 루프트한자 여객기 납치사건에서 인질 구출의 성과를 올리기도 했다.

물론 저널리스트로서의 나의 여정이 언제나 그렇게 무기력하고 긴장감 도는 상황만 이어졌던 것은 아니다. 그러나 법률가가 되려는 사람의 입장에서, 훗날 언론자유가 가진 법적인 측면을 깊이 성찰해 볼 수 있는 확실한 특권이었다. 다시 말해 언론자유라는 기본권의 의미를 알게 되는 데 큰 도움이 되었다. 아마도 이 모든 경험과 인식이 나중에 내가 변호사로서 인권보호에 있어 협소하거나 고집스럽지 않은 시각과 논증자세를 갖도록 한 이유도 되었을 것이다. 그럼에도 불구하고 분명히 이 시기에 나는 저널리스트의 언어와 동기뿐만 아니라 그들의 걱정과 야망 역시 충분히 알게 되었고 기자, 리포터, 저널리스트 등을 상대할 능력을 갖추게 되었다.

나의 저널리스트로서의 활동은 80년대와 90년대에 들어 크게 활발해졌다. 본질적으로는 당시 골드만 출판사에서 냈던 두 개의 성공적인 저서 덕택이었을 것이다. 『내 권리는 얼마인가?』라는 제목의 첫번째 책에 대해 잡지 『카피텔』은 "비전문가도 잘 이해할 수 있는 책"이라고 평가했다. 뒤따른 책 『내연관계 혹은 혼인증명서』에 대해 『슈테른』은 "큰 도움이 되고 참여적인 계몽의 중요한 저작"이라고 평가해 주었다. 다른 모든 서평가들 역시 법학적인 사항을 이해할 수 있게 재미있게 풀어내려간 내 방식을 칭찬했다. 그래서 『분테』, 『쥐트도이체 차이퉁』, 『디차이트』 등 수많은 신문과 잡지에 기고할 수 있었던 것 같다.

이 시기 동안 나는 물론 변호사가 주업이었다. 지금까지도, 아니라는 소문은 있지만, 그러하다.

칼럼니스트와 저널리스트로서의 수업시대는 필연적으로 내가 언론 관련 변호사로서 동전의 한 면만을, 즉 고객만을 보지 않게 해주었다. 저널리스트들의 야망, 정신상태, 그리고 억압과 고민까지도 나는 알고 있었고 또 높이 평가했다.

이것은 분명히 저널리스트들과 함께 페어프레스라는 이름의 협회를 설립한 중요한 이유였고, 언론계의 공정성을 위해 투쟁하는 것이 협회의 목표였다. 일견 뻔하고도 통속적으로 느껴지는 요청이 단체가 탄생할 시기에는 매우 시급한 상황이었다. 우리 협회에 동조한 사람은 유명한 배우와 예술가들만이 아니었다. 저널리스트들 중에서도 이 시민발의에 관련된 동료들이 상당수 있었다. 반면에 매체의 반향은 대개 부정적이거나 적어도 회의적이었다.

물론 페어프레스에서는 예를 들어 구스타프 얀텍 같은 몇몇 소수의 파렴치한 저널리스트들의 행태를 해부하고 필요하다면 그 이름을 명명하기도 했다. 구스타프 얀텍은 자신의 일을 "탐사적 저널리즘"이라고 표현했지만, 내가 보기에 그의 보도 방식은 기껏해야 명예훼손도

서슴지 않는 '감성 저널리즘' 범주에 속할 뿐이다. 우리 시민발의가 설립한 배경을 잠깐 살펴보았으면 한다. 이 이야기는 교훈적인 동시에 재미도 줄 것이다.

소문의 생각 없는 유포를 막다

1990년 10월 13일 이른 오후였다. 몇몇 투쟁적인 동료 시민들(특히 연예 오락 분야에서)이 협회 설립을 위해 뮌헨 파크힐튼 호텔 뒤러홀에 들어서고 있었다. 클라우스 위르겐 부소브 같은 유명한 배우들의 모습이 보였다. 설립 멤버 중에는 하워드 카펜데일을 비롯해 앵커우먼 바바라 디크만과 마리아 폰 벨저도 포함되었다. 두 사람은 참여적인 TV 저널리스트들이었다. 또 70년대에 뮌헨 경찰국의 고문이었던 심리학자 게오르크 지버도 참석했다.

모두들 매우 빨리 의견의 일치를 보았고 새로운 협회의 정관이 다시 한 번 낭독되었다. 이어서 바바라 디크만이 만장일치로 회장이, 내가 총무로 선출되었다. 밖에서는 이미 카메라맨을 대동한 안드레아스 로코쉬츠가 자신의 프로그램 '레오'에 넣을 인터뷰를 하기 위해 우리를 기다렸다. 그 밖에도 각종 인쇄매체와 라디오 기자들, 사진기자들이 있었다. 협회 설립을 알린 것만으로도 이미 언론계에서 상당한 주목을 끌었던 것이다.

예를 들어 뮌헨 『아벤트차이퉁(AZ)』의 편향적인 보도는 족히 가처분 금지조치를 받을 만했다. 『AZ』은 이 조치를 군소리 없이 받아들일 수밖에 없었다. 하지만 만약 이후 몇 달, 몇 년에 걸쳐 벌어질 눈사태를 조금이나마 예상했더라면 우리 모두 협회 설립을 신중하게 보류했을지도 모른다.

설립총회에 참석한 사람들은 독일공화국의 거의 모든 언론사 편집국으로부터 항의를 받았다. 특히 업계의 람보이자 당시 『빌트』지의 연예부장이던 구스타프 얀덱이 항의의 대표주자였다. 『슈테른』지는 당시 얀덱에 대해 이렇게 말했다. "콧수염을 기른 사냥꾼이 들어오면 배우들은 도망치듯 레스토랑을 떠난다." 항상 숨을 거칠게 몰아쉬고 땀을 흘리는 이 육중한 사내가 하는 말은 마치 동물이 으르렁거리는 소리 같다. 얀덱 같은 류의 사람들은 모든 사람의 미움을 받는 것을 되레 자랑으로 여긴다. 얀덱이 얀덱에 대해 하는 말이 있다. "나는 똑바로 일한다. 아주 똑바로 일한다. 내 옆에는 항상 서류번호가 있다."

그러나 그것 역시 사실이 아니다. 적어도 1990년 9월 그는 적지 않은 추태를 보여주었다. "나는 라거펠트다. 이 병신들을 저리 치워달라"는 제목으로 그는 『빌트』지에 기사를 실었다. 그러니까 패션계의 황제 카를 라거펠트가 이런 식으로 파리에서 뮌헨으로 가는 비행기 좌석을 잡았다는 것이다. 공격소문으로서 유포되고 가공되기에 매우 적합한 이야기이다. 그러나 거짓이었다. 메가톤급 소문에 불과했다! 라거펠트가 명예훼손 소송을 벌이겠다고 하자 얀덱은 한발 물러섰다.

페어프레스 설립에 대해 그는 당시 이렇게 말했다. "우스꽝스러운 행사로군. 뮌헨 카니발협회와 겨룰 만해." 하필이면 바로 그 구스타프 얀덱의 말이다.

다른 가십 기자들 역시 의견을 전했다. 예를 들어 현재는 폰 토이머 부인이며 영화제작자의 아내인 다니엘라 하르더가 말했다. "그들이 이런 식으로 잘난 척해서는 안돼요. 몇 년 동안 유명인사들이 우리를 이용하고 사용해 왔죠. 다니엘라, 이것 좀 써요, 다니엘라, 저걸 써요. 그런데 이제 우리가 악당이라니……. 그들은 우리가 알고 있는 모든 것을 말하지 않았음을 기뻐해야 할 거예요." 그녀는 당시 이미 하얀 저널리스트 조끼에 검은 얼룩이 두어 개 묻어 있었다. 예를 들어 그녀는 자동차경주 선수의 아내 니키 라우다에게 애인이 있다고 험담을 했다. 사실 애인 따위는 없었다. 또 그녀는 예전 부르다사(社) 사위이자 재정전문가인 토마스 크라머에 대해 그가 분식회계를 통해 돈을 착복했다는 소문을 퍼뜨렸다. 마찬가지로 사실이 아니다!

심지어 당시 "이 업계의 댄디"(『슈테른』)였던 미하엘 그라에터는 다음과 같은 쓸데없는 코멘트를 했다. "나는 이 명사들이 누군지 전혀 모르겠다. 이건 제3의 분데스리가(독일 프로축구팀─옮긴이)다. 스타들은 무엇인가를 감내할 줄 알아야 한다. 이제 그만."

그러나 가십 기자들은 페어프레스 설립에서 정말 중요한 것이 무엇인지를 절대 이해하지 못했다. 더 나쁜 것은, 한 번도 듣거나 이해하려고 하지도 않았다는 점이다. '람보' 구스타브 얀덱은 심지어 회원 명단에 올라갈 모든 사람들에 대한 폭로기사를 쓰겠다고 협박했다.

구스타프 얀덱 ─ 지그프리트 로비츠에 대한 소문

첫번째 희생양은 페니 매클린이었고, 그 다음은 회원들 중 '연장자'인 지그프리트 로비츠였다. 로비츠의 이야기를 여기서 짧게 언급해 보려 한다. 소문이라는 주제와도 관련이 있지만 방금 결성된 페어프레스 회원들에게 가한 협박과도 관련되기 때문이다.

페어프레스 설립 한 달 후에 구스타프 얀덱은 어느 택시운전사와 지그프리트 로비츠 사이의 (소위) 다툼에 대해 보도했다. 택시운전사는 실명이 공개되었다. 한편 지그프리트 로비츠에 대해 얀덱은 처신이 나빴다고 썼다. "네 명의 동료 운전사들이 법정에서 그 예술가(지그프리트 로비츠)로부터 그와 유사한 비행을 경험했노라고 증언했다." 택시운전사는 그에 대해서 지그프리트 로비츠와 마찬가지로 격분했고, 얀덱에게 이렇게 말했다.

"전화가 쉬지 않고 울립니다. 어제까지 내 이름을 알고 있는 사람은 소수의 승객과 친구들뿐이었는데, 이제 당신이 공개한 이후로 나는 끊임없이 귀찮은 일과 협박을 당하며 밤에도 편히 쉴 수가 없게 되었습니다. 당신은 잘못된 인용과 잘못된 주장으로 내 이름을 만천하에 알렸습니다. 사업상 이유 때문에 새로운 전화번호를 신청할 수도 없습니다. 그렇다면 큰 손실이 발생하게 될 테니까요. 퉤, 얀덱 씨. 차라리 나도 페어프레스의 회원이 되고 싶을 정도입니다."

지그프리트 로비츠는 우리를 통해 1990년 11월 20일 가처분조치를 받아냈다. 그 조치에 의해 람보 얀덱의 고용주에게는 택시운전사가 했다는 진술, 즉 로비츠 씨가 나쁜 처신을 했다는 말을 공개적으로 알리거나 유포하는 것이 금지되었다. 나아가 신문사는 네 명의 동료 운전사들이 지그프리트 로비츠에게서 비슷한 비행을 경험했다고 증언했다는 등의 말도 주장하거나 유포해서는 안되었다.

그렇다면 잘된 일이다. 아주 정상적인 결과이다. 그러나 구스타프 얀덱은 그렇게 생각하지 않았다. 그는 소송 패배를 아주 나쁜 방식으로 소화했다. 딱 두 달 후에 그는 다시 지그프리트 로비츠에 대해 새로운 소문을 만들어냈다. "언제나 캐비아여야만 했다"는 제목으로 뮌헨 어느 부부의 '과대망상증'에 대한 기사가 등장했다. 말 그대로 인용해 보자면 "최고품을 무료로 받고 사진세례를 받을 수 있는 곳이라

면 어디에나 있는 저 사람들이 실제로 왔다. 지그프리트 로비
츠……."

이 소문이 어떻게 생겨난 것인지는 지금까지도 알 수 없다. 아마도
얀덱이 만들어냈을 것이다. 사실은 지그프리트 로비츠는 신문이 언급
한 부부의 저 행사에 참석하지 않았다. 문서로도 정리한 우리의 가정
은 이렇다. "누군가가 철저하게 개인적인 '복수의 요리'를 준비한 것
이라는 가정만이 가능하다." 뮌헨 지방법원은 우편으로 가처분조치
를 내렸다. 그에 따라 지그프리트 로비츠가 이 연회에 있었다는, 우리
가 공격한 주장은 금지되었다.

덧붙여 말하자면『디 악투엘레』는 택시운전사 사건을 매우 흥미롭
게 생각했고, 당연히 지그프리트 로비츠와 전혀 의논하지 않은 채 이
를 유포했다.

12년 뒤늦게 사실이 된 소문 — 하랄드 융케 사건

페어프레스의 대부분의 회원들은 빠르건 늦건 '링'에 서야만 했
다. 바바라 디크만은 '나이트 카페'라는 토크쇼에 출연했고, 내 자신
은 울리히 마이어가 진행하는 '뜨거운 의자'를 비롯해 '생방송 오페
라'와 '나이트 클럽'에도 출연했다.

당시 베를린에서는 엔터테이너 하랄드 융케가 6개월만 더 살 것이
라는, 구스타프 얀덱이 퍼뜨린 소문을 다룬 프로그램이 있었다. 융케
와 함께 하는 토크쇼는 내게 잊을 수 없는 경험이었다. 적어도 지금까
지 본 가장 즐거운 토크쇼였다. 우리는 그런 식으로만 교묘하게 공을
주고받았다. 그가 잘난 척하듯 반어적인 방식으로 공공연한 소문을
풍자한다면, 그런 공론이 법적으로 어떤 문제를 갖는지를 자세히 조

사하는 것은 내 일이었다. 실제로 그런 소문에 대해 하랄드 융케가 정말 화를 낸 적은 한 번도 없었다.

오히려 그는 자기 스캔들에 관한 여론의 관심을 일종의 갈채로 간주하는 것 같았다. 어떤 식으로든 그의 알코올 문제는 아마도 그가 즐겨 연기하던 역할에도 잘 어울렸다. 언제나 장난꾸러기처럼 관습에서 벗어나는 행동을 하고 자기 약점을 공공연하게 인정하며 그 때문에 항상 관객의 이해를 기대할 수 있었다.

하지만 6개월 뒤에 죽는다니. 그것만은 정정해야 했다. 그것만은 농담도 갈채도 아니다. 하랄드 융케 같은 사람에게도 너무 심한 공론과 주목이었다. 2004년 카펜데일 콘서트에서 갑자기 입장권 예매가 끊어진 일이 있었다. 카펜데일이 다발성경화증을 앓고 있다는 소문이 돌았기 때문이다. 전국적으로 하루에 1,000장 이상 예매되던 것이 100장 이하로 떨어졌다. 사실이 아닌 소문 때문이었다.

하랄드 융케는 7년 후에야 다시 만날 수 있었다. 2000년 7월 8일 골프클럽 폰타나에서였다. 그가 상대적으로 분명한 의식으로 살아가던 마지막 시절이었다. 같은 날 밤에도 그는 술에 의지하려는 유혹을 견디지 못했다. 생존 예술가와 영화를 찍는 프로젝트는 다음날 취소해야만 했다. 영원히 그랬다. 베를린에서 우리가 TV에 출연한 지 7년 후에 알코올중독 환자는 치유할 수 없는 정신박약환자가 되었다.

적어도 공론이 되었던 6개월 대신 12년은 더 살아서 그는 『빌트』지의 헤드라인에 올라갔다.

그러나 우리를 따라다니던 각종 악성 루머와 소문에도 불구하고 페어프레스는 설립의 고통을 어느 정도는 무사히 이겨냈다.

페어프레스의 철학과 활동

"페어프레스는 기본법에서 보장한 언론의 자유를 대변하지만 준 (準)관청의 통제로 이어지는 출판법을 찬성하지는 않는다. 물론 페어프레스는 매체가 스스로 제정한 언론규약(독일언론협의회)을 준수할 것을 요구하며 매체 역시 의사표명의 합법성을 지키지 못했을 경우 공개적인 비판을 수용할 것을 기대한다."(페어프레스 규약 1항)

만약 소문이 입증되지 않은 채 공개된다면, 그것은 원칙적으로 당연한 일인가? 혹은 사람들이 감수해야만 하는 것인가? 그 때문에 우리는 계속해서 우리가 설립한 고문단에게서 폭넓은 후원을 얻었다. 고문단에는 『쥐트도이체차이퉁(SZ)』의 기자 헤르베르트 릴 하이제와 함께 출판인 알렉산더 야르, 심리학자 게오르크 지버, 법학교수 베른하르트 크라머 박사, 카를 에그베르트 벤첼 박사 등이 속해 있었다. 모두가 탁월한 언론출판법 전문가들이었다. 우리의 가치를 인정한 함부르크의 저널리스트 베른트 위르겐 마르티니는 페어프레스 책자에서 왜 이런 기관이 실존의 정당성을 갖는지를 분명하게 표현했다. 그러나 지금 와서 생각해 보면 얀덱, 하르더 일당은 아무것도 읽고 싶어 하지 않았던 것 같다.

마르티니가 1990년 규정한 사유와 요청은 15년이 지난 후에도 그 의미와 정당성을 전혀 상실하지 않았다. 그럼에도 불구하고, 언론의 반향은 대놓고 악의적이었다. 구스타프 얀덱 주변은 제3자에게서 나온 소문을 입증하지 않은 채 그대로 유포하고자 했다. 그는 "증거가 없는 것이 아니다"라고 주장할 것이다. 그렇다면 나는 얀덱이 소문을 조사하고 연구하면서 편견을 가지고 있었다고, 자신이 듣고 싶었던 것만을 들었다고 반박할 것이다.

입장표명의 기회를 주라

그러나 페어프레스의 일은 택시운전사나 영화배우 등에 관해 유포된 소문에 대응하는 것에만 국한되지는 않았다. 몇몇 독자들은 아마도 1990~91년에 수많은 독일 기업들이 어떻게 한데 묶여 혐의를 받았는지를 기억할 것이다. 당시 독일 기업들이 사담 후세인 체제를 무기 제공을 통해 후원한다는 소문이 무차별적으로 살포되었다. 1991년 3월 새롭게 설립된 페어프레스 고문단은 '독일연방공화국 인쇄, 라디오, TV 매체들'에게 공개서한을 보내고 당시 걸프전과 관련해서 등장한 저 보도들에 대한 입장을 취했다.

불법적이고 도덕적으로 의심스러운 무기 제공이 있다면 이를 보도하는 것이 언론의 본령이라고 우리 역시 동의했다. 그러나 그런 보도에서 "객관성에 책임을 질 줄 안다면 고도의 차별화"가 꼭 필요하다. 특히 주목해야만 하는 것은 수출의 시점이다. 즉 제공자가 사용 목적을 알고 있었는지 아닌지 하는 제공의 시점이다. 그리고 중요한 것은 민간으로도 군사적으로도 활용 가능한 '양용(兩用)' 무기와 일반적인 무기의 구분이다. "이 문제에서의 진실과 진정성이 밝혀질 때에만 유용한 공적 토론이 가능할 것이다." 그 때문에 "모든 직업집단에 대해 싸잡아서 내리는 판단, 악의적인 단순화, 그리고 지식과 의혹의 무비판적 동일시"는 있어서는 안될 일이다.

"필수불가결한 기본법칙"은 언제나 상대편에게 입장을 표명할 기회를 주는 것이다. 그러나 유감스럽게도 생산재 수출에 관한 보도에서 "민영 매체나 공식적, 합법적 라디오 매체들까지도 부분적으로는 객관적인 냉정성을 잃었을 뿐 아니라 사전에 해당 기업의 해명을 듣지도 말하게 하지도 않았다." 많은 기업가들에게 양심도 없다는 비난을 퍼붓는 결과를 초래한, 명백한 부작위행동이었다.

우리의 호소는 단 하나의 비판 혹은 반대에도 부딪치지 않았다. 우리의 호소는 당시 강박적인 분위기를 고려해 볼 때 꼭 필요했다.

1991년 11월 클라우스 위르겐 부소우는 우리 협회장인 바바라 디크만과 개인적인 다툼 이후 페어프레스에서 탈퇴했다. 며칠 후에 그는 완전히 모임을 떠났다. 언론은 그와 그의 생명을 위협하던 전(前) 부인 이본느 피회퍼에게 싸움을 걸어왔다. 그는 자신이 물러남으로써 페어프레스 협회 역시 비판의 최전방에서 물러나게 하고 싶어했다. 언론의 비판은 근본적으로 그 자신과 그의 생명을 위협하는 여성에게만 해당하는 것이기 때문이다. 존경할 만한 가치가 있는, 통찰력 있는 결정이었다.

소문의 자양분을 막아라

1992년 11월 페어프레스는 독일 주재 해외 언론 직원들에게 "베를린 시위에 관한 보도에서 페어플레이"를 할 것을 요청하는 호소문을 보냈다. "이 나라에서 가장 중요한 정치적 행사 중 하나"인 이 시위에서 수만 명의 시민들이 "이방인과 외국인에 대한 증오와 적대감이 공고화하고 있음에" 항의를 표명했다. 그러나 시위를 반대하는 일부 집단의 폭력성이 전체 시위의 "긍정적인 작용을 완전히 사라지게 할 수는 없어도 퇴색시킬" 위험이 있었다. 외국 저널리스트들은 그럼에도 불구하고, 우리 단체의 요청과 부합하게, 급진적인 시위 반대자들을 과대평가하지 않고 어떤 "비관적인 관점"도 유포하지 않았다.

이것 역시, 사람들이 원한다면 소문의 생성을 예방하게 해주는 일종의 호소였다. 즉 이런 호소가 없었다면 또다시 해외 언론은 과거 나치 독일에서처럼 관용정신이 수포로 돌아가버렸다는 소식을 퍼뜨릴 위험이 있었다.

비슷한 호소를 우리는 한 달 후 독일 언론에게도 했다. 우리는 정당하지 않은 이유로 너무 자주 외국인의 국적이 공개된다는 점을 환기시켰다. "여론의 상당 부분이 외국인에 대해 순간적으로 편견을 보여주고 있는 이 시점에서, 경찰 및 재판 보도에서 매일 반복되거나 헤드라인으로 강조되는 이런 부가정보는 치명적인 결과를 낳을 수 있다. (……) 언론이 보도하는 대부분의 범법사건의 경우, 용의자가 외국인이라는 상황은 범행 자체와 별로 상관이 없다. 범행 용의자가 독일인인 경우와 다를 것이 없다. 그가 가톨릭이거나 자유사상가이거나 기민당원이거나 그의 부모가 동프리슬란드 출신이거나 아무 상관이 없다." 우리는 호소했다. 그러므로 불필요하게 국적을 밝히는 일은 그만두어야 한다고.

곧이어 수많은 신문들이 우리 편에 섰다. 그들은 편견에 대항하는 우리의 호소를 따르겠다고 선언했다. 편견, 조각으로 새겨진 듯 판에 박힌 판단 역시 잘 알다시피 부조리하고 생각 없는 음모론(소문의 쌍생아)과 소문이 자라는 데 최고의 자양분이다. 그에 관해서라면 우리 국가는 몸서리쳐지는 경험을 숱하게 해왔다.

우리 협회를 특히 열렬히 비판한 사람은 『포커스』의 기자 헬무트 마르크보르트였다. 어느 TV 프로그램에서 그는 셸레 박사가 때로는 '영사'의 역할을, 때로는 '생선장수' 역할을 한다는 점을 들어 우리 기획의 진지성을 폄훼했다. 이 단어들은 당연히, 그가 희망했던 바로 그 결과를 낳았다. 나는 아무것도 모르는 시민들의 비웃음을 한몸에 받았다. 그들은 당연히 예컨대 내가 생선을 팔지 않는다는 사실을 몰랐다. 반면 영사라는 단어는 맞는 말이었다. 내가 1979년부터 1987년까지 내 아내의 고향인 세이셸의 명예영사였기 때문이다. 물론 명예영사라는 직책이 항간에 그리 달가운 의미로 들리는 시대는 아니었다. 아마도 헬무트 마르크보르트도 그런 사실을 짐작하고 노골적으로 이용했을 것이다.

1993년 5월 페어프레스는 또다른 호소를 공표했다. 이번에는 연방헌법재판소를 향한 호소였다. 우리는 낙태권에 관한 소송에서 판결고지를 생중계할 수 있게 해달라는 ZDF 방송국의 신청을 지지했다. "페어프레스의 본질적 관심사는 언론의 개별적인 관심사를 강화하려는 것은 물론 아니다. 반대로 과도한 언론권력의 손에 넘겨진 당사자들에게 공적인 보도에서 가능한 한 공정하게 다루어지도록 도움을 주는 것이다." 우리는 호소했다. 그럼에도 불구하고 우리가 이 사건에서 TV 방송국의 생중계 신청을 지지하는 이유는, 그런 식의 폭발력이 강한 현안 결정이 국민의 "확고한 공적인 의사 형성"에 매우 중요하기 때문이라고 말이다. 그리고 보라, 법원이 이전에 거부했던 생중계가 결국은 허용되었다.

우리는 이것을 단연코 성과로 평가할 수 있었다. 이 경우에는 무엇보다 우리 고문단의 설득력 있는 논거의 덕택이었다. 생중계는 언론 자유를 위한 역사적인 결단이었다.

우리 모두의 권리

페어프레스에서 우리는 질문했다. 구스타프 얀덱, 헬무트 마르크 보르트를 비롯한 몇몇 저널리스트들은 우리의 길을 왜 처음부터 그렇게 적대시했을까? 우리는 분명히 책임의식을 수반한 언론자유를 반대하지 않고 오히려 찬성했다. 어쩌면 우리는 언론의 자유를 저 저널리스트들과는 다르게 정의했던 것인지도 모르겠다. 과거나 현재나 우리에게 언론의 자유란 실존의 위협으로 이어질 수 있는, 모든 법률로부터의 무제한적 자유를 의미하지 않는다. 우리에게 언론자유는 억압적인 특수법률로부터의 자유를 의미한다.

그렇게 이해한다면 기본법이 보장한 언론자유의 가치와 의미에 대해서는 한순간도 의심을 품을 수 없다. 하지만 언론자유는 그 동안 헌법적 지위를 누리는 다른 사회적 기본 가치들과 경쟁을 벌여왔다. 예를 들어 인간의 존엄성, 인격의 자유, 권리의 평등(내지는 차별금지), 종교의 자유, 양심의 자유, 의사표명의 자유, 우편 및 통신의 비밀, 그리고 거주지 침해불가성 등과 말이다.

이 헌법적 가치들로부터 저널리즘의 규범 목록이 도출될 수 있다. 이 목록이 포함해야 할 것은 무엇보다 다음과 같은 것들이다.

당신이 보도하는 대상의 인간 존엄성을 존중하라. 예컨대 입증되지 않은 소문을 공개하지 말라.

차별대우하지 않고 보도하라. 예컨대 소수에 대한 음모론은 신중하게 심사하고 충분히 세분화해서 보도하라.

거주지의 침해불가성을 존중하라. 예컨대 인가를 받지 않은 파파라치 사진과 TV 카메라의 기습공격을 중단하라.

저널리즘의 사회적 기능에서 비롯하는 저널리즘 규범도 당연히 존재한다. 저널리스트들은 국가가 아니라 사회가 위임한 기능을 수행해야 한다. 원칙적으로 의사표명의 자유는 모두의 권리였다. 시간이 흐르면서 사회는 전문화한 하위 체계, 즉 저널리즘을 마련한 것이다. '모두의 권리'를 지각함으로써 저널리즘은 시민에 대한 책임까지도 맡게 되었다.

바로 이 시민들 또는 시민들 일부가 그들의 '위임을 받은 자'의 '메가폰'을 비판적으로 관찰하고 판단할 권리를 차지하는 것이 정당하지 않단 말인가? 그리고 왜 그것이 예컨대 페어프레스와 같은 협회의 형태로 조직되어서는 안된단 말인가?

그러나 페어프레스 또는 페어프레스의 활동은 오랫동안 계속되지 않았다. 나를 사이언톨로지 신자로 몰아갔던 유례없는 명예훼손 캠페인들로 인해 나는 협회 활동을 줄이고 곧이어 완전히 중단할 수밖에 없었다. 그 동안 내가 해온 언론출판법 분야에서의 변호 업무나 페어프레스 참여 활동이 여러 언론사에게 적대감을 불러일으킨 것이 분명했다. 많은 저널리스트들에게 상대방 또는 적의 이름은 미하엘 셸레였다.

끝이 좋으면 다 좋은가?

2006년 7월 10일 월요일

예전 소송 상대인 뢰벤사의 전(前) 사장 카를 하인츠 빌트모저가 내 사무실을 '방문'했다. 내 의뢰인이 제기한 그에 대한 소송에 관해서 얘기를 나누려고 온 것이다. 대화는 전체적으로 보아 화목한 분위기에서 진행되었다. 그가 떠나기 전에 내가 물었다. 10년 전에 왜 나를 사이언톨로지 신자로 생각했는지를. 그는 눈을 크게 뜨고 나를 보더니 반쯤 입을 열고 대꾸했다. "아직도 그렇게 믿고 있소."

공식 부인의 효과가 어떠한지를 잘 보여주는 예이다. 또 감정을 수반하여 저장된 (그릇된) 기억은 그 기억에 연결된 감정이 '변화'했을 때에만 성공적으로 수정될 수 있다는 내 주장에 꼭 들어맞는 증거이기도 하다.

2006년 7월 18일 화요일

내가 이 책의 교정 작업을 시작할 때, 뮌헨 고등법원의 결정이 사무실에 도착했다. 검찰에게 나를 기소하라고 압박하기 위해 법원 결정의 도움을 받으려는 S의 노력, 그 헛된 시도가 좌절된 것이다. 법원에 따르면, 그는 주식 매입의 리스크에 관해 충분히 설명을 들었다고 한다. 내가 그를 속였다는 추측의 근거를 법원은 찾지 못했다. 법원은 오히려 S의 형사고발에서 모순만을 발견했다.

며칠 후 『쥐트도이체차이퉁』은 "뮌헨의 변호사 미하엘 셸레가 뮌헨 고등법원에 의해 명예를 회복했다"는 제목의 기사를 실었다. 이제야 결국! 그렇다면 이제 검찰은 무고와 비방혐의로 S를 수사할까?

2006년 7월 24일 월요일

우리 법조인들에게 지도적인 역할을 하는 전문잡지 『NJW』는 함부르크 법원의 결정 공지를 지면에 실었다. 함부르크에서 『아벤트차이퉁(AZ)』은 내게 2만 유로의 위자료를 지불하라는 판결을 받았다. 기사의 도입부는 이렇게 시작되었다. "형법적 비난의 중요성을 고려하고 고발인의 진지성을 의심해 보지도 않은 채 사진까지 사용하면서 공공에 알려진 변호사의 가택수사에 관해 수차례 폭로성 기사를 싣는다면, 현금배상을 정당화할 만한 중대한 인권침해라 할 수 있다." 고발인 S의 따귀를 때리는 듯한 결정이었다. 그러나 무엇보다도 『AZ』에게 공개적인 모욕을 선사한 결정이었다.

2006년 7월 25일 화요일

우리는 내게서 포르셰를 산 여성에 대한 뮌헨 지방법원의 판결을 기다리고 있었다. 독자 여러분도 기억하고 있을 것이다. 그 여성은 1만 1,500유로를 돌려받기를 원했고, 어느 정도는 『AZ』 보도의 '바람막이' 뒤에 숨어 소송의 근거로 사기혐의를 제시했다. 이런 비난 역시 당연히 언론에 공개되었다. 이 이야기는 뮌헨 형사법원에서 지속적으로 내 사기사건을 다룰 법정을 예약해 두고 있다는 소문으로 이어졌다. 물론 수사 역시 오래전에 개시되었다. 그리고 신문은 스스로를 도구화했음에 대해 설득력 있게 사과했다. 하지만 민사법원은 어떤 결정을 내릴 것인가? 폭스바겐의 바퀴테 어딘가 흠집이 나 있기 때문에 내가 보상을 해야 하는 것인가?

오후 2시경 판결이 도착했다. 공식적으로 비난을 제기함으로써 뮌헨 시내에 소문의 냄비를 다시 끓인 그 여성은 뼈아픈 교훈을 얻었다. 고소는 사실무근으로 각하되었다. 그렇다면 이제 검찰은 무고와 비방 혐의로 그녀를 수사할까?

2006년 7월 27일 목요일

『쥐트도이체차이퉁(SZ)』은 '최근 소문'이라는 제목 아래 미국 근본주의자들이 중동에서 벌어지는 분쟁을 세계 종말의 징후로 보았다는 내용의 기사를 실었다. '공포소문'이라는 테마에 매우 적절하게 들어맞는 예이다.

2006년 7월 28일 금요일

뮌헨 일간신문 『타게스차이퉁(tz)』에서 내 별자리 점괘를 우연히 보게 되었다. "힘든 시기는 이제 지나갔다." 그렇다면 정말 다행이다! 『SZ』이 보도한 것처럼 점성술이 다시 호경기를 맞이하고 있다. "포르사(FORSA)의 조사에 따르면 독일인 10명 중 한 명은 행성들이 인간의 삶에 영향을 미치고 있다고 믿는다." 가장 선호하는 집단은

30세 이상의 고독한 여성들이라고 한다. 믿음의 힘인 것이 확실하다.

2006년 8월 2일 수요일

뮌헨 지방법원은 우도 위르겐 주변의 어떤 여성에 대한 소문을 공개한 이유로 『분테』지에게 2만 유로의 위자료를 지불하라는 판결을 내렸다. 주목할 만한 것은 위자료 지불의 근거이다. "소문을 유포하는 사람은 자신이 사실 주장을 유포했다는 상황을, 다른 사람들 역시 같은 소문을 유포했을 수도 있다는 논리로 정당화할 수는 없다." 다시 말해 소문으로 규정된 주장은, 원칙적으로 그것이 올바른(사실에 부합하는) 소문일 경우에만 유포될 수 있다는 것이다. 다른 사람들이 추측한 것을 그냥 공개했을 뿐이라는 사과는 유효하지 않다. 언론중재위원회에 따르면, 덧붙여 "이 경우처럼 언론이 '누가 누구와 함께 침대로 갔다고 한다' 라거나 특정한 두 사람이 '함께 살았다고 한다'는 식의 내용을 독자들 앞에서 추측하거나 소문으로 퍼뜨린다면" 위자료 지불도 충분히 정당하다고 했다. 아마도 소문 유포자들과의 싸움에서 이정표가 되지 않을까?

2006년 8월 5일 토요일

소문 경기가 좋다. 『분테』뿐만이 아니다. 『SZ』은 피델 카스트로가 발병한 이후로 쿠바에 관한 갖가지 소문을 보도하고 있다.

2006년 8월 4~6일 주말

뮌헨의 기업가 클라우스 탄후버는 모리셔스에서 휴가를 보내던 중 놀라움에서 헤어나오지 못했다. 『AZ』의 두 가지 헤드라인("신자들이

곡물회사 사장을 사냥하다"와 "곡물회사 사장의 은밀한 호화생활") 덕분에 그가 도망가서 잠적했다는 소문이 떠돌았기 때문이다. 이유는 정보의 공백(그는 어디서 머무르고 있는가? 왜 그의 휴대전화는 꺼져 있는가?)과 함께 그가 어쩌면 형사적 책임을 져야 할 일이 있을지 모른다는 공론이었다.

그러나 오히려 정직한 기업가이자 일중독자인 탄후버는 — 오래전에 예약한 — 아이들과 여행하는 중이었을 뿐이다. "은밀한 호화생활"은 『AZ』 기사의 본문에서 곧바로 희석되었다. 가까운 지인이 한 말을 인용했다. "그는 사치스러운 사람이 아닙니다. 그는 페라리도 거대한 저택도 가지고 있지 않습니다. 그는 정말 겸손하게 회사 사무실 위층에서 살고 있습니다." 그러나 본문에서 그런 설명을 한들 헤드라인 제목 때문에 무슨 도움이 되겠는가? 어쨌든 『AZ』 독자들은 이 기고문을 통해 페라리를 타지 않는 편이 낫다는 경고를 받았을 것이다. 내가 2년 전에 포르셰를 팔아버린 것이 얼마나 다행인지.

2006년 8월 8일 화요일

"사이언톨로지가 학생들의 보충수업에 침투한다"는 『AZ』의 헤드라인. 세상에, 내 아들이 바로 그 방과후 보충수업을 받고 있다. 나는 어떻게 해야 하나? 『AZ』 기사는 내무장관 베크슈타인의 답변을 실었다. "그냥 아이들에게 아주 구체적으로 사이언톨로지에 대해 물어보십시오. 우리 경험에 따르면 진실에 맞는 답을 들을 수 있을 것입니다." 그러니까 아마도 침투와 관계된 소문이란 말인가? 지금까지 '침투자'는 언제나 비밀스럽게, 아무도 모르게, 숨은 곳에서 활동하지 않았나! 적어도 나는 자신의 의도를 거의 공개적으로 드러내는 '침투자' 는 본 적이 없다. 조심하는 것보다 더 좋은 일은 없다. 더 나쁜 일이 벌어지기 전에, 어떤 사이언톨로지 신자들이 내 아들을 망치기 전에 '영국정원'으로 가서 얼음개울에서 수영을 하게 하는 편이 더 나을 것이다.

오후에 우리는 내 책을 소개하는 광고 문안을 보냈다. 같은 날 우리는 인터넷 도메인 www.geruechte.net을 신고하고 웹 디자인을 시작했다. 누가 알겠는가, 이 커뮤니티에서, 이 웹블로그에서 다음에는 어떤 소문이 내 귀로 날아들어 올지.

저녁 7시 30분. 와인 한 잔을 손에 들고 하루를 머릿속에 떠올렸다. 나를 초대한 여인은 뮌헨 중심가에 살고 있다. 레스토랑 '부온 구스토' 근처이다. 그곳에서 거의 2년 전에 멋진 파스타 접시를 앞에 두고 첫번째(전체 세 개 중)『AZ』일면 헤드라인(셸레, 사기인가?)을 접했던 기억이 났다. 그후로 얼마나 많은 분노의 날들이 이어졌던가.

틈틈이 나는 이 책의 교정작업을 했고, 덧붙여 비교적 중요한 언론 관련 소송 의뢰를 받았다. 이번에도 소문, 혐의보도, 명예훼손에 관한 의뢰였다. 오후에는 『AZ』의 변호사와 S사건의 소위 후속보도에 관한 합의에 도달했다. 이제 『AZ』 역시 내가 부동산업자 S에게 사기를 쳤다는 인상을 수정할 의향이 있다니 존경할 만한 일이다. 즉흥적으로 나를 초대한 여성과 이탈리아의 정치를 바로 저 '부온 구스토' 에서 계속 느껴보자고 의견을 나누었다. 말했듯이 결국 나로 하여금 이 책을 쓰도록 만든 그 모든 사건들이 시작한 바로 그 장소에서 말이다.

그리고 우리가 와인의 첫 잔에 입을 델 때, 『AZ』 판매원이 거짓말처럼 우리에게 다가왔다. 족히 2년 전 이래로 처음, 나는 60센트를 내고 『AZ』을 살 생각을 했다! 이번에는 일면과 안쪽 면에 완전히 다른 이야기가 실려 있었다. 약간 작은 듯한 기사지만 얼마나 멋진 일인가. 그 기사, 거의 2년간 지속된 불법 혐의보도와의 전쟁의 결과물을 나는 그 동안 우리의 말상대가 되어준 내 아내와 함께 큰 소리로 읽었다.

"변호사 셸레 박사 무죄!"

2006년 8월 9일 수요일

『AZ』은 기업가 탄후버가 여행에서 돌아와 여러 가지 조치와 주장에 사법적 대응을 하고자 한다는 소식을 전했다. 그러니까 내가 바로 얼마 전 여러 신문들에서 읽은 것은 그저 소문에 불과했다는 것인가? 또 『AZ』은 다른 기사에서 뮌헨 대주교구 사무국의 종파 및 세계관 문제 대의원 악셀 제거스가 학생들 방과후 수업에 사이언톨로지가 침투한다는 주제로 언급한 말을 인용했다. "정부가 완전히 격분하는 것은 교육의 위기라는 본질적인 드라마에서 벗어나는 것입니다." "우리는 현재 동쪽으로부터 극우연합이 점점 세력을 확산하고 있는 것을 불안하게 지켜보고 있습니다."

역시 그렇다. 나는 아들을 수영장에나 보내야겠다. 극우파나 사이언톨로지에 물드는 것보다는 김나지움에서 낙제하는 편이 낫겠다. 바이에른 교사협회(BLLV) 회장 알빈 단호이저는 과도한 보충수업을 낳은 근본적인 원인을 밝혔다. 그에 따르면, 공립학교들이 교육지침을 완수하고 목표한 대로 모든 학생들을 장려할 설비를 갖추었더라면 그 모든 것이 전혀 필요치 않다고 한다.

진짜 그렇다! 하지만 회장이 추측한 것도 어쩌면 그저 소문일 것이다. 그럴 가능성이 높다고 나는 생각한다. 단 아주 예외적으로 실제에 부합하는 소문이라고 말이다.

2006년 8월 10일 목요일

교정작업이 끝났다. 소홀히 다룬 부분이 없기만을 바란다. 출판사 법률고문들 역시 만족하고 있다. 어쨌든 나는 양심을 지켰다. 적어도 언론자유의 한계를 유의하고 인권을 해치치 않도록 노력했다. 그럼에도 불구하고 누군가 항의한다면, 확실치는 않지만 나는 '선택적 지각'에 책임을 물을 것이다.

이날 저녁 이후로는 더 이상 이 책에 대해 이야기하지 않기로 아내와 약속했다.

창밖에는 다시 태양이 빛나고 날은 점점 더 따뜻해지고 있다. 모든 것이 좋아질 것이다. 그렇지?

하지만 마지막으로 결심한다. 10년 전의 생각과는 달리, 다시 언론출판법 관련 사건들을 맡아보겠다고. 특히 추측성 혐의보도에 관한 사건이라면 다시 도전해 보겠다고.

어쩌면 끝내 이룰 수 없는 희망일지도 모른다. 이 책이 혐의보도 분야에서 서평을 얻을 수 있다면? 만약 서평을 얻는다면 앞으로 더 적은 거짓 소문이 생성되고 유포되는 데 기여할 것이다. 아주 자명한 사실이다.

소문 테스트

　다음의 짧은 이야기가 정말 흔해빠진 것임을 인정한다. 그러나 테스트 답에 영향을 줄지도 모르는 감정과 상투적 판단을 가능한 한 배제하기 위해 일부러 뻔한 이야기를 골랐다. 어쩌면 여러분이 부주의하게 거짓 소문을 세상에 내보낼 수도 있을, 거의 일상적인 사건을 다루었다. 여러분은 들은 이야기를 축약하고 단순화하거나 해석하려는 욕구(타고난 것이든 교육에 의한 것이든)가, 전달 내용을 사소하게 변형해서 계속 전파하려는 (무의식적) 유혹과 모순되지 않는다는 사실을 알게 될 것이다. 이야기를 자신의 단어나 감정, 의견, 입장으로 치장하는 것을 좋아하는 모든 사람들에게 특히 적용되는 사실이다.

과제

　다음의 짧은 이야기를 단 한 번만 쭉 읽어보라. 이어서 다음 문제에서 짧은 이야기에 관한 문장이 옳은지(R) 그른지(F) 혹은 불확실한지(?)를 평가하라. 그 다음에 바로 이어지는 테스트 결과를 확인하라.

이야기

길 건너편에 살고 있는 밀러 가족의 집에서 나오는 연기 때문에 이웃은 항의를 표했다. 경찰이 도착했는데, 요란한 초인종 소리에도 불구하고 밀러 씨 집의 문은 열리지 않았다. 밀러 가족은 식사 후에 친구에게 간 것이다. 그들은 그릴에 구운 소시지와 맥주 몇 병을 가지고 갔다. 경찰은 사건을 그냥 내버려두었지만, 적어도 이웃을 진정시킬 수는 있었다.

문제

앞의 이야기에 해당하는 다음 주장들이 옳은지(R) 그른지(F) 혹은 불확실한지(?) 답하라.

1. 밀러 가족 집에서는 그릴에 무엇인가를 구웠다. 이것이 이웃에게 연기로 피해를 준 원인이다.
   R (   ) F (   ) ? (   )
2. 그 때문에 이웃은 경찰에 항의를 제기했다.
   R (   ) F (   ) ? (   )
3. 그러나 경찰은 밀러 가족을 만나지 않았다.
   R (   ) F (   ) ? (   )
4. 밀러 가족은 친구 집에서 그릴파티를 계속하기 위해 도망치듯 집을 떠났다.
   R (   ) F (   ) ? (   )

5. 경찰은 목적을 이루지 못하고 관할경찰서로 돌아갔다.

    R ( )   F ( )   ? ( )

해답

1. 어디서부터 연기가 발생한 것인지, 정원덤불에서 불이 났는지, 아니면 그릴에서 연기가 나온 것인지는 이 이야기로 확실히 규정할 수 없다. 그러므로 답은 ?

2. 이웃이 누구에게 불만을 표시했는지는 경찰이 나타난 이유와 마찬가지로 이 이야기에서 전달되지 않은 사항이다. 어쩌면 지나가는 자동차 운전자가 신고했을지도 모른다. 그러므로 답은 ?

3. 맞다. 가족은 집에 없었다. 그러므로 답은 R

4. 가족이 집을 도망치듯 떠났는지, 또 그릴파티가 계속되었는지 이야기에는 나와 있지 않다. 그들이 어떻게 집을 떠났는지는 전혀 알 수 없다. 어쩌면 그들은 양심적으로, 즐거운 발걸음으로 집을 나왔을지도 모른다. 그러므로 답은 ?

5. 거짓이다. 경찰은 이웃을 진정시킬 수 있었다. 드물고도 특이한 성과이다. 경찰관들이 관할경찰서로 돌아갔는지를 알 수 없다는 점은 논외이다. 그러므로 답은 F

이제 여러분이 예외적으로 모든 질문에 정답을 맞혔다고 말할 수도 있다. 그렇다면 나는 15세부터 65세 사이의 시민 100명을 대상으로 한 이 테스트에서 단 두 명만이 모든 답을 옳게 표시했다는 사실을 지적하겠다. 아무리 꼼꼼한 사람이라도 거짓 소문의 범인이 될 수 있다는 점을 입증하는 좋은 예이다. 무한히 반복되면서 처음 뉴스와는 전

혀 다른 모습으로 위조되는 정보의 유포자는 누구라도, 바로 여러분
도 될 수 있다.

그렇다면 어떤 결과를 낳을 수 있는가?

개혁적인 커뮤니케이션학자 T. 호프슈테터는 다음과 같은 결론에
도달한다. "각자가 소문을 단 3명에게만 전파한다면, 이는 기하급수
로 배가되어 단 10번 만에 소문은 6만 명에게 전달될 수 있다." 엄청
난 양과 엄청난 속도이다. 대중매체가 투입될 경우를 빼놓고 계산했
을 경우이다.

그럼에도 불구하고 여러분이 아주 꼼꼼한 전달자이기 때문에 위의
짧은 이야기에서 실수하지 않을 것이라고 생각한다면, 나는 다음과
같은 사실을 염두에 두라고 말하고 싶다. 보통의 정보는 앞의 테스트
에서처럼 신선한 기억을 통해 소위 직접적으로 전달되는 것은 아니라
고 말이다.

정보 수신인은 흔히 ― 앞의 테스트에서처럼 ― 최고 지식과 최고
양심에 따라 즉각적으로 질문에 올바르게 답변하라는 요청을 받지는
않는다. 오히려 그는 정상적이라면 긴장이 풀린 상황에서, 듣고 읽은
소식에 문자 그대로 충실하게 집중하라는 압력이나 요구를 받지 않는
다. 또 정보를 사소하게나마 '변화'시킨 것을 설명하거나 납득시켜
야 할 필요도 없다. 수신인에 의한 유포는 사건이 발생한 후 몇 시간,
때로는 며칠이 지났을 때, 즉 기억이 별로 신선하지 않을 때 이루어진
다. 이 모든 이유로 방금 실시한 테스트 결과와 비교했을 때 현저한
오류 가능성을 내포하고 있는 것이다.

다음의 에피소드가 증명해 준다.

5년 전에 막스 무스터만(가명)은 멀리 사는 지인이 값비싼 손목시계를 도둑맞았다는 이야기를 들었다. 그 사건은 2005년 크리스마스 주간에 무스터만의 동료들 사이에 화제가 되었다. 멀리 사는 지인이 '세금 문제'에 봉착했다는 의심이 회자되었을 때였다.

　　"그 사람은 5년 전에 이미 값비싼 시계를 훔친 적이 있어"라고 대화 중 어떤 사람의 입에서 얼떨결에 말이 튀어나왔다. 도둑질의 희생자가 5년이 지난 후 세금횡령 혐의의 맥락에서 도둑으로 변모한 것이다.

옮긴이의 말

미디어는 항상 뜨겁다. 뜨겁게 비판하고 뜨겁게 비판당한다.

아침에 받아보는 신문이나 9시 뉴스가 전부였던 시절에도 그러했지만, 각종 인터넷 매체들이 쏟아져 나오는 현재는 더욱 그러하다. 블로그, UCC 같은 개인 미디어까지 포함하면 매일 세상을 들었다 놨다 하는 매체의 영향력은 얼마나 대단한가. 사람 하나 죽이는 것은 아무 일도 아니라는 말이 과장이 아니다. 국민의 알 권리가 다른 모든 가치를 제압하는 곳에서는 언제나 여러 사람이 죽어나가고 있다. 인격모독, 명예훼손 등이 개인의 삶을 얼마나 파괴할 수 있는지는, 직접 겪어보지 않아도 충분히 실감할 수 있다.

하물며 소위 '알 권리', 또는 '언론과 의사표명의 자유'라는 것이 거짓 정보 생산과 유포에 이용된다면 어떠할까? 목적이 무엇이든 간에, 단순한 잡담 소재 제공이든 아니면 의도적인 모욕과 공격이든 상관없이, 거짓 정보는 개인의 삶에 치명적인 위력을 행사한다. 허위를 출발점으로 삼아 전개되었기 때문에 더 무시무시한 결과를 초래한다. 사실무근이기 때문에 더 어처구니없고, 공식적으로 부인해도 비난이 사라지지 않기 때문에 더 큰 무기력을 느끼게 한다.

이 책의 저자는 바로 이런 거짓 정보, 즉 거짓 소문의 희생자로 몸소 경험한 것들을 알린다. 독일의 스타변호사이자 저명인사인 저자는 오랫동안 악의적인 험담과 비방, 근거 없는 소문에 시달려 왔고 소문의 폐해를 누구보다 고통스럽게 인식했다. 이 책이 논의하는 소문의 심리학이 더 생생하게 와 닿는 이유는, 그것이 저자가 경험을 통해 얻은 인식이기 때문이다. 아마도 저자가 자신의 사례에 많은 지면을 할애한 것도 그것이 가장 효과적으로 독자에게 다가갈 방법이기 때문일 것이다. 또 그것은 비분강개한 한 개인의 명예회복 선언이기도 하다. 한번 실추당한 명예를 복구하는 일이 얼마나 어려운지, 얼마나 드문지를 보여주는 증언과도 같다.

물론 저자는 이론적이고 실제적인 다양한 측면에서 '소문'이라는 현상을 탐구하는 일을 잊지 않는다. 소문은 어떻게 발생하고 유포되는지, 소문은 어떤 피해를 야기하는지, 소문에 맞서 싸우는 방법은 무엇인지를 분석하는 한편, 여러 가지 실험과 실제 사례를 실감나게 묘사한다.

저자가 말했듯이, 이 책은 소문의 원고와 피고 양측이 모두 읽어야 할 책이다. 어떤 식으로든 개인의 인권을 침해할 이야기를 퍼뜨리면서도 양심의 가책을 느끼지 않는 사람들, 어떤 식으로든 루머에 연루되어 정신적, 물질적 피해를 입은 사람들에게 상당히 실질적인 도움이 될 수 있을 것이다. 덧붙여 저자는 그 양측에 해당하지 않는 사람들, 즉 소문과 아무 관련이 없는 이들도 추천의 대상에서 제외하지 않는다. 그들 역시 언제라도 소문의 원고와 피고가 될 수 있는, 잠재적인 소문의 희생양이기 때문이다.

사실 소문은 우리의 일상 가운데 언제나 존재한다. 예컨대 동창모임이나 반상회에서 "그랬다더라"는 식의 이야기가 얼마나 재미있는 대화의 소재가 되는가. 사회 속에 살아가는 인간으로서 다른 사람의 삶이 내 삶에 얼마나 중요한 의미가 있는지를 생각해 보면 자명한 일이다. 그러나 대부분의 그런 이야기는 들어도 그만, 안 들어도 그만인 사소한 것들이다. 내 생활과 내 명예에 치명적인 손상을 입히지는 않기 때문이다. 어쩌면 인간의 본질적인 '수다욕'을 충족시키기 위해 필요악적인 역할을 하는 것인지도 모른다.

하지만 미디어에 와서는 얘기가 달라진다. 현대 사회처럼 모든 사람이 미디어에 무방비적으로 노출되는 상황에서 미디어로 유포된 소문의 힘은 아무도 막을 수 없는 재해와도 같다. 한번 미디어에 등장한 소문은 진위 여부와 무관하게 걷잡을 수 없이 퍼져가기에, 진실을 규명하고 소문 내용을 수정하기가 매우 어렵다.

저자는 시장논리에 충실한 언론의 먹이가 되었다. 독자는 '언론사와 저널리스트에게 저 정도 양식도 없을까' 하고 생각할 법하다. 그러나 자본주의 질서를 결코 거스를 수 없는 언론에게 시장이란 언론 자유나 인권 못지않은 존재 규정이다. 덜 명시적이란 특징만 있을 뿐, 어쩌면 더 치열할지도 모르겠다.

하지만 한 가지, 어떠한 환경 속에서도 진실을 찾아내 전달하고 민주주의를 수호하는 데 기여하겠다는 기자정신만은 불신하고 싶지 않다. 그런 면에서 저자가 제시한 '페어프레스' 모델은 우리에게도 유효한 가치를 던져준다. 현대인에게 언론이란 필수불가결한 삶의 조건이다. 다만 이 조건이 최대한 '공정한' 형태로 제공되기를, 어쩌면 완전히 근절되지는 않겠지만 그 폐해를 최소화할 수 있기를 바랄 뿐이다.

김수은

참고문헌

Aguirre, B. E./Tierney, K., Testing Shibutani's Prediction of Information Seeking Behavior in Rumor, University of Delaware, 2001.

Allport, G. W./Postman, L., The psychology of rumor, New York Henry Holt, 1947.

Allport, G. W./Postman, L., Public Opinion Quarterly, 1947.

Barber, J./Cartwright, D./Festinger, L./Fleischl, K./Gottsdanker, J./Keysen, A./Leavitt, G., Human Relations I, Stanford University Press, 1957.

Ben-Ze'ev, A., Good gossip, University Press of Kansas, 1994.

Berg, S., Ende Gut, Kiepenheuer & Witsch, 2004.

Bergmann, J. R., Klatsch: Zur Sozialform der diskreten Indiskretion, Walter de Gruyter, 1987.

Bertens, W., Lexikon der Medizin-Irrtümer, Eichborn, 6. Auflage 2005.

Bohlen, D./Kessler, K., Hinter den Kulissen, Random House Entertainment, 2. Auflage 2003.

Boll, H., Die verlorene Ehre der Katharina Blum, dtv, 41. Auflage 2004.

Bossi, R., Halbgötter in Schwarz, Eichborn, 2005.

Bruhn, M./Wunderlich, W., Medium Gerüchte, Haupt, 2004.

Bundeszentrale für politische Bildung: Voruteile-Stereotype-Feindbilder, 2001.

Carnegie, D., Wie man Freunde gewinnt, Scherz, 2002.

Crisand, E., Kommunikation I, Sauer, 6. Auflage 2001.

Dröge, F., Der zerredete Widerstand, Bertelsmann Universitätsverlag, 1970.

Festinger, L., A theory of cognitive dissonance, Stanford University Press, 1957.

Fine, G.A./Rosnow, R.L., Personality an Social Psychology Bulletin, 1978.

Frey, D./Haisch, J., Theorien der Sozialpsychologie: Kognitive Theorien, Huber, 1984.

Gmur, M., Der öffentliche Mensch, dtv, 2002.

Goleman, D., Emotionale Intelligenz, Hanser, 1995.

Heath, C., Do people to pass along good or bad news? Valence and Relevance of News as Predictors of Transmission Propensity, Academic Press, 1996.

Hoffman, J., Stalking, Springer, 2006.

Juhnke, H./Wieser, H., Meine sieben Leben, Rowohlt, 1998.

Kapferer, J.-N., Gerüchte, Kiepenherer, 1996.

Kelley, S. R., Rumors in Iraq, NPS California, 2004.

Kluwe, R., Lehrbuch Allgemeine Psychologie, Huber, 2. Auflage 1990.

Mestmäcker, E.-J., Selbstkontrolle und Persönlichkeitsschutz in den Medien, Bertelsmann Stiftung, 1990.

Neubauer, J.-J., Fama, Berlin Verlag, 1998.

Nida-Rümelin, J., Über menschliche Freiheit, Reclam, 2005.

Pietsch, C., Magisterarbeit zur soziologischen Topografie von "Verschwörungs -theoretikern" unter besonderer Berücksichtigung der Anschläge vom 11. September, 2004.

Piwinger, M., Der Umgang mit Gerüchten im Unternehmensumfeld- ausgewählte Praxiserfahrungen, Bruhn/Wunderlich, 2004.

Ricke, R., Unternehmensschutz und Pressefreiheit, Verlag Recht und Wirtschaft

GmbH, 1989.

Sailer, A., Münchner Aufzeichnungen, Süddeutscher Verlag, 1976.

Scheil, S., Legenden, Geruchte, Fehlurteile, Leopold Stocker, 2003.

Schirdewahn, S./Ullrich, W., Stars, Fischer 2002.

Schwarzer, R., Stress, Angst und Hilflosigkeit, Kohlhammer, 1981.

Sigler, A., Rumors, lies and email, www.cimpa.org/rumors.htm

Stapper, F., Namensnennung in der Presse im Zusammenhang mit dem Verdacht strafbaren Verhaltens, Berlin Verlag, 1995.

Staud, T., Diplomarbeit: Medienkontrolle durch Publikumsorganisationen in Deutschland, Universität Leipzig, 1998.

Sûqerman, M. (Hrsg.), Antisemitismus, Antizionismus, Israelkritik, Tel Aviver Jahrbuch für deutsche Geschichte..., Bd. 33., Wallstein, 2005.

Ustinov, S. P., Achtung! Vorurteile, Rowohlt, 5. Auflage 2005.

Van Avermaet, E., Sozialpsychologie: Eine Einführung, Springer, 2. Auflage 1992.

Van der Straeten, A., Rumor Clinics, Springer Verlag.

Welles, O., War of the Worlds, Orson Welles, And the Invasion from Mars, Internet/Transparency.

ZDF Expedition Jesus: Rätsel um den Mann aus Nazareth, ZDF Expedition Internet, 22.01.2006.